【精编版】

史

忍细看

赵越 /著

台海出版社

图书在版编目（CIP）数据

历史不忍细看：精编版 / 赵越著 . -- 北京：台海
出版社，2017.5（2023.11重印）
ISBN 978-7-5168-1408-6

Ⅰ . ①历… Ⅱ . ①赵… Ⅲ . ①中国历史—通俗读物
Ⅳ . ① K209

中国版本图书馆 CIP 数据核字（2017）第 096869 号

历史不忍细看：精编版

著　者｜赵　越

责任编辑｜王　萍　　　　　策划编辑｜李　敏
封面设计｜壹诺设计　　　　责任印制｜蔡　旭

出版发行｜台海出版社
地　　址｜北京市东城区景山东街 20 号　邮政编码：100009
电　　话｜010 — 64041652（发行，邮购）
传　　真｜010 — 84045799（总编室）
网　　址｜www.taimeng.org.cn/thcbs/default.htm
E — mail｜thcbs@126.com

印　　刷｜天津光之彩印刷有限公司
开　　本｜710 毫米 × 1000 毫米　1/16
字　　数｜300 千字
印　　张｜18
版　　次｜2017 年 7 月第 1 版
印　　次｜2023 年 11 月第 4 次印刷
书　　号｜ISBN 978-7-5168-1408-6
定　　价｜39.80 元

前言

有人说"一切历史都是当代史"，真相虽然只有一个，然而每个人都能看到与众不同的历史。一部《红楼梦》，"经学家看见《易》，道学家看见淫，才子看见缠绵，革命家看见排满，流言家看见宫闱秘事"，那么一部上下五千年的中国历史，若用放大镜一一细究，又能看到什么？

拂去时光厚积下的尘埃，发现原来几百几千年前那看似遥不可及的一幕幕竟是那么生动鲜活。若能在明媚的午后，捧一杯清茶，细细品味，也许可以发现，那干瘪的史书充盈着浓浓的市井喧嚣，那冰冷的宫廷满溢着张扬个性的风姿，那严肃森然的制度等级逃不开戏剧性的历史玩笑，那画像上深沉默然的古人也曾色彩鲜明地活着。

若肯细看，历史也许是另一副模样。历史的缝隙中滴着纷纷血泪，光鲜外表下裹着丑陋阴谋，所以历史不忍细看。细看之下，将会有太多的谜题和出人意料的答案。

康熙选中乾隆的历史真相是什么？犯颜直谏的海瑞靠什么平安无事？司马光为何极力反对王安石变法？专宠后宫的赵飞燕姐妹为何双双自尽？上官婉儿为何甘心侍奉灭族仇人武则天？……一桩桩一件件，细细揭秘，震撼人心，展示出一幅与众不同的中国历史长卷。

本书搜集大量被人遗忘、误读的历史资料，去伪存真、去芜存菁，扫去历史的烟尘，点亮真实的色彩。从权位斗争到文人私密，从宫闱秘史到市井轶事，重重迷雾用通俗轻松的讲解一一拨开，流传多年的误解用生动风趣的说明纠正，将那色彩纷呈的悠悠岁月一一展现，将那些历史深处的秘闻趣事一一袒露。多少年的旖旎与荒唐、残酷与深沉、哀怨与痴狂、压抑与放荡，集结成一部史，酝酿成一部书，呈送君前。

前人已成青史，今人亦活在历史之中，透过历史未尝不能看到今日的真实。本书守住一个"真"字，在波谲云诡、疑团迭生的阻碍之下，呈现历史的细节，把握历史的脉搏，了解历史的鲜活与沉重，温情与残酷，引导你走进历史的深处，看千年车水马龙的流转，阅人世百味杂陈的沧桑。

目 录

第四章　文人最后的私密，生猛有料

第七章　爱恨情仇，他们的绯闻很传奇

第十章　解不开的古物迷踪是历史的宣言

第一章

权位之争，历代王朝的开场大戏

周公为何没有取代周成王

说起周公，似乎总与"解梦"纠缠不清。然而周公生平最重大的事件，莫过于执政六年后让位于成王，实现权力的和平过渡。于危难之时挺身而出，当危难过后便毅然让位，周公这种无私无畏的精神，受万代称颂，同时也引发了后人对其让位之举的质疑。

有人指出，《荀子·儒效》和《淮南子·记论训》中都说周公想要夺取天下。《礼记·明堂位》和《韩诗外传》卷三也有记载周公想要坐上天子的位置。《尚书·大传》更明确指出，周公身居要位，管理着天下的大事。

又有人考证说，《尚书·大诰》中出现的"王"，把周文王称为"宁王"，也称作"宁考"。而"考"是对已故父亲的称呼，所以这个"王"应是周公。《尚书·唐诰》中也有记载："王若曰：孟侯，朕其弟，小子封。"周公的弟弟康叔，名"封"，《康诰》中的"王"称康叔为"弟"，显然这个"王"也是周公。如此说来，周公的确自称为"王"。

根据以上证据，便有人认为，周公在武王去世而成王年纪尚幼之时，便有谋权的意图。之后以"王"之名义，行"王"之权力，虽说东征西伐、治国安邦功不可没，但也不能掩盖其意欲以权夺位的野心。

至于周公最后没有取成王而代之，实乃应变形势的无奈之举。因为遭到当时地位举足轻重的召公、太公的怀疑，而成王也对周公起了疑心，并且周公的两个兄弟管叔鲜、蔡叔度又与纣王之子武庚联合起兵，关中局势动荡不安，形势对周公极为不利，周公不得不还政于成王，以平息众怒。

此番质疑，给世人心目中周公无畏无私的形象造成了巨大的冲击，但更多的人仍坚持认为，从周公临危受命而勤勉摄政之举，从他在武王病危之时愿意以身代死的决心，便可看出周公对国对君的一片赤诚之心。如此忠君爱国之人，绝不可能做出僭越夺位之事。

无论是无奈还政，还是真心让位，不过是后人充满感情色彩的想象。而周公心中所想，早已随他而去，深埋黄土之中。

| "秦晋之好"是为了战争 |

在过去的一些文章中，时常会出现"秦晋之好"一词，来形容两户人家几代结亲，亲上加亲。"秦晋之好"看上去寓意了一种亲密关系，其实不过是政治婚姻的幌子。政治婚姻是建立在"互为所用"的基础上，所以其中很难排除阴谋的成分。而"秦晋之好"这一典故的来源，更是充满了龌龊的算计。

春秋时期，秦晋两国间的相互嫁娶已成惯例。秦穆公刚刚登基为王，有睥睨天下的野心。当时晋国占据中原宝地，乃大国之一，所以穆公向献公求亲，娶了献公与齐姜的女儿伯姬。

晋献公老来昏庸，被美色所困，为了立最小的儿子奚齐为君，讨好自己的年轻妃子，竟然杀了太子申生。献公的另外两个儿子夷吾和重耳见状心寒，生怕下一个死的就是自己，所以就逃往别国避难。夷吾直接投奔了姐姐伯姬，得到姐夫秦穆公的庇护。

晋献公死后，夷吾联合里克、邳郑等臣子将九岁新君卓子摔死在宫中，派人通知重耳回国，但重耳忌讳夷吾的狠毒手段，拒绝了回国的邀请。不过，夷吾想要自己回国称王也并不是那么容易，只好请求秦穆公出兵助自己返国继位，事成之后送穆公秦河西五个城池。穆公为了得到地盘，便命大将公孙枝率三百士兵，送夷吾回晋国，成为晋惠公。

哪知道晋惠公不守信用，当上君王便毁了之前许诺秦穆公的五城，秦穆公恼羞成怒，决定与晋国断绝往来。不久，晋国突然遭逢旱灾，颗粒无收，难民四起，晋惠公没办法，只好再次找秦穆公这个姐夫帮忙。秦穆公考虑到晋国对自己还有用处，便借粮给了晋国。不料第二年秦国大旱，晋惠公不但不帮忙，竟反过来讨伐秦国。

秦穆公不甘受气，遂令闻名遐迩的宰相百里奚攻打晋国，将督战的晋惠公俘虏过来。伯姬见自己的弟弟被俘虏，生怕秦穆公杀了他，于是"一哭二闹三上吊"，终于令秦穆公改变初衷，要求晋惠公割地求饶。晋惠公无奈之下只好将土地奉上，还把儿子公子圉送到秦国做人质，这才使两国的关系修好。

公子圉在秦穆公眼里，就是另外一个可以利用的夷吾，于是穆公便将自己的女儿怀嬴嫁给了公子圉，让外甥成了自己的女婿。几年之后，晋惠公病了，公子圉怕父亲将国君的位置传给别人，扔下怀嬴逃回晋国，果然坐上了皇位。没想到公子圉也是忘恩负义之人，竟然定下国策，与秦国老死不相往来，妻子也不要了。秦穆公一看这个女婿是个不义之徒，决定要帮重耳重夺晋国国君的皇位，遂把怀嬴再次嫁给了重耳。论关系，重耳本是秦穆公的大舅子，但如今又成了秦穆公的女婿；怀嬴一女嫁二夫，从前夫的妻子变成了前夫的叔母。

在秦穆公的帮助下，重耳赶走了公子圉成为晋国国君，是为晋文公。但谁也料不到，秦穆公扶持三代晋国国君，都遭到了背叛。晋文公拒绝与秦国往来之后，发愤图强，成为"春秋五霸"之一。而秦穆公直到晋文公死后才借机打败中原霸主的晋国，终修得正果，称霸一方。

一段称霸的历程，充满了可笑的婚姻关系。两国统治集团之间为了自身利益的需要，互相联合，互相利用，彼此通婚，结成密切关系。而实质上亲家之间钩心斗角，争夺霸权，兵戎相见。似乎"秦晋之好"这段"佳话"更适合用"秦晋之争"来表达。

巫蛊夺命，谁之错

西汉巫蛊连环案，诱因是汉武帝沉迷黄老巫蛊之术，引发了妃嫔之间的斗争。但其实质却并非简单的后宫纷争，而是整个朝廷势力的斗争，最终引发了"太子谋反"的惊天大冤案，导致汉武帝晚年妻离子散、众叛亲离，在后悔与沉痛中死去。

作为中国历史上在位时间最长的皇帝之一，汉武帝大半生所行功德可抵黩武之过，然而一个小小的巫蛊之术，却令武帝千古功名毁于一旦，难道巫蛊之术竟可怕如斯吗？其实真正可怕的应当是人心才对。

巫蛊连环案的事情源于汉武帝的一场幻觉。征和元年（前92）三月，赵敬肃王刘彭祖去世，夏季又逢大旱，宫外尚未安定下来，内宫就出现了妃嫔以巫蛊互相攻击的事件。本来妃嫔用厌胜之术已经是司空见惯的事情，当时武帝也未放在心上，哪知道妃嫔们的斗争愈演愈烈，最后竟互相诬陷对方用巫术诅咒皇上。汉武帝见状很是不满，一怒之下处死了大量宫人和一些外戚臣子。但他总是梦见有人在用木人诅咒他，一时间寝食难安。有一天他正坐在建章宫内养神，忽然看到有一男子持剑走进中龙华门，本来应该有重兵把守的中龙华门却没有一个人出来阻止。

汉武帝心想那男子莫非是来刺杀自己的不成，于是大声叫喊，哪知道男子扔下剑隐遁而去。吓出一身冷汗的汉武帝大叫侍卫护驾，并派人到皇宫内搜查却一无所获。其实武帝一生杀人多多，很可能是因为心理原因，产生了有人欲找自己报仇的幻觉。但彻查的结果令他很失望，刺客没有找到，反而在后宫和京城百姓家中翻出大量的木偶和咒符。汉武帝以此认为有人用巫术制造神魔来刺杀他，于是下令严查此事。"巫蛊案"就这样掀开了帷幕。

君主身边最不乏的就是小人，"巫蛊案"本来可以很快地过去，但是有人却诬告当朝丞相公孙贺的儿子公孙敬声施用巫蛊之术诅咒皇帝。公孙贺的夫人君孺是皇后卫子夫的姐姐，所以汉武帝与公孙贺关系素来亲密，公孙敬声也因父亲的关系担任太仆一职，负责掌管皇帝的舆马和马政。可是偏偏公孙敬声不争气，骄奢淫逸，贪财好色，收受贿赂，结果被关了起来，公孙贺于是抓了到处劫富济贫的阳陵侠客朱安世，想要借此立功，帮儿子将功赎罪。

朱安世自然不能坐以待毙，就托人上书汉武帝，称公孙敬声和武帝的女儿阳石公主私通，并派遣巫师在天子所驰的马路上埋木偶人诅咒天子。天子马路本来就是公孙敬声的管辖范围，朱安世这一告发有理有据，汉武帝立刻相信此事，就逮捕了公孙贺一家，交给了当时著名的酷吏杜周查办。杜周公报私仇，不但杀了公孙贺父子，还将阳石公主和跟本案没有什么关系的诸邑公主一起杀了，只因诸邑公主与卫子夫弟弟卫青之子卫伉是表亲，而卫伉与杜周结了怨。

虽然死了一群人，但汉武帝老来竟然多疑，认为还是有人想要害自己，于是将"巫蛊案"交给了自己的宠臣江充查办。江充靠裙带关系取信武帝，他的"公正无私"是故意装出来的，但武帝却相当放心地将巫蛊案交由他来做。在调查此案的过程里，江充完全将个人恩怨融入其中。在朝廷中，他最想扳倒的人就是太子刘据，因为他曾经抓了刘据的亲信，刘据向江充百般求情，江充却一意孤行，结果因此得罪了刘据。其实刘据对于此事早已经忘到脑后，他也并不是记仇的人，但江充小人之心却不这样认为，只想着借巫蛊案诬陷太子和皇后卫子夫。不过汉武帝对刘据疼爱至极，江充几次陷害刘据都没有成功，倒是刘据看出江充的歹心，一怒之下发动政变杀了江充一干人等。

已经深居简出、在长安城外甘泉宫养生的汉武帝不明就里，只知道太子杀了自己的近臣。恰在此时有人在武帝耳边不断吹风，说太子想要谋反。一开始武帝并不相信，便派了侍从去长安城探听情况。侍从到城外转了一圈，发现守备森严，没敢进城，转身便跑回甘泉宫禀告武帝，太子的的确确是造反了。或许是刘据倒霉，也可以说是汉武帝昏聩，就这样听信了小人之言，相信自己的儿子有谋反之心，于是向丞相刘屈牦发布敕令：立即发兵出击，对造反者一律杀无赦。刘屈牦本来无心害太子，无奈天子之命不能违抗，便派兵攻打长安城。

刘据根本没有造反之心，所以哪里有重兵抵抗宰相的军队，只得发动百姓死守长安。但百姓只知道"太子造反"之事大逆不道，所以刘据大失人心，最后兵败如山倒，逃离了长安。没过多久便被找到，而那时的刘据已经自缢而死，其母卫子夫早在他之前已经上吊自尽。

一年以后，汉武帝才查清楚原来是奸臣搞鬼，害死了自己的皇后和太子，除了为太子平反、追封刘据，再没有什么能够挽回的。

小小的一桩巫蛊案，在皇帝的疑神疑鬼和小人的借机发挥下，使汉王朝的宫廷内外掀起了长达数年的血雨腥风，其实到头来发现只是误会一场，却没有任何人对此承担责任。

| 杀光百名侄子的冷血皇帝 |

谈起十六国那段历史，北燕当属重点。这个本是属鲜卑族统治的朝代，在后来的发展中却被一个姓冯的汉人统治了。慕容家统治北燕，一直到慕容云时期，发生了变故。慕容云本姓高，是高丽人，虽然他当了皇帝，但他认为自己并非鲜卑人，内心十分自卑，为了收买人心，让大臣们都对他服气，他便天天大开府库，赏赐文武百官，想着能够拿金钱来笼络人心。

其中冯跋是慕容云的拥立者，但慕容云却对他心怀戒备，为了防止自己被刺杀，慕容云养了一帮武士在身边，他吃睡都与这些武士在一起。可没想到，这些武士中有两个名叫离班、桃仁的人，却为了谋求皇位，将慕容云刺杀。

慕容云被杀后，冯跋带领卫兵，将离班、桃仁立斩于殿前。而冯跋为众人所推，成为继任慕容云皇位的人选。从他开始，北燕便改姓冯了，开始了由汉族人统治的时期。冯跋继位后，依然没有得到安宁，他的堂兄冯万泥、侄子冯乳陈两人不服，想要夺取皇位，幸好冯跋的二弟冯弘率兵把他们镇压了下去。

冯跋看到冯弘功劳甚大，便任冯弘为骠骑大将军，晋封中山公。冯弘的权力从此与日俱增。冯跋在位22年间，国泰民安，他轻徭薄赋，崇尚儒学，很是为国家做了一些好事情，让那个乱世呈现出了少有的安宁。

但是公元430年秋，冯跋病危之时，争夺君主之位的战争再次上演。冯跋宠妃宋氏为了立自己的儿子为君主，便想谋反，而这件事情被冯弘得知，他率领卫兵冲入皇宫之中，囚禁了宋氏母子，控制了大局，而病重的冯跋便在一片慌乱之中惊吓而亡。

冯跋死后，冯弘自立为天王，废杀太子冯翼。他不念旧情，为绝后患，将大哥的一百多个儿子通通杀光。无论是十几岁的少年，还是刚刚出生的婴孩，冯弘都一个不留。自古篡位嗜杀前任后人的君主不在少数，冯弘却能够斩草除根，一个不留，也的确是历史上罕见的血腥帝王。

杀掉所有冯跋的后人后，冯弘便霸占了大哥的貌美妃子，此举令他一继位便失掉了人心。众叛亲离之下，冯弘的几个儿子为了不被自己的父亲杀掉纷纷逃亡北魏。而当时北魏的太武帝拓跋焘便乘机发兵，想要一举歼灭北燕。

战争开始以后，冯弘连连败退，为求自保，他不得不向南朝宋文帝求援，遣使称藩。有利益可得，宋文帝当然愿意帮忙，他封冯弘为"黄龙国主"，并答应出兵助北燕。但因为南宋距离北燕路途遥远，远水解不了近渴，北魏很快将北燕的城池攻破，冯弘流亡到高丽，被高丽王安置在北丰。

从高高在上的君主沦落到寄人篱下，冯弘的日子并不好过，高丽王与冯弘相处得也并不融洽，后来冯弘又求助于宋文帝，求宋文帝将他接走。得知此事的高丽王勃然大怒，他当即下令诛杀了冯弘全家。

得到如此下场，冯弘是咎由自取。

| 玄武门之变是被逼政变，还是野心篡位 |

唐太宗李世民是我国历史上一位伟大的皇帝。在位期间，他勤于政事，举贤任能，体恤百姓，减轻刑罚，开创了"贞观之治"的盛世局面。因此，在后人眼中，唐太宗李世民就是中国历代帝王的表率。但即使是这样一位英明圣主，他的一生仍有很多瑕疵，"玄武门兵变"的历史实情一直让后人迷惑，而他后来修改国史的行为也让人议论纷纷。

贞观三年（629），太宗下令在中书省特别设置秘书内省专门负责修撰前五代史。但是同年闰十二月，太宗又下令将史馆移入禁中，设于门下内省北面，由宰相监修。从此之后，史馆成为皇帝直接控制的门下省的一个常设机构，不再具有修史职责而是专门负责修撰当朝国史。唐太宗究竟出于何种动机要重置史馆，修改国史呢？这个问题迄今为止仍没有确定的答案，因此成为历史上的一桩疑案，并引发后人对此的诸多不同观点。

一种说法认为唐太宗修改国史，是为自己杀兄逼父篡位辩护。这种观点认为，李世民的皇位并不是合法继承而来，是其弑兄逼父的结果。这一行为并不符合封建法统和道德伦理，就在李世民自己看来，也是不能贻示子孙、垂为法诫的。所以，为掩盖这种残暴的行为，也为了确立他登基的合法性，李世民决定撰修国史，下令创立了宰相监修国史的制度，这就使史官很难做到秉笔直书，只能按统治者的意图撰写历史。

李世民在位期间，曾不止一次违例要求亲看国史和起居注，并称是"使得自修改耳"。其实，作为帝王原本是不可以随便看史官写的起居注的。在李世民授意下，史官们把李世民发动"玄武门之变"的动因写成"安社稷，利万民"的大义行为，从而严重歪曲了历史事实。在撰写《高祖实录》和《太宗实录》时，史官费尽笔墨铺陈李世民在武德年间的功劳，竭力抹杀太子李建成的成绩，降低高祖李渊的作用，而且把太原起兵的密谋描绘为太宗的精心策划，而高祖则处于完全被动的地位。这样，李世民便成为开创李唐王业的首功之人，给人民造成皇位本属于他的印象，李渊退位后也就理应由他继承皇位。如此一来，李世民登上皇位便显得合理多了。

还有种说法认为李世民之所以要修改国史，抬高自己在太原起兵中的地位，贬低李渊的功劳，乃是出于当时政治统治的需要。他要求贞观史臣把太原起兵中李渊由主动起兵变为被动起兵，目的是为了把李渊描绘成一个忠臣的形象，从而符合儒家的道德要求。李世民将李渊描绘成是在隋炀帝要下令逮捕他，李世民和刘文静等又设下圈套逼得他走投无路的时候才不得不反的形象，而且在起兵时李渊还曾号称"欲大举义兵，远迎主上"。这样一来，李渊就成了大忠臣了。很明显，这种刻画有利于维护李世民的统治，防止人们以此为例，起兵谋反。

以上说法多是各家的推测，并没有明确的史料依据。但是李世民继位后修改创业国史是毫无疑问的事实。但是他为何要修改国史，其真正的目的究竟是什么，我们今天已经很难判断了。

| 唐宣宗装疯卖傻，不容易 |

唐宣宗李忱，是唐宪宗的儿子，武宗的叔叔。他原名李怡，做皇帝后才改名为李忱。唐宣宗在位期间勤俭治国，减少赋税，注重人才选拔，体贴百姓，人民生活日渐富裕，使腐败的唐朝呈现出"中兴"的小康局面。宣宗在位期间曾经烧过三把火，一把火使"权豪敛迹"，二把火使"奸臣畏法"，三把火使"阍寺詟气"，遂被称为"小太宗"。

然而这样一代明君，在他登基之前却一直被视为傻子，这是为什么？难道唐宣宗真的是傻子？

其实不然，唐宣宗虽然表现得糊涂，其心里却如明镜一般。可他为什么要装傻呢？

这还要从他的身世说起。

李忱是唐宪宗庶出的儿子，其母亲郑氏是一名身份卑微的宫女。由于庶出和母亲身份卑微的原因，李忱本当不了皇帝。后虽被封为光王，却一个人在无人关注的角落里孤独成长。他从小就显得郁郁寡欢、呆滞木讷，与其他亲王相处往往终日不发一言。在宫中，多数人都讥笑李忱呆笨，唯有他的哥哥唐穆宗知晓他的聪明，曾抚着他的背说："这是我家的英物。"

李忱长大后，痴呆情况愈发严重。人们纷纷猜测，这可能和他在穆宗年间遭遇的一次惊吓有关。当时李忱入宫谒见太后，不料刚好撞上有人行刺。虽然此事并未造成任何人员伤亡，但从此以后光王就变得更加沉默寡言。于是皇族宗亲们认定，这个本来就呆头呆脑的人一定被吓傻了。此后无论大小场合，李忱就成了专门被人取笑和捉弄的对象。

其实李忱不傻，他知道因为自己的出生背景注定不能称帝，唯有在乱世之中才有可能夺取政权。穆宗继位后庸庸碌碌，党派之争、藩镇势力和宦官势力使得唐王朝统治岌岌可危。李忱装傻让宦官对他放松警惕，他在等待时机，等待一个可以让他夺取政权的机会。

当唐武宗发觉出这位皇叔有问题时，想要置他于死地。可是就在这时，宦官仇公武救了他，并将他送出宫。

会昌六年，唐武宗病危，李忱就在宦官仇公武、马元贽等人的簇拥下，出人意料地回到了长安。仇公武等人决定拥立李忱做一个傀儡皇帝，然后顺理成章地掌控朝政。但是当李忱开始着手处理政务时，仇公武就傻眼了。因为对他来说，傻子李忱忽然变得无比陌生，他神色威严，目光从容，言谈举止沉着有力，决断政务有条不紊，和从前简直判若两人。

直到此时，仇公武才恍然大悟，明白当年武宗为什么要把这个"傻子"皇叔置于死地，那是因为在他愚痴木讷的外表之下，隐藏着常人莫及的才干和韬略。可惜仇公武明白得太晚了。

| "金匮之盟"，杜太后难道有超能力 |

宋太祖赵匡胤驾崩后，皇位由其弟赵光义继承，正史认为赵光义乃合法继位，因为他是奉太后"金匮遗诏"之命行事。但后来有人对"金匮之盟"一事提出质疑，使得这一事件变得扑朔迷离。

《宋史》有好几处提到"金匮之盟"，《杜太后传》里面记叙："建隆三年（962），太后病，太祖始终在旁服侍不离左右。太后自知命已不长，召宰相赵普入宫。太后问太祖：'你知道怎样得的天下吗？'太祖曰：'我所以得天下者，皆祖先及太后之积庆也。'太后曰：'不然，正由周世宗使幼儿统治天下耳。假如周氏有长君，天下岂为汝所拥有乎？汝死后当传位于汝弟。四海至广，能立长君，国家之福也。'太祖顿首泣道：'敢不如教诲！'太后转过身对赵普说：'尔同记吾言，不可违背也。'赵普于床前写成誓书，赵普于纸尾写'臣普书'。藏在金匮（同'柜'），命谨慎小心的宫人掌之。"

在司马光《涑水纪闻》、李焘《续资治通鉴长编》等史著中也有大致相同的记载。历史上人们虽然相信有所谓的"金匮之盟"，但却找不到盟约的原文。一千多年来，没有人怀疑"金匮之盟"的真实性，这一盟约就成了宋太祖坦荡无私的例证。直到清代，古文学家恽敬对盟约内容提出了疑问。

21世纪40年代初，张荫麟曾作《宋太宗继统考实》，后收入《张荫麟先生文集》，认为"金匮之盟"是赵普伪造的，全盘否定此事。除此之外，邓广铭、吴天墀、李裕民、顾吉辰、王瑞来等学者也持相似观点，或怀疑此事的真实性或断定"金匮之盟"实属赵普伪造。

其理由大致如张荫麟所言，建隆二年（961）杜太后病重时，宋太祖只有34岁，正值年轻力壮之时，赵光义才23岁，而太祖长子德昭也已经14岁。当时太祖身体健康，没有短寿夭折之象，即使太祖只能再活20年，那时，长子德昭也已30多岁，怎么会有幼主之说？杜太后凭什么猜测太祖早死、幼子继位，而宋朝重蹈五代的覆辙呢？实在没有道理！如果确如杜太后所预料宋太祖中年夭折，人们还可以推测，也许杜太后凭经验或灵感有超前的洞察力，尚可勉强解释。但是，太祖活到50多岁，并没有出现因自己早逝而使得幼子主政的局面。如果真有遗诏，太祖临终前应该命人打开金匮，就算是突然死亡，皇后也应该知道此事，掌管金匮的宫人同样也知道此事，为什么要等到太祖死后六年才由赵普揭露出来呢？即使公布遗诏，赵光义也应该把全文都公布出来，因为这是他合法继位的有力证据，但实际上却只说了一个大概的内容，而且内容还多有含糊之处。更何况，太祖并未遵守遗诏办事，传位给他的弟弟，而是传位给他自己的儿子。

但对"金匮之盟"持肯定观点的学者们也提出了相应的证据。关于立此盟约的条件，持肯定论者认为它符合常理。杜太后亲身经历过五代的动乱，这是一个王朝更替频繁的特殊时期，五代君主13人，在位超过十年的绝无仅有，有7人死于非命，杜太后凭什么肯定宋太祖一定可以摆脱前任帝王的"宿命"，不会重蹈周世宗英年早逝、最终幼主执政失国而终的覆辙呢？杜太后在赵匡胤刚当上皇帝时说出了"吾闻'为君难',天子置身兆庶之上,若治得其道,则此位可尊,苟或失驭,求为匹夫不可得,是吾所以忧也"这一段话。杜太后认为刚刚建国,根基未稳,随时有可能成为短命的"第六代"。尽管当时太祖正值壮年,但政治风云变化无常,哪里知道宋太祖会不会暴死?哪里知道宋太祖不会被人杀掉?假如真的发生了,十多岁的德昭显然是不足以应付之后的复杂局面的,而拥有丰富政治经验的赵光义,自然就是理想的继承人。

"金匮之盟"疑案属于皇家禁宫疑案,否定也好,肯定也罢,都是根据当时历史事实、政治背景所作出的推断。比较双方的观点,其资料和推断均偏向于对己方所持观点有利的一边,因此越争论疑点越多。

| 夺皇位,宋孝宗只用了十个女人 |

皇帝是古代竞争最为激烈的职业,这个职位待遇高,权力大,而且还是终身制,可以世袭,所以前赴后继的竞争者有如过江之鲫,但胜利者却寥寥无几,毕竟皇位只有一个,想要从这么残酷的竞争中脱颖而出,没有点非常手段是不行的。

宋孝宗赵昚所使用的手段便是十个貌美如花的处女。作为南宋王朝的第二任皇帝,赵昚并非嫡出,他本来的名字叫作伯琮,不是前任宋高宗赵构的亲生儿子,而是赵匡胤的后人,是赵匡胤次子赵德芳的六世孙。

自从赵光义当上皇帝之后,宋朝的皇帝便没再从赵匡胤的后人中出现过,按道理,赵昚没有机会登上皇位。但从1127年,宋钦宗胁迫宋徽宗困守东京汴梁时,局面才有了转变。当时刚刚灭掉辽国的金国一鼓作气,攻进了宋朝的首都,将这两个皇帝全部俘虏,同时还抓走了宗室、大臣、后宫嫔妃共计3000多人,这就是历史上有名的"靖康之耻"。对于宋王朝来说是耻辱,但对于赵昚来说却是一个机会。

当时侥幸逃过一难的康王赵构在河南商丘登基称帝,创立了南宋,赵构即日后的宋高宗。但宋高宗安稳日子没过几天,就遭到了叛乱,他唯一的儿子在这次叛乱中丧命,而后在建炎二年,金兵攻入了宋高宗所在的扬州城,当时他正和一名妃嫔温存，听到这个消息顿时受到惊吓，从此便失去了生育能力。

眼看着香火难以为继，为了保住赵家的香火，宋高宗从老赵家后人中千挑万选，选出了一名候选人，即赵昚。为了培养一个合格的接班人，宋高宗为赵昚安排了最好的老师，之后在赵昚成年后对他又是不断地加封，但就是不肯将他封为太子。因为宋高宗始终不死心，他试遍各种偏方，想要生出自己的子嗣，但20多年过去了，却毫无效果，宋高宗也只得把心思放在了赵昚身上。

而不立赵昚为太子还有一个原因，宋高宗的母亲韦太后十分喜欢一个名叫赵琢的人。他从小在宫中长大，深得韦太后喜爱，所以韦太后想立他为太子。这令宋高宗十分为难，为了更清楚这两个人谁才是帝王之才，宋高宗想出了一个测试的办法，他派人挑选了20名绝世美女，分别给赵琢和赵昚送去，想测测这两个人的人品和定力。

结果过了一段时间，当宋高宗将这20名美女重新召回的时候，结果出乎意外，他发现送给赵昚的10个美女还是货真价实的处女，而送给赵琢的则已经不是了。通过这件事情，让宋高宗最终立了赵昚为太子。

其实，并非是赵昚的定力好，而是他有一个好老师史浩，此人深谙帝王之心，他告诉赵昚千万不要碰这10个美女，这很可能关乎他将来一生的前程。听了老师的话，赵昚自然不敢轻举妄动，最后赵昚就这样赢得了宋高宗的青睐。

绍兴三十一年（1161）九月，金国再次南下进犯，受到南宋的抵抗后，金兵退去。但此时，宋高宗一直奉行的求和政策受到了军民的一致声讨，迫于压力，宋高宗终于将皇位让了出来，赵昚才算正式坐上了龙椅。

这个用10个女人换来皇位的男人可以说是南宋一朝最有作为的皇帝，他36岁登基，大力重用主战派，积极备战，一心想要收复失地。但可惜那时的南宋早已朝中无人，几次征战相继失败。面对残酷的现实，赵昚不得不放弃收复失地的想法，转而将精力放在内政治理上。他从政府、农业、军事等多个方面同时入手，进行了一系列改革，使得南宋焕发出了难得的生机。

在赵昚的积极治理下，南宋颓废的气象一扫而光，后世将他治理的这段时间称之为"乾淳之治"。国富兵强后，赵昚还是想要收复失地，可惜天不遂人愿，他所看重的大将军虞允文病死四川，此后他手下再也没有能够北伐的大将，于是，赵昚也就一直致力于内政，直到去世。

朱元璋杀刘伯温，原因不复杂

刘基，号伯温，心思缜密，足智多谋，是朱元璋夺天下、建明朝的第一谋士。战场上，刘伯温运筹于帷幄之中，决胜于千里之外，在许多重要的决策中，他极其准确的判断力起到了制胜的关键作用。

然而，明朝开国后，刘伯温只得了个次一等的伯爵封号，并且俸禄还是众伯爵之中最低的。更令人匪夷所思的是，刘伯温最终命丧黄泉，竟与朱元璋有着千丝万缕的瓜葛。仔细品评个中因由，不难发现，刘伯温那身料事如神的本事，使他在战场上叱咤风云，但在助他立下汗马功劳的同时，也将他推向了生命的终点。

朱元璋是个很重乡土观念的人，而刘伯温却是个外乡人，这在情分上已经有失亲密。何况刘伯温料事如神，对事情的判断往往比朱元璋准确。从龙湾之战到救援安丰，朱元璋能想到的，刘伯温也想到了，而朱元璋想不到的，刘伯温还是想到了。朱元璋本就嫉贤妒能，又岂有如此宽广胸襟，容得下比他强的人长期留在身边？加之刘伯温的那些计策并非安民之计，而是权谋之策，用在阴谋政变的风起云涌中必有一番作为。这更令朱元璋心存猜忌，不仅要防患于未然，更要除之而后快。

刘伯温最致命的失误，验证了"祸从口出"的箴言。朱元璋曾就谁更适合出任丞相一职的问题找刘伯温谈话，言语之中暗藏试探玄机。刘伯温并非等闲之辈，但最终难免"智者千虑，必有一失"。当朱元璋故作意味深长地说出只有刘伯温能担此大任的时候，刘伯温说道："臣疾恶太甚，又不耐繁剧，为之且孤上恩。天下何患无才，惟明主悉心求之。"

此话究竟包含了怎样的深意，使得朱元璋自此之后彻底与刘伯温决裂，始终是个难解之谜。或许是朱元璋的偏见，或许是后人的误读，总之它被看成了刘伯温的催命符，为其后来的突然病故埋下了伏笔。

至于刘伯温的死因，同样是个说不清道不明的谜。洪武八年正月，刘伯温生病在家，朱元璋派胡惟庸前往探视，还给他送了补药。刘伯温吃过补药，病情不见好转反而日益严重，不久之后病逝。刘伯温与胡惟庸，当时早已是死对头，朱元璋眼看着两虎相争而不动声色，尽显帝王权谋。虽然"下毒谋害刘伯温"也是后来胡惟庸的罪状之一，但以胡惟庸当时的权势和处境，实难如此嚣张跋扈，这不得不让人猜想，他是受了朱元璋的默许，甚至这就是朱元璋的本意——借他人之手，除心头大患。

以上种种，也许不过是笼罩在阴霾之下的臆测。事实如何，恐怕再难考量，就留待有心之人的考证吧。

| 朱棣人生的最大秘密 |

明成祖朱棣是明朝第三代皇帝，他统治的时期被称为"永乐盛世"。朱棣生于应天，恰逢战乱，被封为燕王，后发动靖难之变，起事攻打侄儿建文帝，夺位登基。死后庙号"太宗"，一百多年后由明世宗朱厚熜改为"成祖"。

明成祖的生母到底是谁，至今还是个谜，这听起来似乎不可思议，但事实的确如此。关于他的生母是谁，数百年来一直扑朔迷离。

中国古代正妻生的儿子称嫡子，非正妻生的儿子称庶子。正妻被称为嫡母，其他的姜则被称为庶母。对帝王家来说，嫡子和庶子在名分上有重大差别。按照封建宗法制度，皇帝死后，皇位要由嫡长子继承。即使嫡长子死得早，如果嫡长子有儿子，也要由嫡长子的嫡长子来继承，其他庶子不得觊觎。明成祖自称是马皇后所生，自然也就是所谓嫡子了。但经历代学者考证，明成祖的生母并不是马皇后。成祖的生母问题，不只是关系到他的身世，更是深刻地影响到他一生的行为。

有人说朱棣、朱橚的生母是高丽人，姓"碩"（音"wen"）。是高丽国进贡给朱元璋的妃子，她生下朱棣未足月，即被马皇后折磨而死。"碩"妃生下朱棣一月即死，照此推断朱棣与朱橚为一胎同胞。但是朱棣生于1360年，朱橚生于1361年。朱棣出生之时，朱元璋割据江南，尚未称王，元朝仍旧统一北方，刘福通未死，陈友谅、张士诚未灭，怎么会有高丽国进贡妃子？所以，此观点并不符史实。

另有一说，朱棣根本不是朱家血脉，而是遗元后代。蒙古《黄金史纲》中说大都城破时，元顺帝的妃子弘吉剌氏已经怀孕三个月，没有来得及逃出，躲在一个大瓮中避难。被明军搜出后被朱元璋纳为妃子，称为翁（瓮）氏。弘吉剌氏当时心想："如果七个月后产子，则必然会被朱元璋当作野种所杀。如果分娩在10个月后则会被朱元璋当作他自己的亲儿子抚养。"于是向天祈祷再添三月孕期。果然怀孕13个月才分娩，产下一子，就是朱棣。当时朱元璋梦到东西二龙相斗，西龙被东龙打败。解梦的巫师告诉他这代表他的两个儿子争位。西龙是汉后的子孙，而东龙是翁妃的子孙。朱元璋听后认为翁妃来自蒙古，本属自己的敌人，让她的儿子继承大统不好，于是就把朱棣贬去边疆镇守。

然而《明史》上的说法，朱棣是朱元璋的正妻马氏所生，生于元末至正二十年。因为明初朱家皇室娶蒙古人为妃有很多。例如朱元璋就给自己的儿子秦王朱樉娶扩廓铁木尔的女儿为妻。可能朱棣的母亲早死，由马皇后代为抚养成人。至于这个蒙古皇妃是否以前属于元顺帝则大可存疑。如果朱棣真的是蒙古人，那么也就是说，历史上曾经统治中国差不多300年的明朝皇帝，其实从第三个皇帝起就已经是姓弘吉剌的蒙古人了。

尽管至今仍然不知朱棣生母是谁，但他不是马皇后亲生是大多数人认同的。虽然朱棣反复修改了史书，并消灭了许多证据，但破绽还是存在的。明史《黄子澄传》中，记载："子澄曰，周王，燕王之母弟。"从这句话，我们可以很清楚地了解到一个事实，那就是燕王朱棣和周王是同父同母的亲兄弟。《永乐实录》中也记载了他们两个是同母兄弟，但问题在于，他们的亲生母亲是谁？这一谜题还有待细细考证。

知识分子的悲剧：救得了国家，救不了自己

中国的知识分子从来就不缺少力挽狂澜的气质，尤其是在民族危亡的时候。在明朝就有这么一位从平民阶层走出的硬朗人物。如果不是他在蒙古瓦剌部进犯京师的守城保卫战中大喊"主张南迁者，罪当斩首！京师是天下的根本，一动则大势便去"。或许明朝的历史就得重新书写了。但是这样的英雄人物最终却沦为政治斗争的牺牲品。

明英宗正统十四年（1449）秋，由于蒙古瓦剌部侵犯大明江山，英宗采纳宦

官王振的建议御驾亲征，由于组织不周且前线指挥由宦官独断，明军在土木堡被瓦剌军打败，英宗被俘。这时人心惶惶，于谦挺身而出、力排众议，坚持"社稷为重，君为轻"的思想，扶持郕王即帝位，为明代宗。之后，瓦剌挟持英宗偷袭大明计谋不成，于谦取得了京师保卫战的胜利。

景泰元年（1450），瓦剌部向大明请和，并归还英宗。八月，明王朝接回英宗，但是一朝不能有两个皇帝，于是英宗就成了"上皇"，由于英宗的归来，各地政局产生了一些动荡，后都被于谦平定。

景泰八年，将军石亨、左副都御史徐有贞等发动宫廷政变，拥立英宗重登大宝，就在当天于谦就被传命逮捕。于谦的罪名是迎立外藩、图谋不轨，罪至当诛。石亨曾是于谦的部下，经于谦提拔才至将军位，在京师保卫战中也曾立过战功，但是此人经常藐视大明律法且多行不义，于谦曾就此参劾他，他由此对于谦恨之入骨。徐珵，即后来的徐有贞，在京师被围的时候他就是力主迁都的一派，京师保卫战后，明景帝罢免了徐的官职，为此他托于谦替自己向景帝求情，无奈景帝对徐珵极为反感，复官不成，他将这笔仇怨就记在了于谦头上。

明英宗在石亨等人力主要杀于谦的时候，公正地说："于谦实有功，不忍心杀害功在社稷之人"。这时力主要杀于谦的人就把当年其"社稷为重，君为轻"不顾英宗死活的主张告诉了英宗，甚至还强调："不杀于谦，此举为无名！"这几句话的意思是，我们刚刚拥立你做皇帝，要肃清朝野，名不正则言不顺，不杀于谦，有谁会承认新皇帝？这样英宗才痛下决心杀了于谦。

与于谦一同被逮捕的王文受刑时不停为自己辩解，于谦却高声笑道："亨等意耳，辩何益？"英宗在下令搜查于谦家的时候才发现，于谦的家里除了打仗用的盔甲和剑器外竟再也没有值钱的东西了。

据史料记载，于谦"死之日，阴霾四合，天下冤之"，"京郊妇孺，无不泣洒"。石亨、徐有贞等要赶尽杀绝，宦官裴某救于谦的儿子逃过奸党的追杀，还有人不顾个人生死，收殓于谦的遗骸。

成化初年，于谦的儿子于冕被赦免，他上疏为父申冤，这才得以恢复于谦的官职和赐祭。皇帝的诰文里说："当国家多难的时候，保卫社稷使其没有危险，独自坚持公道，被权臣奸臣共同嫉妒。先帝在时已经知道他的冤，而朕实在怜惜他的忠诚。"这诰文在全国各地传颂。弘治二年（1489），明孝宗采纳了给事中孙需的意见，赠给于谦特进光禄大夫、柱国、太傅，谥号肃愍，赐在墓建祠堂，题为"旌功"，由地方有关部门年节拜祭。万历中，改谥为忠肃。杭州、河南、山西都是历代奉拜祭祀不止。其实于谦并不需要皇帝的所谓嘉奖，因为这些所谓的天子似乎并没有评价于谦的资格，明英宗之前有过无数的皇帝，在他之后还会有很多，而于谦是独一无二的。

没背景的努尔哈赤靠什么逆袭

一代英杰努尔哈赤是明末建州女真族的首领。他凭借13副祖传铠甲闯天下，马上征战40余年，于1616年建立后金，即汗位。原本名不见经传的努尔哈赤是如何统一建州女真各部落，脱颖而出，建立后金政权的？

努尔哈赤本出生于建州女真一个贵族家庭里，祖父和父亲都是建州女真的贵族，也是明朝封的建州左卫官员。努尔哈赤从小就练习骑马射箭，有一身好武艺。10岁那年，母亲死去，他的继母待他不好。努尔哈赤不得不离开家庭，和当地小伙伴一起在山林打猎、挖人参、采松子、拾蘑菇，然后将这些山货带到抚顺卖掉，挣钱过活。努尔哈赤就是在那里接触到了许多汉人，并且学会了汉文。

建州女真的部落总是互相攻杀，因此明朝驻军将领也利用建州各部的矛盾来加强这一地区的统治。努尔哈赤25岁那年，建州女真部土伦城的城主尼堪外兰，带引明军攻打古勒寨城主阿台，而阿台的妻子是努尔哈赤的妹妹。当时努尔哈赤的祖父和父亲去古勒寨探望努尔哈赤的妹妹，不巧正碰上明军攻打古勒寨，在混战中两人都被明军杀害。

努尔哈赤悲痛不已，他跑到明朝官吏那里说："杀我祖父、父亲的人是尼堪外兰，只要你们把尼堪外兰交给我，我也就甘心了。"然而明朝官吏只把他祖父、父亲的遗体交还他，却不肯交出尼堪外兰。由于念及自己的力量太小，不敢得罪明军，努尔哈赤满腔悲愤回到家里，翻出了他父亲留下的13副盔甲，分发给他手下兵士，向土伦城进攻。努尔哈赤英勇善战，尼堪外兰不是他的对手，狼狈逃走。努尔哈赤攻克了土伦城，继续追击，趁机又征服了建州女真的一些部落。

尼堪外兰东奔西窜，最后逃到了鄂勒珲（今齐齐哈尔附近），请求明军保护。努尔哈赤也追到那里。明军看他不肯罢休，怕因此引起战争，就让努尔哈赤杀了尼堪外兰。

自从努尔哈赤消灭了尼堪外兰之后，就名声大噪。又过了几年，努尔哈赤就统一了建州女真。这就引起女真族其他部的恐慌。当时的女真族，共有三部，除了建州女真之外，还有海西女真和"野人"女真。海西女真中的叶赫部最强，公元1593年，叶赫部联合满蒙九个部落，结成联盟，合兵三万，分三路进攻努尔哈赤。

努尔哈赤听说九部联军来攻，事先做好迎战的准备。他在敌军来路上埋伏了精兵，并且在路旁山岭边安放了滚木石块。一切安排妥当，他安安稳稳睡起觉来。他的妻子看了很着急，把他推醒，问他："九部兵来攻打，你怎么睡起觉来，难道你真的给吓糊涂了？"努尔哈赤笑着说："如果我害怕，就是想睡也睡不着。"

第二天，探子回报敌兵人数众多，将士们听了也有点害怕。努尔哈赤就告诉将士们："别害怕，现在我们占据险要地形，敌兵虽然多，不过是乌合之众，一定互相观望。如有哪一个领兵先攻，我们就杀他一两个头目，不怕他们不退。"

九部联军到了古勒山下，建州兵在山上严阵以待，先派出100骑兵挑战。叶赫部一个头目冲来，马被木桩绊倒，建州兵上去把他杀了，另一头目看到这情景也吓昏过去。这一来，九部联军没有统一指挥，四散逃窜，努尔哈赤乘胜追击，击败了叶赫部，又过了几年，基本统一了女真族各部。

多尔衮生前不称帝，死后却谋逆

多尔衮少年得志，一生战功显赫。他带领满洲士兵攻入北京，帮助年幼的顺治帝一统中原，开启了清朝入主中原的历史篇章。开国定制的多尔衮位高权重，却在正值壮年时突然发病去世，死后不久便被朝廷全面清算，削爵、撤宗室、籍家产、罢庙享、断其后嗣、掘墓、开棺、鞭尸……这些鲜血淋漓的残杀，都是政治舞台上权力争斗的结果。

多尔衮是个文武全才，一生却跌宕起伏。他为何会在争夺后金汗位时失败，他是否有意夺取大清帝位，他与孝庄皇太后的关系如何？多尔衮也给后世留下了一个个不解之谜。

多尔衮死后获罪，遭到残酷而血腥地反攻倒算，至于获罪原因，史书归罪为他想当皇帝。但是乾隆帝却认为这是"诬为叛逆"。那么多尔衮是否真的有叛逆之心？

少年得志的多尔衮在努尔哈赤死后，与皇太极争夺后金汗位失败，其母阿巴亥成为政治斗争的牺牲品，因所谓的太祖遗命而自尽殉夫。得宠于努尔哈赤的多尔衮本是最有可能继承汗位之人，却被皇太极代替，内心的不甘可想而知。但多尔衮通过卓著的战功，逐渐获得皇太极的信任，也正是通过这种信任，他开始逐渐削弱昔日曾打击他与母亲的敌对势力，等待时机，觊觎权柄。

皇太极死后，多尔衮所做的几项决定就可以看出他是否对帝位有野心。

第一，多尔衮拥立了年仅六岁的福临继位。这是他权衡各方力量后做出的决定。因为皇太极死后，与多尔衮争夺帝位的最大对手就是皇太极长子豪格。综合各方面条件来说，豪格与多尔衮势均力敌，但是豪格却在争夺过程中取得了代善和济尔哈朗的支持，这给多尔衮造成了更大的威胁。权衡利弊，选择福临继位，就可以有效地阻止豪格夺得帝位，而且年仅六岁的福临，在多尔衮看来也只是一个乳臭未干的孩子，很容易掌控。这样的做法是不得已的选择，毕竟把皇位给一个孩子总要好过给一个强劲的对手。对多尔衮而言，福临也只是暂时替他保管皇位而已。他需要争取更多的时间来打击自己强劲的对手。

第二，福临继位之后，多尔衮对小皇帝的态度很放任。福临无法亲政，睿亲王多尔衮和郑亲王济尔哈朗辅政，多尔衮开始逐渐培植自己的势力。一方面，多尔衮放任福临玩乐，不为他选择老师来教导，也可以说是多尔衮并不希望其成材，以此来减少福临对自己的威胁。另一方面，多尔衮也不把小皇帝放在眼里，顺治七年，多尔衮还以自己的正妃元妃去世为由，强行要求小皇帝到摄政王府向他请安，这显然就是在向小皇帝示威。此时的多尔衮几乎已经成为名副其实的地下皇帝。

第三，多尔衮对待曾经的敌人豪格和舒尔哈齐的态度。多尔衮对共同主政的舒尔哈齐怀恨在心，因为舒尔哈齐曾先主张立豪格为帝，而后又同意立福临，就是没投多尔衮的票，多尔衮早就对此耿耿于怀。于是多尔衮巧立各种罪名，最后把舒尔哈齐挤出了权力中心，由自己的胞弟多铎取代了舒尔哈齐。同时多尔衮也向着自己的主要政敌豪格开刀，将豪格废为庶人。虽然有小皇帝为豪格求情，但是豪格终究没有逃出多尔衮的手心，冤死狱中。豪格死后，出于政治上的报复心理，多尔衮将豪格的正妃娶入王府之中，成为自己的继妃。

多尔衮相继除去两位主要政敌之后，顺治五年，代善去世，多尔衮又减少了一个强大的对手。其后不到一个月，多尔衮便称皇父、摄政王。在此之前，顺治为了安抚多尔衮，已经赐封其为皇叔父摄政王。现在由皇叔父摄政王到皇父摄政王，虽然只有一字之差，意义却相差千里，现在就相当于两个皇帝，多尔衮的野心已经昭然若揭。

多尔衮死后下葬之时，还偷偷将生前准备的黄袍、大东珠、素珠、黑狐褂等放入棺内。而这些东西，也只有皇帝才拥有使用权。

多尔衮生前没有公开称帝，主要原因还是在于其实力不能与皇权相抗衡，但是种种迹象表明，他确实是有谋逆之心。

| 康熙选中乾隆的历史真相 |

乾隆是在12岁那年才第一次见到了自己的爷爷康熙帝，他自然不知这次见面将会完完全全地改变他乃至整个王朝的命运。

康熙六十一年，康熙帝跟自己12岁的孙子弘历在圆明园"偶遇"了，殊不知这一次偶遇其实并没有看起来那么纯粹。弘历的父亲雍亲王并不是等闲之辈，他看得出自己的儿子弘历跟别的孩子不一样，就找了机会闲聊般的跟康熙提起："您还有两个孙子打生下来都还没有机会一睹圣颜呢。"自家的人，康熙并没有想太多，况且见见自己的孙子一享天伦，对于此时的康熙也算心中欢喜之事。其实，老康熙并不是看不出雍亲王想要引荐两个孩子的意图，只是眼前这个人也非平庸之辈，临时布置给他的任务从来都能很好地完成，他想推荐的人，肯定有值得一见之处，所以便欣然应允。于是便约定了时间、地点，见见自己的孙子。

三月十二日傍晚，皇帝驾临牡丹台，把酒临风，心情愉快。一见到这两个孩子，老皇帝不觉放下了手中的酒杯。弟弟弘昼没有给皇帝留下太深的印象，但哥哥弘历却让康熙过目难忘。这个孩子身材颀长，容貌清秀，的确与众不同。特别是两只秋水般澄澈的眼睛里流动着不同寻常的灵气与沉静。刚才行礼的时候，康熙帝注意到他一举一动敏捷得体，一点也没有这个年龄段孩子常有的紧张局促，跟在他身后的同岁的弟弟弘昼就明显拘束得多。

凭着丰富的阅人经验，老皇帝确信这个孩子与众不同。他慈爱地招招手，让弘历站到自己面前，询问起他的功课。弘历落落大方地背了几段经书，从头到尾清晰地讲解了一遍。这更让康熙倍加欣喜，确信这是他见过的所有孙子当中最出色的一个。

康熙毕竟是一朝明君，不会依靠自己的感觉行事。当时人们比较迷信生辰八字，康熙不但迷信这个，甚至还比较认可一个算得很准的"罗瞎子"。所以牡丹亭见过弘历后，便命雍亲王写下弘历的八字给自己审阅。

不出康熙所料，这孩子的八字也与众不同。1929年故宫博物院文献馆首批公布的内阁大库档案中，有乾隆生辰八字及康熙六十一年时写的批语。内容如下："乾隆八字，辛卯（康熙五十年）、丁酉（八月）、庚午（十三日）、丙子（子时）。此命贵富天然，占得性情异常，聪明秀气出众，为人仁孝，学必文武精微。幼岁总见浮灾，并不妨碍。运交十六岁为之得运，该当身健，诸事遂心，志向更佳。命中看得妻星最贤最能，子息极多，寿元高厚，柱中四正成格祯祥。"中国古代的命相之理，有一套固定的推算方法。按命相理论，乾隆八字，天干庚辛丙丁，火炼秋金，是天赋甚厚的强势命造，术语称为"身旺"；地支子午卯酉，局全四正，男命得之，为驷马乘风，主大富贵。

又过了几天，康熙再次驾临圆明园，吃了一顿饭后，宣布了一个不同寻常的决定：要将弘历带回宫中养育。在此之前，康熙只见过这个小孙子一次而已，他给自己的印象的确与众不同，处事不惊慌，不争夺，容貌清秀，充满灵气，但这些都不足以让老皇帝下定决心带他回宫。真正促使他做出决定的，也许应该是弘历这与众不同或者说具有帝王之相的八字。

| 慈禧为何不废掉光绪帝 |

慈禧发动政变以后，将光绪帝囚禁在西苑的瀛台，它四面环水，实为一小岛，唯一通向陆地的通道是北部的木桥。光绪被软禁后，服侍光绪的太监，均由李莲英亲自挑选，对光绪帝名为服侍实为"管教"。据说某年冬天，南海水面已经结冰，一日光绪帝微服出行，孰知刚走不远，便被守门人发现，即被"跪阻"。慈禧太后得知此消息后，居然命人将冰凿开，以防其逃走。这似乎还不足以泄愤，在政变后的几天里，慈禧又陆续把过去侍奉光绪帝的太监全部发落，对珍妃更是痛下狠手，将她囚禁在冷宫中，就是今日珍妃井西边的山门里。

虽然慈禧已经将光绪帝变为囚徒，但她依然心存隐忧。毕竟自己垂垂老矣，而光绪帝只是几近而立，一旦自己百年，光绪帝就可以名副其实地成为大清皇帝。因此，她有了废掉光绪帝的计划。

首先，折杀光绪帝在大臣面前的威严。慈禧指挥镇压了变法运动以后，多次组织大臣围攻、训斥光绪帝，为光绪帝罗织罪名。在苏继祖《清廷戊戌朝变记》中较为详细地记载了政变当天光绪帝被围攻和惨遭训斥的场面。

其次，大肆制造皇帝患病的声势。这让朝野上下极为震动，光绪帝四月份还在雷厉风行地主持变法，此间未曾听说身体不适，缘何慈禧在镇压变法的同时突然昭示天下：皇上已患有重病，连太医都不可医治。

第三，选择宗室近支之子立为大阿哥，为同治帝立嗣。要废黜在位的皇帝，就必然要确立一位新皇帝。

光绪帝患"重病"以及立溥俊为大阿哥的消息传出后，朝野上下议论纷纷，慈禧企图废帝的阴谋也随之被人看穿。但两种势力的反对，使慈禧陷入被动的泥沼，也迫使慈禧终止废掉光绪的计划。

首先，国内工商界人士联名致电慈禧反对罢黜光绪。

慈禧决定"立端王载漪之子溥俊为大阿哥"的谕旨颁发以后，上海于次日下午获悉，将诏谕刊登在日报之上。于是上海一时人声鼎沸，上海的电报总办经元善联合上海绅商市民1200余人，立志谏阻慈禧废黜光绪帝的企图与行为，力求保皇。经元善之举在全国各地得到了响应，因此，给慈禧施加了巨大的社会舆论压力。

其次，各在华列强反对强烈。

变法失败以后，以慈禧为首的顽固派迅速壮大势力，全面控制了朝局。出于维护在华利益的需要，在华列强认为，支持光绪帝建立一个较为开明的政府对自己在华利益更为有利。于是，当获悉光绪帝"患重病"的消息后，他们一再要求觐见光绪帝，力图摸清光绪帝病情的真伪。在光绪二十四年九月初四这天，一位名叫多德福的法国使馆医生，提着自己的药箱，走进了紫禁城皇宫大门。此行非比寻常，他不仅仅以西方医学之代表的身份来为清廷皇帝检查身体，更代表了在华列强对当时的清廷应由谁来主政的意愿。不过，这样的行为也是不合常理，史无前例的。没有史料记载慈禧为什么会同意西医来给光绪帝诊病，但多半是出自于她对列强在华势力的无奈。

多德福诊病的结果是光绪帝病情无大碍，唯患血虚之病。

自此，慈禧感受到了列强的强硬态度，不能不有所顾忌。于是，暂且收敛了废帝活动。

| 能干的奕䜣，无为的咸丰 |

道光帝在69岁时，肺病加重，御医们无力回天。公元1850年2月25日的中午，道光帝逝世于圆明园的慎德堂，这位一辈子碌碌无为的皇帝终于寿终正寝了。《清史稿》称"宣宗春秋已高，方有疾，居丧哀毁，三十年正月崩"。

既然皇帝死了，那么就要有新接任的君主，其实道光皇帝早在五年前就做出了这个决定，按照清朝当时秘密立储的方法，新接任的君主早就尘埃落定了。道光帝死前的六个小时，他有气无力地宣布了大清国下一任君主的人选。

当时，在慎德堂内，灯火辉煌，所有御前大臣、内务府大臣、军机大臣、近支亲贵、皇子皇孙们都守在道光皇帝身边，等待着谜底的最后揭晓。太监捧来了长宽厚为32×16.7×8.7厘米的谕匣，这是一个楠木匣子，里面放着的正是关于继承皇位人选的文件。

这个匣子上没有上锁，只是贴着一个封条，封条上写着"道光二十六年立秋"八个字。这是道光亲手封上的，如今，这个匣子要在众目睽睽之下打开，撕掉封条，将封藏的秘密展露出来。

盒子里有两道用朱笔写成的十分简练的密旨，太监拿起其中一道注着满文的密旨宣读："皇六子奕䜣封为亲王，皇四子奕詝立为皇太子。"而后又宣读了第二道旨意："皇四子奕詝著立为皇太子，尔王大臣等何待朕言，其同心赞辅，总以国计民生为重，无恤其他。"

奕䜣是个有作为的皇子，他重用湘淮军，引进西洋长技，曾使得清王朝出现过短暂的"同光中兴"。这样一个皇子，却最终没能成为皇太子，原因何在，耐人寻味。

在立储之事上，道光皇帝也是十分为难的。他一共有九个儿子，这九个儿子都有可能继承大统。但如果从年龄、样貌、德智体美等种种方面考虑，只有四子奕詝和六子奕䜣两个人能够胜任。二人均为庶出，在年龄上仅差一岁，同在一起读书习武，而且聪明的奕䜣更加受到道光的宠爱，但为什么最终奕䜣却没有成为皇位的继承人，对此，史料有一段隐晦的记载：道光二十六年三月，皇帝校阅南苑，"诸皇子皆从，恭亲王奕䜣获禽最多，文宗未发一矢。问之，对曰：'时方春，鸟兽孳育，不忍伤生以干天和。'宣宗大悦，曰：'此真帝者之言！'立储遂密定"。

奕䜣收获虽多，但奕詝却能够意识到生命的价值，认为春天是鸟兽孕育的季节，他不忍杀生。这正是一个君王需要的仁慈之心，也正是看到这一点，道光皇帝的天平便倾向了后者。不过，仔细分析，奕詝有可能是自己无能，打不到猎物，便说出这样一番强词夺理的论调，也有可能是奕詝性格软弱，不够强硬。

但不管怎么说，道光皇帝选择了奕詝继承大统，却是让清政府日后的发展陷入了不可逆转的沉沦之中。奕詝的资质在清代诸帝里虽是中等偏上，但是他身体很弱，却纵情声色，在31岁的时候便去世了。

而后的清朝便一直走下坡路，倒是奕䜣，虽然没有当上皇帝，却大权在握，之后的垂帘听政、帝后党争之类的变动他都参与其中。假使当日奕䜣当上皇帝，也许清朝历史会被改写，也许，这些将清朝推向灭亡的活动都不会发生，那么大清朝也就能苟延残喘更多些时日了。但这也不过是"也许"罢了。

杨秀清"逼封万岁"是真是假

清朝末年轰轰烈烈的太平天国运动曾经盛极一时，然天京事变使得太平天国由盛转衰，进而在中外反动势力的联合绞杀下彻底失败。东王杨秀清成为天京事变的牺牲品，多数人认为是因为他在变乱18天之前的"逼封万岁"之举激怒了洪秀全，从而招来杀身之祸。

对于杨秀清的死因，本就众说纷纭，而关于他"逼封万岁"一事，更是争议非常。在史学界几乎已成定论的杨秀清"逼封万岁"之说，现如今遭到越来越多人的批驳，甚至有人认为，"逼封万岁"之说可以被彻底否定。

首先被否定的便是记载此事的史料来源。最早记载"逼封"事件的是知非子的《金陵杂记》与张汝南的《金陵省难纪略》，书中较为详细地记录了"逼封万岁"的经过及之后发生的洪秀全与杨秀清之间的冲突。然而所述内容不仅多有荒诞之处，而且"此卷系近日情形，告闻之于遇难播迁之人，及被掳脱逃之辈，方能知之最详，言之最确，复为成一编，参以己见"。不仅不是亲眼所见，还加上了自己的看法，如此叙事，岂可尽信？此外，太平天国的后起之秀，忠王李秀成写的《李秀成自传》中，也提到确有此事。然而"天京变乱"发生时，李秀成正在句容一带作战，对于在此之前的"逼封"之事，只能是道听途说，更难以此为据。与上述史料来源相比，无论是太平天国的内部文书还是清朝的官方文书，均无关于此事的记载，由此不得不令人怀疑此事的真实性。

其次，若杨秀清真的曾经"逼封万岁"，那他是为了什么？此时的杨秀清，已经集神权与军权于一身，只要他"代天父传言"，就连洪秀全都不得不从，为何不直接借天父之言命令洪秀全让位于他，反而多此一举地"逼封万岁"，这既没有改变他与洪秀全的实际地位，又暴露了他意欲夺权的野心？杨秀清并非泛泛之辈，此等权谋策略，他不可能不知，更不可能做出如此愚蠢之事。

第三，在杨秀清死后没多久，洪秀全便大张旗鼓地为其平反，甚至将杨秀清被杀之日定为东升节。洪秀全在《赐英国全权特使额尔金诏》中说道："爷遣东王来赎病，眼蒙耳聋口无声，受了无尽的辛战，战妖损破颈跌横。爷爷预先降圣旨，师由外出苦难清，期至朝观遭陷害，爷爷圣旨总成行。"由此可见，洪秀全也认为杨秀清之死是遭人陷害的。如此一来，杨秀清"逼封万岁"激怒洪秀全而招来杀身之祸的说法，便被彻底否定了。

最后，若真无"逼封"之事，那么此说从何而来呢？既然没有足以令人信服的史料记载，也没有合情合理的事实依据，就不能不说这只是谣言。而这个谣言的最大受益者，便是因"逼封"而"受尽委屈"的洪秀全。杨秀清不仅曾因"代天父传言"而杜责过洪秀全，而且在朝中独揽大权，自恃功高，飞扬跋扈。以他的军事才能与政治权谋，足以威胁洪秀全的统治地位，洪秀全要除掉他是必然的，只是需要一个合理的说法以稳定军心、安抚民意罢了。而"逼封万岁"之举足以让杨秀清"死有余辜"。

如此看来，"逼封万岁"的确子虚乌有。然而，对上述批驳有所怀疑的，大有人在。

其一，太平天国的内部文书中没有关于"逼封"事件的记载，很可能是因为此事涉及领导集团内部的矛盾纠葛，不宜载入史册。而且天京陷落时天王府被大火烧毁，导致文书档案付之一炬，所以无法找到相关记载。

其二，天京事变时，李秀成已是地官正丞相，后又被封为忠王，在太平天国后期与陈玉成同掌军政。以他的身份和地位，他对天京事变的内情必有所了解。虽没有眼见为实，但也不至于信口开河。

其三，洪秀全在杨秀清死后不仅不揭露他"逼封"之罪，反而为其平反，并深表怀念之情的做法，并不足以证明"逼封"之事子虚乌有，而是洪秀全施展的政治手段。因为，这样做不仅可以撇清他指使韦昌辉杀害杨秀清的罪名，而且可以拉拢东王党羽为他所用。之后洪秀全掉转矛头直指韦昌辉，便可看出他笼络东王党羽的高明之处，起码能够免除后顾之忧。

第二章

皇帝的秘密，一个比一个奇葩

秦始皇修筑长城的真实原因

秦皇岂无德，蒙氏非不武。岂将版筑功，万里遮胡虏。

困沙世所难，作垒明知苦。死者倍堪伤，僵尸犹抱杵。

十年居上郡，四海谁为主。纵使骨为尘，冤名不入土。

唐代文人于濆的一首《长城》，道尽了两千年前秦始皇修长城的无限悲凉。那道盘踞在山峦之间，蜿蜒于无垠沙漠之上，气势恢宏，坚固雄伟的万里长城，立千年而不倒，其磅礴浩大之势，令万代叹服。而其背后的辛酸，不得不令人想起那句荒唐的谎言谶语：亡秦者，胡也。

公元前221年，秦始皇完成统一霸业，中原大地上唯吾独尊。然而，他并没有陶醉于一统天下的成就之中，而是一直忧心忡忡，不断谋求维持大秦帝国长治久安之法。公元前220年，秦始皇开始巡游天下，真切地感受到西部边陲之地与东部临海之滨在经济文化水平上的差距，同时也为一种流行于齐地的方术深深吸引，从而对求仙问道、长生不老之术产生了浓厚的兴趣。于是，一位略微精通方术的方士——卢生，逐渐成为秦始皇的宠臣，并成为刺激秦始皇修建长城的重要原因。卢生虽为方士，但对秦始皇的施政方针产生了极大的影响。

当时正值壮年的秦始皇，对生死问题有着极为紧迫的危机感，尤其是在两次出巡途中遇袭之后，内心的恐慌达到无以复加的地步。在他看来，帝王的长生不老似乎与帝国的长治久安有着必然的联系。为求长生不老药，秦始皇耗费了大量的人力、财力、物力，求仙、封禅无所不用其极，甚至派徐福带3000童男童女前往东海求仙问道，规模之大史无前例，但却一去无回。

秦始皇在现实之中无法找到巩固帝位之法，便寄托于神秘莫测的方术能为他带来一线希望。他多次派遣卢生去各地寻仙问道，卢生却屡次无功而返。数次之后，卢生再无法用那些阿谀奉承、溜须拍马之言敷衍了事，竟信手拈回一本《录图书》，谎称这是一本谶书，更妄言其中记录了一个惊天动地的秘密：亡秦者，胡也。

卢生一句搪塞责任的谎言，结果却催生出万里长城，这大大出乎他的意料；然而能够投秦始皇所好征伐敌手，则正中卢生的下怀。他给秦始皇找到了一个可以释放焦虑与不安的打击对象，同时也给秦始皇找到了机会，一泄当年想攻打匈奴而不成的积怨。也因此，引发了一场空前的历史大震荡。

今日之长城，再无当年御敌戍边之功用，它以其恢宏磅礴之势，给世人留下了对奇迹的无限感慨，以及对大秦帝国一代帝王的功过评说。

┃司马炎传位"傻儿子"，竟是出于同理心┃

晋武帝司马炎，英明神武，纵横沙场，为晋王朝耗尽了自己的半生心血。然而果敢英武的晋武帝却做了件让后人百思不得其解的事，他居然将辛苦打下的江山交给一个傻儿子来继承，致使西晋王朝昏暗动荡，最终成了一个短命王朝。晋武帝为何如此做？

公元259年，司马炎的夫人杨艳生下他们第二个儿子司马衷。由于大儿子已经夭折，所以他们的二儿子成为实际意义上的长子。司马炎很高兴，曾私下对夫人承诺将来一定让其继承大统。

其实司马炎一直觉得这个儿子有些不对劲，等司马衷长大了一点后，才发现儿子有点傻。司马炎对此很发愁，担心司马衷会丢了祖宗开创的家业。所以司马炎并没有盲目地兑现当年立司马衷为太子的承诺，他需要进一步观察。可没想到，观察一段时间后，晋武帝证实了自己的想法，心更凉了，于是他便和杨皇后商量更易太子。杨皇后并不是不知道儿子的问题，也不是不清楚册立傻儿子为太子意味着什么，但她还是坚决反对丈夫的意见，说孩子还小，到底傻不傻也要等他长大了才能知晓，现在下定论显得太早。她还说自古以来立太子都是立嫡立长不立贤，怎么能够因为太子稍微笨了一点就随便更改规矩，坏了祖宗的制度呢？晋武帝想想，皇后的话也有几分道理，于是就把这件事暂时搁下了。

然而杨皇后却害怕夜长梦多，天天缠着晋武帝。最终，晋武帝在司马衷九岁那年立他为太子。

杨皇后竭力让晋武帝册立傻儿子为太子，除去为自己家族利益考虑外，还因为母性迫使她做出这样的决定，也正是这种母性淹没了她仅有的一点理性，为短命的西晋王朝埋下了祸根。

而晋武帝之所以下定决心立傻儿子为太子，除了杨皇后软缠硬磨外，还有他自己心理上的原因。作为司马昭的长子，晋武帝一向不太受父亲重视，甚至数次险些丢掉储君的位置，有这样经历的晋武帝才会下意识地保护自己的长子。

公元290年，晋武帝司马炎病逝，于是傻儿子司马衷即位，他就是晋惠帝。然而这个傻皇帝，完全被皇后控制着。一年后，皇后发动政变，杀死辅政大臣杨骏，接着又发生了"八王之乱"。公元316年，刘渊的侄子刘曜攻破长安，俘获末代皇帝司马邺，西晋就此亡国，然而这距离司马炎病逝才25年。

| 北魏开国皇帝是否是精神病 |

拓跋珪，北魏开国皇帝，一位不折不扣的传奇人物。他白手起家，一路奋勇拼搏、策马扬鞭，从西北边缘地区挺进中原核心地区，建立了北魏帝国。为稳坐江山，他继续开疆拓土，北征西讨，纵横驰骋，功绩显赫。同时，拓跋珪还积极效仿中原的各种社会制度和生活方式，对北魏的政治、经济、文化诸多方面进行了改革，以便彻头彻尾地、由内至外地来一个从胡人到汉人的大转身。最后，他成功了，北魏帝国一统了中国北方。

然而，"天有不测风云，人有旦夕祸福"，就是这样一位盖世英雄，30岁以后却全然变成了另一番模样，前后判若两人。

30岁后的拓跋珪精神有点异常，常常焦虑不安，闷闷不乐，严重的时候接连几天水米不进，连续几夜不睡觉。平日嘴里还念念有词，时而笑，时而怒，时而哀，不知道在和谁说话。他还开始怀疑身边人，就连他以前的亲信都怀疑，而且变得极度敏感，身边的人稍有一点点异常举动，如面部表情变化，打喷嚏、打哈欠，话语不清等，他都将其认为是他们对自己怀恨在心的表现，并对他们劈头盖脸地大骂，弄得人心惶惶，气氛异常紧张。一位横扫天下的英雄怎么突然间就变成这样了？

有人认为拓跋珪之所以这样，是其作为夷族固有的天性所致。也有人认为拓跋珪的异常行为，是因为他后期患上了严重的精神分裂症，并且还对拓跋珪为什么会患上精神病做出了进一步分析和说明。

众所周知，魏晋南北朝时期，玄学和道教盛行，几乎人人都希望能长生不老，北魏帝拓跋珪自然也不例外。为了使自己活得更长，拓跋珪服食了大量当时流行的一种名为五石散的药物。这种药中含有铅、汞、锰、硫、砷等有害金属元素，长期服食此药物，容易引发药物中毒，产生精神障碍。拓跋珪之所以会精神失常，也许就是因为他服食了大量的五石散。此外，拓跋珪患病还与其当时的处境严重刺激到其精神有关。建立北魏后，拓跋珪虽然已入主中原，但他的政治统治不断受到中原汉人的威胁，皇位难保。面对这种困难境地，拓跋珪极其苦恼，无计可施，过分焦虑的心情也导致了他精神上的分裂。

以上猜测终归是猜测，北魏建国皇帝是否真是一个精神病患者，仍然是疑团。

| 总有皇帝想弃位出家 |

不愿当帝王却想当和尚，听起来有些不可理喻，但历史上还的确就是有这么几位皇帝，脱下龙袍，换上僧袍，走下殿堂，走进庙宇。

身为一国之主，先后几次舍身佛寺为奴，再由臣僚用高价"赎"出。这种咄咄怪事的主角，乃是梁武帝萧衍。

萧衍，兰陵（今江苏常州西北）人，公元501年发兵攻入建康（今南京），灭齐建立梁朝。他原来信奉道教，但称帝三年后，便下诏宣布自己舍道事佛。他广建佛寺，仅京城建康一处，寺院就多达500余所，僧尼10万余人。他本人也被称为"皇帝菩萨"。由于他的倡导，汉地僧尼改变了原来食三净肉的习惯，改为完全素食。

几次北伐失败后，为博取美名，他曾多次出家当和尚，只是他当和尚纯粹是作秀，并非真的皈依佛门。

公元527年，萧衍到当时建康最大、僧侣有数千人的同泰寺进香时，忽然脱下龙袍，要做和尚，说是舍身佛寺，为国家祈福。不过，三天后，他又灰溜溜地回去了。

此后不到两年，萧衍又一次舍身同泰寺。他对大臣们的哀求置若罔闻。两个多月后，大臣们终于明白皇帝的心意：给同泰寺捐钱。于是，大臣在捐钱一亿万后，才把他"赎"了出来。

此后，萧衍又去"舍身"了两次，每次都以身价一亿万钱让大臣"赎"回来。

公元546年三月，年近80岁的萧衍又进了同泰寺去讲《三慧经》。这次是白天讲经晚上回宫。一个月后，同泰寺着了一场大火，把庙里的泥像和佛像画都烧光了。

颇具讽刺意味的是，佛祖并没有保佑这个虔诚的弟子。公元548年，叛东魏降梁的侯景发动兵变，第二年，梁武帝在饥饿和疾病中凄凉地死去。

历史上，当过和尚的皇帝如梁武帝、明太祖，是众所周知的事。据说，唐朝还有一位，鲜为人知，那就是唐宣宗李忱。他究竟是否做过和尚，至今仍有争论。

唐宣宗较有作为，有"小太宗"之誉。野史载，李忱是唐宪宗李纯的小儿子，因为有才能，深遭他那两个做皇帝的侄儿唐文宗、唐武宗的妒忌。唐武宗登基后，曾派人将光王李忱抓来，浸在厕所里。有个叫仇公武的宦官假意借口已杀死光王，而将其送出皇宫。李忱削发乔装为僧，最后在浙江盐官（今海宁）镇国海昌院（安国寺）当了一个小沙弥，方丈齐安还替他取名为琼俊。几年后，武宗病死，李忱返京当了皇帝，他不忘方丈恩德，赐其"悟空国师"的谥号，并将禅院扩建，取名为齐丰寺。

据康熙时《海宁县志》说，齐安亦系"帝子"，自幼落发为僧，为唐末一代宗师。李忱与齐安关系密切，缘本深远。

也有学者认为，唐武宗曾进行灭佛运动，引起僧人的愤恨。宣宗即位后，重兴佛教，这些僧人感激不尽，大造舆论，编出此事。

正史中也有些蹊跷。比如在《旧唐书》中就记载有唐宣宗在还是光王时为了避祸，假装痴呆，文宗、武宗常常在宴会上把他当作笑料等语句。接着又云："宣宗皇帝器识深远，久历艰难，备知民间疾苦。"让世人产生疑问：此话从何而来？武宗病死不几日，唐宣宗便即位，时间仅相隔10余天，宦官们为何那么容易就将他找到？此外，宣宗恩怨分明，他即位后，为何不对武宗进行报复？

看来，唐宣宗是否当过和尚一事，仍需一番探究。

皇帝"惧内"，也很怂

不但民间有些男子会惧内，就是君临天下的帝王同样也会惧内。其中最具代表性的两位皇帝便是晋惠帝和隋文帝。

晋惠帝的皇后贾南风是历史上著名的丑女，她身材五短，面目黑青，鼻孔朝天，天包地大嘴，眉心有大块的胎记，而且还是一个地地道道的恶后。她不仅横行后宫，还祸国殃民，几乎毁灭了晋国。

贾南风对于晋惠帝司马衷能够登基称帝也是有一定功劳的。当司马衷还是太子时，司马炎曾因为他的智商低下，而想要废除太子。令司马炎改变这一想法的是一篇文章。那是司马炎给司马衷的一份试卷，不善学问的司马衷本想让其他的侍从官员来回答这些问题，这时太子妃贾南风却觉得这样不妥，如果让那些人代写，他们的学问都在太子之上，一定会被识破的，于是她找了几个没什么学问的太监来答这份试卷。

当司马炎看到这些答案之后，他并没有怀疑这不是太子写的。相反，这份虽然答得差劲，但也还合情合理的试卷，让他对自己的儿子有了信心，他相信司马衷是一个既纯朴又明辨事理的人，于是他再没有废除太子的想法了。所以，司马衷能够当上皇帝，他的皇后贾南风有一定功劳，贾南风也正是因为这样而居功自傲，横行于朝野。

贾南风是一个性格彪悍、粗暴善妒的人，晋惠帝司马衷的一生都是在她的阴影下度过的，他十分怕贾南风，却从不敢反抗她。

贾南风嫉妒心极强，她不允许司马衷亲近其他妃子，她曾亲手用长戟捅死了一名怀孕的妃子。皇后的性格如此残暴，司马衷再也不敢和其他妃子亲近了。

贾南风手握重权，操纵着司马衷。她大肆地豢养男宠，从不避讳司马衷，作为皇帝的司马衷一直生活在贾南风的阴影中，毫无自由、胆战心惊地度过每一天。

除贾南风之外，亦有一位皇后令皇帝深恐不已，即隋文帝的皇后——独孤氏。她是一个比贾南风端庄贤淑很多的女子，但是作为家世显赫"三朝国丈"独孤信的三女儿，她也是一名行事果断、态度强硬，同时嫉妒心强的女子。

隋文帝喜欢独孤皇后的知书达理，但是同时也十分厌恶她的嫉妒心。隋文帝对独孤皇后始终抱着一种又爱又恨又怕的心理，也正因为如此，隋文帝杨坚和独孤皇后斗了一辈子。

独孤皇后嫉妒心强，又独断专行，她从不放心让隋文帝杨坚独自外出，以免他和其他女子有染。所以即使是上早朝，独孤皇后也要和杨坚同辇而进。等到退朝后，她又和杨坚一起返回寝宫。这样，一方面独孤皇后成了隋文帝杨坚的"贤内助"，另一方面，她也达到了监督杨坚的目的。

但是再严密的防范也终有疏漏。一次，杨坚在仁寿宫偷偷地临幸了叛臣尉迟迥美貌的孙女。这件事杨坚做得十分隐秘，但是最后还是被独孤皇后知道了。对于杨坚的作为，独孤皇后十分生气，于是她便在杨坚上早朝时，将尉迟迥的孙女杀死了。

当杨坚下朝得知此事之后，十分愤怒，但是他又十分惧怕独孤皇后，不敢处罚她，于是火气十足的隋文帝杨坚选择了离家出走。他骑着马狂奔了20多里来到了一个山谷之中，他感叹自己虽然为一国之君，却完全受制于独孤皇后，没有自由，他甚至有了不再做皇帝的想法。后来他被紧追而来的杨素、高颎等劝回了宫殿。这次的事件让独孤皇后也变得有所收敛，不再那么嚣张了。

在世人的眼中，皇后大多是温柔贤淑、胸怀宽广的，而皇帝更是掌握着所有人的生杀大权，说一不二的。所以像晋惠帝和隋文帝这样惧怕皇后，甚至因为皇后的管束，而逃离皇宫，在自己妻子的管束下度过了一辈子的皇帝，实属罕见。

｜李渊起兵反隋多亏了儿子｜

隋朝末年，天下动乱，英雄四起，太原的李渊也是蠢蠢欲动，准备伺机起事去与群雄争夺天下。

李渊（公元618年至626年在位），静宁成纪（今甘肃省静宁县治平乡）人，他的祖父李虎是西魏时的太尉，父亲李昞是北周时期的御史大夫、安州总管、柱国大将军，隋时封唐国公。母亲是隋文帝的小姨子，可以说李渊与隋炀帝是姨表兄弟，作为皇亲国戚，他一直深受隋炀帝的重视。

在隋炀帝继位后，李渊被任命为荥阳、楼烦二郡太守，后又被拜山西河东慰抚大使，在太原留守。隋炀帝统治后期，全国陷入农民起义的混乱之中，李渊的势力已经无法镇压，但他又怕遭到隋炀帝的猜忌，所以为了自保，便决定提前动手，而他的次子李世民也是支持起事的。

李世民作为从小随军长大的孩子，性格中充满叛逆、果敢的气质，李渊虽然有谋反之心，但却迟迟未肯行动，李世民认为李渊在乱世之中不过是想逃避战火，但他不想拖延时间，不想做大隋王朝的陪葬品。

于是，李世民找到他的谋臣刘文静，虽然刘文静后来因与瓦岗李密联姻，而被李渊关入牢中，但此人极富韬略，性情狂傲，有着过人之处，所以当时深受李世民的偏爱。李世民找到刘文静后，二人对起兵谋反这件事是一拍即合。

刘文静为李世民提出了三点建议：

第一，要想造反不能大张旗鼓，那样会引人注目，遭到其他起事者的反扑，这一切要在潜移默化中完成，暗度陈仓方能最后水到渠成。

第二，李渊虽然手中握有一些兵马，但兵马还是越多越好，这样成功的概率才能越大，所以还需要多招兵马，到时候攻取长安，将各地的兵马汇集一处，不怕不能成事。

第三，聚拢人心，现在各地豪杰都纷纷起来造反，这些人手中的权力都可以为己所用，只要能让他们归顺，到时候矛头都指向大隋王朝，那江山必定就是李家的了。

听罢刘文静的一番分析，李世民成竹在胸，此刻他要做的只有一件事情，就是彻底地说服李渊起事。但这却是个比较棘手的事情，李渊秉性固执，对于皇权一向不敢造次，对国家一向恪尽职守，想要让他明目张胆地举起起义的大旗，实在是有些困难。

而李世民虽然是李渊的得力助手，但李渊并不是十分地信任他，所以李世民便买通了李渊最信任的人——裴寂，请他出面帮忙。

此人时任晋阳宫副监，最会阿谀奉承，溜须拍马，深得李渊的信任，二人同朝为官，关系十分要好，常在一起通宵达旦地饮酒、下棋。李世民知道，只有裴寂能够说服李渊，但如何能够让裴寂帮他这个忙，李世民也是下了一番功夫的。

裴寂自小清贫，父母双亡，受尽了他人的白眼和欺负，这也是他性格圆滑世故的主要原因，这样的经历让裴寂一直想飞黄腾达，所以他一直在寻找合适的机会，与李渊交好也是他巴结权贵、攀龙附凤的一种表现。

李世民有个叫高斌廉的朋友经常和裴寂一起赌博，于是李世民就让高斌廉故意输给裴寂，这样一来，裴寂心里高兴，什么事都好说了。果然，当李世民向裴寂提出要求时，裴寂不假思索地答应下来。

而裴寂也并没有直接去找李渊，他先是找了两位美女，随后才去找李渊，看到有美女送上门，李渊乐得享受。而裴寂也乘机向李渊讲出了李世民的计划，听到老友相劝，也看到李世民的确是准备妥当了，李渊终于同意起事。

隋大业十三年三月，李渊起兵于太原，兵锋直指长安。

| 唐玄宗为何不愿立皇后 |

唐玄宗李隆基一开始立下折冲府的一位姓王的果毅都尉的女儿为皇后，果毅都尉是五品的武官，所以这位皇后也算是将门之女。最初王皇后凭借过人的胆识，和她将门虎女天生的气魄，协助李隆基扳倒韦皇后，斗赢太平公主。可以说，李隆基之所以能够当上皇帝，军功章里有王皇后的一半。

渐渐地，李隆基与王皇后之间的感情便越来越淡了。王皇后读书不多，胸无点墨，而且没有子嗣，这让李隆基对她越发不满。之后，李隆基宠幸起了一位姓武的妃子，王皇后为挽回李隆基的心，只要一有机会，她便会在李隆基面前说那位妃子的坏话。

可是事情并没有像王皇后期盼的那样发展，李隆基不但没有远离姓武的妃子，反而是对王皇后日渐心生厌烦，逐渐产生了废黜皇后的想法。

王皇后为了挽回唐玄宗的感情，不敢再有强硬的态度。俗话说一日夫妻百日恩，何况王皇后与唐玄宗是共同患难，一路走来的。虽然唐玄宗一直有废黜王皇后的心思，但一时找不到理由，也没有动作。

一日，唐玄宗去探望王皇后，王皇后乘机诉苦："陛下独不念阿忠脱紫半臂易斗面，为生日汤饼邪？"这里提到的是唐玄宗还是临淄王时，一次过生日去王皇后家里，正巧王皇后的父亲好赌，将家里积蓄都输光了。为了不怠慢李隆基，她便将自己身上的紫半臂脱下来当了，买了面回来给李隆基做了一碗长寿面。

既然王皇后都提到了这样的往事，李隆基自然不好再提废后的事情。可惜王皇后生性不够隐忍，看到得宠的武氏儿女成群，她忍不住去求神灵帮忙，找到一个名叫明悟的和尚做法。她做法的第二天，李隆基便得知了，他一询问，得知皇后的咒语是："佩此有子，当如则天皇后。"

李隆基顿时大怒，要作则天皇后，那不是要学武则天吗？这下不论王皇后再怎么辩驳，都无济于事，李隆基将王皇后打入冷宫，从此再不过问。不过两年，王皇后便郁郁而终。皇后的位子空了出来，按理说，应当立最得宠的武氏为皇后，可是李隆基却迟迟没有动作。原因便是这一幕与之前的武则天当皇后的一幕太相似了，废王立武，这一切似乎都是70年前的历史重演。所以大臣们纷纷阻挠立后一事，理由有三：其一，武家与李家有不共戴天之仇，如何还能让武姓母仪天下；其二，太子已立，武氏若当皇后，必然想立自己的儿子为太子，到时难免动荡；其三，不愿意历史重演。

大臣们担忧的也有道理，唐玄宗便放弃了立武氏为皇后的念头，最后，他只得封武氏为惠妃，算是补偿。而后，也便打消了立皇后的念头。

| 唐朝望族为什么誓不娶公主 |

唐朝风气开放，男女之间不像以前那么拘谨，但唐朝却有个比较独特的现象，就是士族们都不愿意娶公主为妻。

在《旧唐书》卷一四七《杜佑传》附《杜悰传》中写道："（宪宗为长女岐阳公主选驸马）令宰臣于卿士家选尚文雅之士可居清列者。初于文学后进中选择，皆辞疾不应。"

娶了公主就是当朝驸马，可以尽享荣华富贵，但唐朝的士族们却都"皆辞疾不应"，一个个装聋作哑。其实，他们放弃娶公主是有苦衷的，主要是以下三个方面的原因：

第一，服丧之礼的规定。服丧之礼中，斩衰是最重要的一种，齐衰次之。《新唐书》卷二十《礼乐十》规定：妻死，夫服"齐衰杖周"之礼（指居丧持杖周年）。可如果是公主死了，丈夫就必须为之服斩衰三年。

唐文宗时，有人就曾遇到这一问题。在《新唐书·杜佑传》所附《杜悰传》记载："开成初，（杜悰）入为工部尚书、判度支。属岐阳公主薨，久而未谢。文宗怪之，问左右。户部侍郎李珏对曰：'近日驸马为公主服斩衰三年，所以士族之家不愿为国戚者，半为此也。杜未谢，拘此服纪也。'"李珏向文宗提出这种现象以后，文宗惊愕之余，下诏改制："（文宗）诏曰：'制服轻重，必由典礼。如闻往者驸马为公主服三年，缘情之义，殊非故实，违经之制，今乃闻知。宜令行杖周，永为通制。'"

也就是在这个时候，这个驸马为公主服斩衰三年的情况才得以改变，公主是金枝玉叶，男人们是可望而不可即，与其每日生活在皇室的阴影下，不如娶民间女子更为自在些。更何况望族本来就是名门，不需要攀龙附凤，也照样显贵。

第二，门第观念。在唐朝的时候，人们十分重视门第观念，唐朝人所看中的门第不但要有显赫的家世，还要有优良的家族文化传统、家法门风以及令人钦羡的婚姻关系，这诸多的要求令公主出嫁成了难事。

许多望族人家虽然也想攀附高门槛，但也很排斥这种皇室的文化传统、家法门风，所以不愿与皇室联姻，他们既不愿意嫁女于皇室，也不愿娶公主为妻。

第三，公主大多不修妇礼。唐朝文化开放，公主奢侈、骄纵者居多，其中更不乏妒悍、残暴者。在《新唐书·诸帝公主传》中对唐代公主的描述有长广公主"豪侈自肆"；合浦公主"负所爱而骄……见（浮屠辩机）而悦之，具帐其庐，与之乱"；魏国宪穆公主"恣横不法，帝（按：指德宗）幽之禁中"；襄阳公主"纵恣，常微行市里。有薛枢、薛浑、李元本皆得私侍"；宜城公主"下嫁裴巽。巽有嬖妹，主恚，刵耳劓鼻，且断巽发"。

试问哪个男人敢将这样的女子娶回家？在重视妇德的封建社会，没有哪个男人可以忍受戴绿帽子，即便是能够荣华富贵也不行。更何况那些望族们本身也很富贵，不需要去追求那些荣华，这也就是唐朝公主难以嫁出去的缘由。其中不修妇礼是士族之家不愿与皇室结亲的重要原因之一。

| 万历20年不上朝都在干什么 |

明神宗万历皇帝朱翊钧在位48年，是明代皇帝中在位时间最长的一位。可是万历皇帝在主持朝政14年后居然开始不上朝，从此之后的20年里不理朝政，"不郊、不庙、不朝、不见、不批、不讲"。

作为一个帝王，上朝理政是分内之事，可是为什么万历皇帝20年不理朝政呢？有人说是朱翊钧沉湎于酒色之中，也有人说他是染上鸦片烟瘾。但更多的人则认为，万历是因为立太子之事与内阁争执，才不出宫门，不理朝政的。

万历皇帝16岁的时候，太后、大臣们便替他选择了王氏和刘氏作为皇后和昭妃，然而叛逆的万历根本不喜欢这样强加的婚姻，更不喜欢皇后和昭妃，所以他对这两人十分冷淡。

万历20岁时，偶然临幸一王姓宫女，后得长子朱常洛。在当时，正宫皇后没有生出嫡长子的情况下，按惯例朱常洛应该被立为太子。可是后来，万历遇到了自己心中的红颜知己，一生最爱的女人郑贵妃。郑氏本是一个宫女，因容貌秀美、机智聪明深得皇帝的喜爱，很快被封为贵妃。两人彼此倾慕，朝夕相伴，简直一刻也不能分离。四年后，郑贵妃生下皇三子朱常洵。万历皇帝爱屋及乌，对刚出生的孩子表现了极大的宠爱，直接将郑贵妃晋封为皇贵妃，地位仅次于皇后，与此同时还想将朱常洵立为太子。

但万历这一想法遭到群臣的反对，大家认为废长立幼是不合宗法礼制的，为了社稷，应当立皇长子为太子。群臣的反对令万历招架不住，只好极力镇压。于是把户科给事中姜应麟等强烈反对的大臣都贬官问罪。知道此事的慈圣太后开始质问万历皇帝。无奈的万历就将册立太子的事推迟，采取"拖"的方法。

为立太子的事情，万历和他的全体朝臣相对抗，谁也压服不了谁。这让万历大伤脑筋，也大为恼火。后来万历采取不上朝的方法，同他的大臣们消极对抗。幸而官僚体制还起作用，就是没有皇帝，内阁及部府仍然照常工作。有事陈奏上去，皇帝不批，就等于默认，便照章办理。谁再说立太子的事，他就"留中"，让疏文自动作废，外间就无法知道真相了。

直到万历二十九年，万历怕自己一旦殡天，朝纲大乱，再加上其他一些原因，于是不得已册立朱常洛为太子，这场旷日持久的"国本"之争终于结束了。

其实从深层次的原因来讲，万历不上朝的主要原因是皇权与文官制度发生了剧烈冲突，皇权受到了压抑，万历就用消极的方式来对抗。但是万历的做法有两点仍然值得肯定：其一，万历并没有因大臣与之作对甚至谩骂皇贵妃而杀掉一人；其二，不上朝并不是不办公，万历年间的许多大事小情都是万历处理的，大的比如万历三大征，特别是与日本的壬辰战争也一直在万历指挥下进行的。

| 崇祯为何死也不南迁 |

崇祯十七年（1644）三月十八日，李自成率领农民起义军攻陷北京，崇祯皇帝无路可逃，最后在紫禁城后的煤山上自杀，屹立了200多年的明王朝灭亡了。

其实对崇祯帝来说，当时有一个办法可以自保，那就是放弃危在旦夕的北京，到南京建立临时王朝。这一办法或许过于自私，但是尚可保住江南的半壁江山，明朝或许不会这么快就灭亡。但是崇祯却迟迟没有南迁，放弃了一条生路，还亲手断送了大明江山，自己也自缢身亡。那么，崇祯皇帝为什么迟迟不肯南迁？他难道是真的不想南迁？

迁都的建议是崇祯在德正殿进行一次私下召见时，由江西籍官员、翰林学士李明睿首次提出的。当皇上问到今后的策略时，李明睿的回答相当坦率，甚至在提到北方失利时也无所顾忌。他说，义军已经逼近京城，朝廷正值"危急存亡之秋"，唯一明智的选择，就是迁都南京。然而，崇祯帝对此却踌躇不已：面对外患，如果弃守北京，就会落下丢失国土的千古罪名；面对内忧，坐以待毙，又会蒙受失政于寇的奇耻大辱。这个两难的选择使他犹豫不决，他一心想作名垂青史的圣君，根本不能承受这种失地失国的罪名。

于是他将这一问题提出交给大臣商议，想让大臣们正式提出南迁，然后他再顺水推舟作个表态，免得承担历史责任。可是，崇祯身边的大臣个个老奸巨猾，没有一人站出来表态。由于没能从他们口中得到自己想要的答案，崇祯最后只好决定"早朝廷议公而决之"。朝堂上众朝臣展开了唇枪舌剑的激烈争论，结果相持不下，最终不欢而散。崇祯帝自己又不愿意承担丢弃宗庙社稷的大罪，于是这个正确的策略便被搁置一边了。

对于那些主张绝不弃国土的臣子们，真的是心口如一以死报国的忠臣？答案当然不全是。他们中多数认为假如自己表态不弃国土，日后就逃脱了丢失国土的罪名。而后又不公开反对"弃守北京"，则是遵照崇祯皇帝的心思。他们想着即使有朝一日秋后算账，这个刚愎自用又心胸狭窄的皇帝，为了开脱自己的罪责会找一个因弃守北京而丢失国土罪名的替罪羊，他们自己也可以明哲保身。有这样一帮满脑子为个人打算的庸臣，再加上个优柔寡断、只图虚名的皇上，国家怎么可能不亡？

三月初，李自成势如破竹，攻克了宁武，明军一败涂地，京城已经岌岌可危，崇祯又连夜召诸大臣商议对策。然而却有人提议皇上应该守京师，让太子下江南。崇祯顿时勃然大怒："朕经营天下十几年尚不能济，孩子家做得了什么大事？"其实大家都明白，皇帝自己本想南逃，却硬要众大臣说出来。但这时仍没有大臣劝皇帝南迁，到了最后，也只是下了个"入京勤王"的圣旨，等待各路大军来京护驾。

然而勤王的军队没到，告急奏折却像雪片一样飞来。这时李明睿又来紧急求见，力劝崇祯南迁。崇祯再次召集大臣，希望大家奏请他南迁。可是这一次他又失望了，大臣们全都沉默不语，谁也不肯开口。僵持之际，前方信使来报："保定失陷了！"这一下，崇祯皇帝不禁呆坐在那里，一句话也说不出来，两行眼泪已然流下。因为南迁的路被从中掐断，南迁之议已经成为泡影了。

最终，李自成于公元1644年3月18日率领农民起义军攻入北京，崇祯皇帝无路可逃，自缢身亡，国祚绵延200多年的明王朝就此灭亡。

| 爱新觉罗氏为什么避忌叶赫那拉氏 |

爱新觉罗氏为什么会避忌叶赫那拉氏？中国有一句古话，叫作"冤冤相报何时了"。历史上有很多这样的例子，这一代你杀了我或打败了我，那么下一代我的儿子便会杀了你的儿子或是打败你的儿子。这不是一个定律，但当前一辈的仇恨和耻辱深深地植入下一辈的脑海中时，后一辈便把复仇雪耻当成毕生事业，爱新觉罗氏之所以要避讳叶赫那拉氏，也是这个原因。

叶赫那拉氏是满族的大姓，也是起源较早的姓氏之一。叶赫那拉氏的始祖，是入赘扈伦部的蒙古人，叶赫那拉中的"那拉"就是"爱"的意思。这一氏族之所以叫叶赫那拉氏，是因为最初建立的王国是在叶赫河边。据史料记载，在元末明初时期，叶赫那拉氏和爱新觉罗氏之间发生了一场战争，最后取得胜利的是叶赫那拉氏，这一氏族也因此一度成为东北最强大的一个部落。这一地位保持多年，直到爱新觉罗氏出现了一位大人物——努尔哈赤，这一局势才得到扭转。努尔哈赤在任部落首领之后，率领建州女真统一女真族各个部落，其中与叶赫部的战斗最为激烈、持久，胜利之后努尔哈赤下令屠戮叶赫那拉氏，以雪前耻。叶赫部首领在被杀前，曾指天发誓，对努尔哈赤说："即使我叶赫部只剩下一个女人，将来也会报此大仇，灭你建州部爱新觉罗氏！"

正是这一句誓言，让爱新觉罗氏铭记在心，处处提防叶赫那拉氏，甚至有些避讳叶赫那拉氏。历史的车轮滚滚向前，叶赫那拉氏这一败，就被爱新觉罗氏统治了200余年，一直到一个叫"杏儿"的女孩儿出世，叶赫那拉氏才等到了翻身的机会。

这个乳名唤作"杏儿"的女娃儿，后来入宫做了妃子，被皇上封为"兰贵人"，就是后来历史上屈指可数的女强人之一——慈禧。也许是叶赫那拉氏当年的首领去世前的诅咒真的应验了，这个女人虽没有像当年首领的誓言一样灭爱新觉罗氏，但在慈禧做太后的那些年里，光绪、溥仪以及那些爱新觉罗氏的皇子皇孙，实际上都是她的傀儡，她才是真正统治爱新觉罗氏天下的人。

难怪咸丰帝奕詝在身为皇子、学习祖宗基业建立的过程中，读到对抗叶赫那拉氏的一段时，猛然想起了兰贵人就是叶赫那拉氏，心头一惊，此后凡事小心，事事避讳。但该来的总归是会来的，最后爱新觉罗氏的天下还是毁在了慈禧——这位叶赫那拉氏后人的手里。

孝庄选择不与皇太极合葬

孝庄皇后生于万历四十一年，在康熙二十六年，75岁的她离开了人世。但是，孝庄并没有与皇太极合葬于关外昭陵，而是要求别葬于关内盛京之西的昭西陵。这一请求完全在情理之外，引发了多方的揣测，在世人的脑中画下了一个大大的问号。

史书的记载是孝庄太皇太后临终时，告诉康熙，由于太宗陵寝奉安已久，而且已经和孝端皇后合葬，不能因为自己而轻动土木；而且，自己心中还时刻惦念着顺治与康熙父子，所以，应该葬在顺治孝陵附近。但这终究只是官方的说法，不能令人信服。事实上，当年康熙也为这个棘手的问题烦扰，难堵众人之口。所以孝庄皇后在康熙年间始终未能安葬，其梓宫一直停放在孝陵旁边。直到雍正三年，雍正服父丧27个月之后，才正式动工兴建昭西陵。

"入土为安"是中国传统的丧葬礼节，可康熙为什么30多年不葬祖母？雍正的解释是，康熙与祖母感情太深，以致不忍下葬，但这未免有些冠冕堂皇，大家都在猜想其中另有隐情。

在孝庄崩逝之后，康熙违反常规执意要在宫中为祖母守三年之丧，后朝臣反对，康熙也戴孝将近两年。康熙的言行留给世人的感觉是在纯孝之外，似乎还对祖母怀有一份非常浓重的歉疚之心，希望有所补偿。而这份歉疚来源于何处，必然是康熙的一份不可告人的隐痛。这隐痛就是孝庄为了保存皇太极的遗孤，保住皇太极一生奋斗而来的事业，不得不做出有悖伦常的事情。在这一点上，孝庄不仅没有辜负太宗，而且应当被太宗谅解，甚至是感激。

事情跟多尔衮有关。当时满洲的八旗军中，多尔衮倚靠自己的嫡亲、胞亲等连带势力，一人握有五旗的军权，他利用自己手中的职权，贬斥了郑亲王济尔哈朗，诛杀了豪格。手握重权的他离造反仅一步之遥，他为什么没有跨出最后这一步？原因就是孝庄皇后——他年少时候的爱人。孝庄皇后为了保全大局，委屈了自己，从中斡旋，才牵制住了多尔衮的造反之心。

但是，世俗礼法的限制使得孝庄皇后死后不能与太宗合葬，因为她不能以一个非白璧之身与太宗合葬。这其中的委屈，外人不曾看见的辛酸，却被康熙看在眼中，既然不能把祖母与祖父葬在一起，他更不能让祖母一人孤零零的长眠地下，所以30年里一直怀着一颗歉疚的心陪伴着孝庄，直至驾崩。

嘉庆扳倒和珅的真正目的

公元1799年（嘉庆四年）初三，89岁的太上皇乾隆驾崩了，尸骨未寒之际，嘉庆便以迅雷不及掩耳之势对他的宠臣和珅进行了斩草除根。根据当时的《痤珅志略》一书记载："初三日，纯皇帝殡天；初四日，上于苫次谕统兵诸臣；初五日，御史广兴疏劾和珅不法；初八日，奉旨革和珅职，拿交刑部监禁。"

嘉庆算不得有为君主，但对付和珅却是拿出了十二分的魄力和智慧。初三当夜，嘉庆便宣布让和珅留在宫中为乾隆守灵，并且还"不得任自出入"。所以，这名为尽忠，实则是断绝和珅与外界的联系。

靠山已倒，和珅失去了话语权，明知是陷阱，也只得硬着头皮往里跳了。对于此事的后果，他心里恐怕明白得很。

大清王朝有一传统，每次易帝，新主都会发动一场对前朝重臣的残酷清洗运动。例如顺治对付多尔衮，康熙对付鳌拜，雍正赐死年羹尧，乾隆密谋除掉讷亲……

轮到嘉庆也不例外，他将剑锋对准了和珅。乾隆死后，清廷免不了要经受一场变动，作为龙椅的新主人，嘉庆不能饶了和珅主要有两个原因：一是和珅位高权重，党羽众多，如果不铲除，只怕后患无穷；二是和珅家大业大，有家产无数，而国库却是一穷二白。而今，乾隆已死，急于解决财政危机的嘉庆只能把手伸向和珅那里。和珅作为大清帝国的摇钱树，嘉庆还算是对他网开一面，让他在牢中自尽，也算是为他保存了最后的一点颜面。

和珅死后，嘉庆便全权接管了他的家产。那份天大的财富粗略计算大概有八万万两白银，从当时的清人笔记中，大概能找到有关和珅家产的三种说法，基本是雷同的：

第一，《清稗类抄·讥讽》："和珅在乾隆朝，柄政凡二十年。高宗崩，仁宗赐令自尽，籍没家产，至八百兆有奇。时人为之语曰：'和珅跌倒，嘉庆吃饱。'"

"八百兆"，便是8亿两银子。清代的一两银子，大约相当于人民币五六十元，算下来，和珅的家产总值应该有40至50亿人民币的样子。

第二，《庸盦笔记·抄查和珅清单》："十七日，又奉上谕，前令十一王爷盛柱、庆桂等，查抄和珅家产，呈奉清单，朕已阅看，共计一百零九号，内有八十三号，尚未估价，已估者二十六号，合算共计银二万二千三百八十九万五千一百六十两。"

这个数字并非全部家财，仅仅是已经估价的物产，而那些尚未估价的财产，大概三倍还要多，所以，算下来，总数也大概有八万万两白银了。

第三，《枢近志·和珅之家财》，将和珅的家财说得更为详尽："其家财先后抄出凡百有九号，就中估价者二十六号，已值二百二十三兆两有奇。未估者尚八十三号，论者谓以比例算之，又当八百兆两有奇。甲午、庚子两次偿金总额，仅和珅一人之家产，足以当之。政府岁入七千万，而和珅以二十年之宰查，其所蓄当一国二十年岁入之半额而强。虽以法国路易第十四，其私产亦不过两千余万，四十倍之，犹不足当一大清国之宰相云。"

公元1773年到1799年，和珅从得宠到被嘉庆扳倒，仅仅20多年的时间，他就搜刮下了八亿多两银子的天大家业，其贪污程度可见一斑。

和珅固然该杀，但嘉庆的真正目的也绝非惩治贪官，所谓"和珅跌倒，嘉庆吃饱"，其实可以理解为"嘉庆为了吃饱，和珅必须跌倒"。也许，和珅背后的巨额财富才是嘉庆动杀机的真正原因。

| 只有嘉庆帝厌恶"如意" |

如意，长条而一端弯曲，是一种古代器物名称，我国很早以前就有了。

如意可以用各种材料制成，比如骨、竹、木、角、石、玉、铁、铜等。由于其一端弯曲像手一般，最早被用作"抓挠"。到西汉的时候，如意具有了吉祥的含义，比如汉高祖刘邦与戚夫人生的儿子就取名为"如意"。魏晋南北朝时期时，佛教的僧侣和文人雅士开始广泛使用如意，并加深了如意吉祥美好、聪慧睿智的含义。到清朝，如意早已成为皇宫里皇上、后妃把玩之物，宝座旁、寝殿中均摆有如意，以示吉祥、顺心。清代的皇帝、皇后还经常用如意作为赏赐王公大臣之物。

然而如此吉祥美好之物，却也不是人人都喜欢，嘉庆皇帝就公然表示自己不喜欢如意。

按照满洲的老风俗，凡是到了过年过节的时候，王公大臣以及在外省的总督、巡抚等封疆大吏，都要向宫廷向皇上进献如意，以表吉祥如意的美好祝愿。满洲人入关进京之后，这种老风俗仍然保持下来，没有改变。可是到了嘉庆朝，却下旨将这种老风俗给禁止了。谕旨中说"诸臣以为如意，在朕观之转不如意也"。

当时，朝廷上上下下都不知道皇帝禁献如意究竟是为什么。而如此寓意吉祥的物件，嘉庆帝为什么就不喜欢？其实，这其中确有奥秘。

雍正皇帝在位时，乾隆的第二子出生，这个婴儿是乾隆嫡福晋所生。由于清代建国以来的皇帝没有一位是嫡长子，所以雍正对这个嫡孙十分重视，并亲自赐名永琏，暗示在乾隆之后立他为皇帝。于是乾隆即位后，就马上将传位永琏的诏书放了正大光明匾后，可是永琏只活了九年就离开了人世。其后不久，皇后又生下了皇七子永琮，一心想完成祖先遗愿的乾隆，马上决定立这位嫡子为太子。谁知传位的诏书刚放到正大光明匾后，两岁的永琮也离开了人间。

连丧两子的乾隆皇帝，再也不敢立嫡子为太子，更不敢将传位诏书放在正大光明匾后边了。对于立储一事，皇室里谈虎色变。到乾隆晚年，他的诸皇子中，有的已经死去，有的对皇位根本不感兴趣，还有的生怕招来杀身之祸，因此大都对皇位敬而远之。于是乾隆皇帝就在庶出的皇子中选择了忠厚老实的颙琰作为继位者。为了不让老天夺走他这个儿子，乾隆帝对立颙琰为太子一事一直秘而不宣。直到即将禅位前一年，才正式公之于众。

可是如此绝密之事，真的只有乾隆一人知道？不，还有一人知道，那就是和珅。当和珅觉察到乾隆帝要立颙琰为太子后，立刻选了一只上好的如意送给了颙琰，以取悦这位未来的皇帝。谁知颙琰听到自己被暗中选为太子后大为惊恐，加之他对和珅这样的大贪官本身就十分忌恨，所以对和珅所送的如意十分反感。

嘉庆继位后，政事仍由太上皇乾隆决定。嘉庆四年乾隆病死后，他亲政。亲政后的第六天，他就逮捕了和珅，抄出家财约值白银八亿两，相当于清政府20年的财政收入，和珅随即被处死。之后，嘉庆就下谕旨禁献如意。

如此，不明真相的人们还以为嘉庆下谕禁献如意是要崇尚节俭，杜绝奢侈，其实只是他对如意的一种厌恶罢了。

缝缝补补又三年的道光帝

古代帝王中，商纣这样豪奢纵欲之徒并不少见，但也不是没有"力倡节俭"的吝啬鬼，道光皇帝就是这样一位另类皇帝。

汉代，开创了文景之治的汉文帝也曾倡导节俭，得到后人的极力赞扬，可是节俭起来比汉文帝有过之而无不及的道光皇帝却并未因此获得史家的称誉。反而，人们在谈起他的节俭时，往往彼此会心地揶揄他的吝啬、抠门。这到底是怎么回事？

说起来，道光的节俭，有他个人经历的原因，也有出于对整个时局和国家财政状况的考虑。

盛京，也就是今日的沈阳，乃是满人在入关之前的首都，被满人称为所谓"龙兴之地"，到现在仍有沈阳故宫作为历史景点向游人开放。嘉庆二十三年（1818），时为皇太子的道光随着父亲嘉庆一同去盛京祭祖。同是皇宫，但无论是外在的气度还是内里的舒适，沈阳故宫较之北京的紫禁城不知差了多少。一心教子的嘉庆还特地领着道光来到清宁宫东暖阁，将太祖努尔哈赤、太宗皇太极极其简陋的旧时用物拿出来给他看，让他"忆苦思甜"。早已被人们遗弃不用的糠灯，蠢笨的牛皮乌拉，光秃秃的粗糙拐杖……这些祖先遗物在道光并不幼小的心灵里留下了深刻的印象。所以回到北京后，道光将情况对妻子一说，拥护丈夫的妻子立即找人清空了家里床铺桌椅之外的家具，以示将戒奢从简进行到底。这还不够，夫妻两个又从饮食上算计起来：他们每天只吃太监从宫外一路小跑买回来的烧饼。虽然时间一久，烧饼已然是又冷又硬，但道光夫妇仍然就着热茶将之吃下肚去，连眉头都不皱一下。

事实上，大清朝走到道光这一步，确乎是"内囊却也尽上来了"。乾隆时期虽然败家奢侈，但国库内也有个八千万两白银；而到了道光时候，却只有不到两千万两白银。而这也不过是好看的账面数字，真情到底如何，道光皇帝恐怕根本没勇气认真核查一番。

登基之后，道光又将他的"节俭模式"推广到四海之内，他发了一道《御制声色货利谕》，号召全国上下官员一起认真学习。孔圣人说："百姓足，君孰与不足；百姓不足，君孰与足？"这话被道光引为至理名言。他认为，只要自己省着点，就能让百姓过上好日子。于是下令叫各省督抚停止每年的进贡。按说，进贡的贡品很多不过是些土特产，比如闽南的荔枝、湘赣的春笋、云南的药材之类，并不值多少钱，可是这些地方离京城太远，来回运送所需的人力与财力就不是一笔小数。所以道光的这个命令是有些道理的。

不过，理想与现实总是很难协调。道光的命令虽然下去了，各省督抚却犹疑起来：皇帝这回是玩真的，还是说给老百姓听的？更何况，给皇帝进贡，自己也可以捞点油水——庙里的和尚，其吃穿用度不就是出自信徒供给佛祖、菩萨的香油钱吗？于是贡品接着送，只不过改名为"孝敬"，叫道光皇帝不好意思不收。而且这"孝敬"也不能责令其送回，因为这样一来，运费自会翻番，变成"省事适足以滋事"了。于是停止进贡之事就此作罢。

当时，中国仍是农业社会，又值几千年来人口顶峰，土地资源有限，而生产能力停滞，所以欲求富足，只能从节俭上下功夫。不过，道光虽然节俭，却挡不住各级官吏的豪奢，所以实际上他的节俭运动的效果是非常有限的。若他肯睁眼看看这个世界，当他自己在啃窝头的时候，他的下属"奴才"却山珍海味地胡吃海喝，不知会做何感想。

更讽刺的是，道光皇帝不光没有管理好臣子，也未曾管理好家门，他的儿子咸丰与儿媳慈禧都比着赛地奢华纵欲。

"人力有时而穷"，道光帝身处清王朝的下坡路上，总想竭尽全力地延缓其衰落，又岂可得？在他黑夜里借着月光缝补衣服上的补丁时，英国人架着利炮的"坚船"的马达正轰隆隆地发动，就要强行闯入这个老大帝国的港口了。

|清末三帝为什么连续无子|

同治皇帝载淳，19岁死去的时候，没有留下一儿半女，虽然野史曾提到过皇后阿鲁特氏已怀有龙种，但正史中得不到任何依据，便无法作数。

光绪皇帝死的时候38岁，居然身后也没有留下一男半女。光绪皇帝于光绪十四年（1888）大婚，虽然他在政治上难以有所动作，是慈禧控制下的傀儡皇帝，但在婚姻中，还是有一些自主权的，慈禧并不会去干涉他的私生活。而且作为一国之君，他起码有着皇后妃子，几名女子陪伴，而且还有宠爱的珍妃常伴身旁，但膝下无子，却是让人费解的。

而作为光绪帝的继承人宣统帝溥仪，这位末代皇帝活了61岁，却也是没有子嗣留下。晚清接连三任皇帝都没有留下子嗣，让人很是疑惑。

接连三朝皇帝都没有留下一男半女，这在中国的封建历史上还是绝无仅有的，"不孝有三，无后为大"，对于平常人家来说如此，对于帝王家更是如此。一个没有子嗣的皇帝，是要被天下人耻笑的。

三朝皇帝个个绝后，爱新觉罗氏皇族到底怎么了？对此人们纷纷展开探讨，但因为当时的有关史书、传记并未对此事记载过多，而且时隔太久，研究起来很难下手，这三位皇帝不生育，成为一团疑云，后人只能凭借猜测分析，通过现代医学角度来看当时的情形。

清末三朝皇帝都未生儿育女，与满洲皇族的婚姻习俗有关。按照满洲皇室的婚姻习俗，丈夫死后，妻子可以嫁给小叔子，或者丈夫家其他的男性。这种原始的婚俗，将女人当作玩物，而也正是这种习俗，令大清的皇室血统发生了变化。

清太祖努尔哈赤死前曾嘱咐："俟我百年之后，我的诸幼子和大福晋交给大阿哥收养。"他是要将自己的妻子交给自己的儿子。不止努尔哈赤这样，其他皇室成员的婚配，都是典型的近亲婚配。

皇太极时代，肃亲王豪格是皇太极的长子，多尔衮是皇太极的弟弟，但豪格娶的嫡妻博尔济锦氏，却是多尔衮妻子的妹妹。在豪格死后，这位嫡妻博尔济锦氏又被多尔衮纳为妻子。

之后为了对付明朝，皇太极积极推进满蒙联姻，想要强强联合，攻入中原大地。在大清朝建立后，皇太极便册封妃嫔，其中五宫后妃都来自蒙古博尔济锦家族，还有三位后妃的辈分算起来是姑侄。有人统计，皇太极在位期间，满洲贵族仅与蒙古科尔沁部联姻就达18次之多。

顺治与皇太极一样，也是多次近亲结婚，顺治的皇后和淑惠妃，是他同一个亲舅舅的两个女儿，都是他的表妹。为了政治，满族与蒙古族部落的联姻一直延续了很长时间。金国大汗、大清国皇帝、贝勒等贵族不仅娶蒙古女子为妻，还把自己的女儿嫁去，这些混乱的婚姻是导致后来大清帝王不孕的一个原因。

当然因为近亲结婚而导致后来帝王的身体病变，只不过是一个猜测而已，至于这三位帝王为何绝后的真正原因，还有待考究。

中国古代的皇帝如何攒"私房钱"

《诗经》中说："普天之下，莫非王土，率土之滨，莫非王臣。"这句话很好地表达出了在封建制度下，皇帝对国家的绝对主宰地位。纵然如此，在清朝以前，皇帝们为了存"私房钱"，也都会设一个私密的小金库。

先从汉朝皇帝的小金库说起。汉朝时，国家规定的税目非常繁多，有田赋、人头税、关税、酒税，等等。人们不堪重负，许多刚出生的婴儿都死在了人头税上。汉朝律例规定，3岁到14岁之间的小孩每年要交23文被称为"口钱"的人头税。对于许多穷人家这是很大的一笔钱。因为交不起口钱，很多婴儿一生下来就被掐死了。而这每个小孩每年所交的23文钱里，有20文都流向了皇帝的小金库。本来每年的这笔口钱就已经让很多家庭不堪重负了，由于地方政府的腐败，一年往往又会征收好几次，而且不是3岁开始征收，而是一落地就开始征收了。这让更多出生在贫寒家庭的孩子无法存活了。由于小孩人头税的问题，汉朝民间杀婴的现象非常严重。汉朝皇帝的小金库沾满了婴儿的鲜血。

到了宋朝以后，开始出现了名字叫作"封桩库"的内库，"封桩库"是从宋太祖赵匡胤时开始设立的。每年皇帝都会把国家财政节余的部分拿出来，藏到"封桩库"里。起初，皇帝设立此库的目的是为了存下一些钱，用来应付突发事件。所以，一开始的时候，"封桩库"并不能算作皇帝私有的。但是，后来慢慢地，皇帝开始把它据为己有，最终，"封桩库"变成了皇帝自己的小金库。后来，国家遇到紧急情况时，官员们向皇帝借钱，皇帝甚至表现得极不情愿。虽然政府总是会及时归还皇帝的私房钱，但是，皇帝还是很不愿意把钱借给政府。宋真宗甚至还下过这样的诏书，"切戒三司，毋得复有假贷"。

相对于宋朝皇帝的不情愿，明朝皇帝的表现更让人无语。明朝皇帝不仅明确地表示不会从自己口袋里掏钱给政府，还时常想方设法地把手伸进国库中去捞钱，甚至经常把数额巨大的钱款从国库挪到内库。政府没有钱支付军饷时，皇帝却说："谕廷臣足国长策，不得请发内帑。"可见在皇帝眼中，国家安危都没有保住私房钱重要了。

李自成率兵攻入北京以后，发现崇祯的小金库里竟有3700万两的私房钱，而之前，由于政府没钱支付军饷，大臣们只好想出诸多名目向老百姓增加税收。老百姓苦不堪言，对政府非常怨恨，各种社会矛盾都被激化了。这也是明朝最终走向灭亡的原因。军队没有粮饷，人民在各种各样税收的重压之下怨声载道，在这样的情况之下，崇祯居然还抓着那么多的私房钱不肯放手，这个时候，明王朝如果不灭亡才是一个奇迹。

而明朝的灭亡，除了崇祯个人的原因之外，整个庞大的皇室对国家财政的冲击也不可忽视。明代立国之初，皇室不过几十口人，但是，发展到万历年间，这个数字就成了近20万。庞大的皇族宗室成了国家财政的重大负担。嘉靖年间，宗室禄米超过了全国财政收入的三分之一，甚至超过了军粮，财政问题引发的社会不稳定使明王朝在后期内外交困。

明朝的财务问题对清朝的建制起了很强的警示作用。到了清朝以后，皇帝不再设立"小金库"了，并且开始让皇室财政独立于国家财政。为了避免皇室财政对国家财政造成损害，清代皇帝成立了内务府。内务府是专门负责管理皇室财政的机构，与管理国家财政的户部相互独立。户部每年会给内务府拨一定数额的钱，作为皇室的花销，而其他情况下，皇帝没有权力向户部提出拨款的要求。这样的制度对清朝财政机构的正常运转起到了非常重要的作用。

第三章
官场上的较量，玩的就是谋略

苏武被扣匈奴，因为他知道了不该知道的

西汉时，中原政权与西北少数民族政权之间的关系一直是时好时坏。加上汉武帝本身的好大喜功，穷兵黩武，使得匈奴与汉朝的关系处于持续紧张的状态。当时，两国在外交上虽然也有使节互通谈判，但是由于双方统治者出于对自己国家的利益考虑，经常会出现谈判失败的现象，而本国的使节也会因此被对方扣押，当成人质。历史上著名的苏武，就是因此被扣押匈奴19年。

苏武，字子卿，生于汉武帝建元元年（前140），卒于汉宣帝神爵二年（前60）。因为苏武的父亲曾出任汉朝官员，所以他自己也凭借父亲的关系成为汉武帝的侍从。

汉武帝天汉元年（前100），苏武奉命出使匈奴，本已完成外交任务的苏武一行人，偏赶上匈奴上层内部发生暴乱，苏武等汉朝使节因身份敏感受到牵连。匈奴单于威逼苏武投降，但是苏武坚贞不屈，最后被匈奴发配北海，只给他一小群公羊崽，还说什么时候他的公羊下崽了，什么时候才放他回汉朝。

苏武在北海生活艰辛，饿了，掘鼠洞找草籽野果充饥；渴了，就抓一把雪吃；冷了，就和羊群依偎取暖。原本出使匈奴时还是一个壮年人的苏武，在被匈奴扣押的这19年中已经成为一个须发皆白的老者了。

苏武被扣押的时候，汉朝也曾出面交涉，要求匈奴归还人质。但是不久之后，汉武帝却出人意料地发动了对匈奴的战争。在战争中，李广之孙李陵因无援兵支援，以五千步卒抵挡匈奴大军，无奈敌众我寡，最后投降匈奴。汉武帝将李陵家室尽数诛灭，李陵因此彻底归胡，苏武也因此失去被汉军救出匈奴的机会。

在苏武被困于北海的时候，李陵曾奉匈奴单于的命令去劝降苏武。两个人在北海的苦寒之地，饮酒击节而歌，各自抒发了自己的思乡之情和国仇家恨。

后来，汉武帝驾崩的时候，李陵把这个消息告诉了苏武，苏武面向着南方痛哭呕血。

汉昭帝登基后，对外采取和谈政策，几年后，匈奴与汉朝议和。汉昭帝命人

去匈奴要回汉使苏武，但是当时的匈奴单于却谎称苏武已经死亡，不肯将苏武放回汉朝。后来汉使与同随苏武出使匈奴的常惠取得联系，才得知苏武还没有死。于是汉使谎称昭帝在上林苑射雁，发现雁脚附书，说苏武在北海牧羊。匈奴这才不甘不愿地将苏武及其随从一行九人放回汉朝。

其实，从匈奴与汉朝修好之后，苏武就应该被放归，况且在这19年内匈奴单于也更换好几位了，汉朝也不会追究当时在位单于的责任。那为什么无论是曾下令将苏武困于北海的单于，还是汉昭帝时与汉朝修好的单于都不愿意将汉使送还汉朝呢？

仔细想来，道理很简单。

苏武所在的北海，即今天的贝加尔湖，当时是匈奴与丁令的边界。苏武被长期流放在此地，对匈奴当地的情况已经有了很深入的了解，对丁令的一些情况也基本清楚。对于这样一个全面了解匈奴内部及外围情况的汉人，匈奴单于是非常不愿意将他放回汉朝的，因为一旦苏武回朝，就意味着汉朝会掌握大量匈奴的基本资料，虽然两国现在暂时交好，但未来不一定会一直和平下去，到两国交战的时候，匈奴将会因泄漏了大量的国内信息而在战场上处于劣势。

另外，苏武在匈奴19年，期间他也与匈奴妇女成婚生子，对于匈奴来讲，只要是男丁，都是宝贵的战斗资源。因此，苏武也算是对匈奴的战备发展做出贡献的。

事实果然如匈奴单于所料，苏武归汉以后，与一同回来的常惠共同成为汉朝对匈奴作战的指挥参谋。尤其是常惠制定的针对匈奴的作战计划，汉朝趁匈奴内部争斗导致力量衰弱便联合乌孙攻击匈奴，最终导致了匈奴的分裂，从而再也无力与汉朝对抗了。

| 刘备的人生梦想是称帝 |

如果只从《三国演义》的角度看，刘备似是一个仁德之人，他并非是为了得到天下而起兵，而是为了天下的黎民百姓，为了汉室江山不落入奸臣之手，更是为了自身血统上的责任而战。但事实上，刘备其实是一个野心十足的人，他不甘人下，不甘落魄，是一心想要天下的人。这一点从他和诸葛亮的"隆中对"就可以看出来。

"隆中对"中有刘备的政治阴谋。诸葛亮在和刘备畅谈天下大势的"隆中对"中提出了"天下三分"的观点，这个观点虽然是由诸葛亮提出的，却是刘备一直希望做的。

关于三分天下的论点，本是由刘备引出的，他向诸葛亮问计。诸葛亮告诉他，现在天下的形势——曹操兵强马壮，又挟天子以令诸侯，已经不可能与之直接抗衡了，而孙权已经在江东盘根错节，也是不能轻易铲除之。诸葛亮告诉刘备现在他们应该立足于巴蜀，安抚百姓，和孙权结盟，这样就可以成就一番事业，光复汉室。

然而，诸葛亮的三分天下的观点只是简单地分析了当时的局势，并没有提出具体的政策方针，但是就是这样的一段话却深得刘备的认同，让后者十分满意。究其原因，三分天下本就是刘备的想法。

原本刘备只是一个无家可归的人，他人生的前半段一直过着颠沛流离、山穷水尽的生活，十分不顺畅。当诸葛亮和他谈论天下时，刘备已是年近50的人了。他的人生经历早就告诉了他现在天下的形势，他是无法和曹操、孙权相抗衡的。所以在刘备心里最理想的状态不是相争而是共存，所以诸葛亮的分析可以说深得他心。

经历过黄巾军起义，做过地方官吏，几次历经生死一线的刘备，在政治上已经日渐成熟了，城府也已越来越深。他想要借诸葛亮之口说出他心里的策略。

刘备有野心，想要称雄，他的"兴复汉室"本就是一个幌子，当时汉室未亡，天子还在，而刘备的复兴汉室只是等于自己掌权罢了。然而虽有野心但是当时的天下并没有刘备的立足之地。虽然荆州和益州是十分理想的落脚之地，但是一向标榜仁义的刘备不能主动做出这不仁不义之事。

而诸葛亮正在这时给了他一个很好的借口：那些地方的主人并不是明君，而那里的百姓渴望的是像刘备这样的君王。这下刘备有了足够的理由，因为他所做的事都是符合"天意"的。所以，刘备把诸葛亮当成了自己政治策略的发言人，由他来把自己的真实想法表达出来，既让自己得到了舆论支持，又避免了同室操戈的罪名。

所以刘备不顾关羽和张飞的不悦而和诸葛亮日益亲密了起来，因为，有些话只能从诸葛亮口中说出来，而不能从刘备口中说出，有些事虽然是刘备想做的，但是表面上却全都是诸葛亮的意思。其实刘备并不信任诸葛亮，这一点从刘备临死托孤时对诸葛亮说的话就可以看出来。

对于刘备来说做皇帝一直是他的梦想，所以在他得知曹丕称帝之后，也迫不及待地称帝了，这也是理所当然，毕竟比起荣华富贵的生活，没有人愿意一辈子编草鞋。

|以不孝、谋反之罪被处死的孔融|

"孔融让梨"的故事早已成为现代教育中不可或缺的典型范例，孔融也因此给世人留下了自幼品性善良、尊敬兄长的美好形象。然而，四岁孩童的让梨之举，仅仅是他人生中一个稍纵即逝的片段。长大后的孔融，在乱世之中从政失败，以不孝、谋反之罪被处死，给世人留下了又一个难解之谜：为何曹操一定要将孔融处死？

事出必有因，其中最致命的因由莫过于孔融盛名之下恃才傲物、不识时务地莽撞进谏。

孔融的确是个博闻强记、才华横溢的学者文人，但绝不是个精通实务、善于用人的政治家。不具备政治才能仍想混迹于官场，稍有自知之明者就该收敛行事，虚心做人。可才气颇高的孔融，仗着犀牙利笔，目空一切。虽说他对古人的治国方略、教化方针相当熟悉，与人辩论援引古今，达到"玩而诵"的程度，也因此深得曹操佩服。但他处处与人针锋相对，言辞犀利地讽刺挖苦，久而久之，终于祸从口出。

公元197年，袁术在寿春称帝。曹操一时无法歼灭之，满腔怒火无处发泄，便迁怒于与袁术联姻的太尉杨彪，诬陷杨彪企图废黜天子，上奏疏请求收捕下狱，判处杨彪大逆不道之罪。孔融听说后，立刻找曹操理论，援引《周书》所云"父子兄弟，罪不相及"，何况杨彪和袁术只是亲家！曹操推托说是皇帝的旨意。孔融又以"周公摄政，成王杀召公，周公岂能不知"作比，字字铿锵，句句在理，逼得曹操无言以对，无奈之下唯有放过杨彪。

孔融凭借一己之力阻止了曹操陷害杨彪，不知自省以安身，反而得意忘形，一有机会便以讽刺、挖苦的方式和曹操唱反调。时值战乱之年，灾荒频现，为了战事的需要和百姓的生机，魏蜀吴三国都曾多次下达禁酒令。可曹操一颁布禁酒令，就遭到了孔融的反对，他更公然狂言道："若因酒能乱世而禁酒，那么桀、纣因色亡国，为何现在只禁酒而不禁婚姻？"以孔融当时的盛名，如此做法对禁酒令的实施极为不利。曹操考虑到孔融不过是为了出风头，勉强忍之。

平定北方之后，曹操下令南征，讨伐刘备、刘表和孙权等人。孔融极力劝阻，逞言强辩。先说刘备、刘表是汉室宗亲，不可讨伐；又说孙权虎踞江东，不易攻取；甚至直言如果攻之就是兴无义之师，有失民望。曹操终于忍无可忍斥退孔融，并下令再有谏阻者一律处死。孔融走出曹府后，仰天长叹："以无义之师讨伐仁义之师，岂有不败之理？"

曹操听闻如此狂言，加之此前被孔融一而再再而三地挖苦反对，盛怒之下，派人秘密搜罗孔融的狂妄之言，终于以不孝、谋反等罪名，置之于死地。

孔融一生声望再高，也不过是个有才无智、恃才傲物的书生。生逢乱世却无治世之才，名高于实却不知自省，难怪曹操在公诸天下的布告上写道："融违天反道，败伦乱礼，虽肆市朝，犹恨其晚。"

房玄龄为什么能稳居相位20年

房玄龄，大唐开国名相，对唐朝初年"贞观之治"局面的形成可说是居功至伟，无人能及。虽经历宦海浮沉，三起三落，仍能稳居相位，后世流芳。其中的秘诀，耐人寻味。

自幼聪敏好学的房玄龄，博学多才不在话下，更难得的是他天生有敏锐的政治触觉。在秦王李世民还只是个年近弱冠的血气男儿时，房玄龄就察觉到其天命所在。当时，李渊父子起兵不过短短两个月，一切都还是未知之数，而房玄龄就认定了隋朝将亡、李家王朝将取而代之，于是毅然"杖策谒于军门"，投奔李世民。

房玄龄老成持重，目光长远。每次出征得胜，其他将领争先恐后地抢夺珍玩宝物，唯房玄龄尽心于为李世民招揽人才，收集各地民情民风、图书典籍，以备有朝一日治国之用。房玄龄的做法间接为李世民树立了求贤若渴的高大形象，在争取民心的斗争中把握先机。他的远见卓识，令李世民叹服。

房玄龄在"玄武门之变"的皇位斗争中，充当了李世民重要的谋士角色。当时李世民虽为次子，但因战功显赫，加号"天策上将"，位于一切王公之上。太子李建成对此心生疑忌，认定李世民会威胁到他继承皇位，便与四弟李元吉联合，妄图置李世民于死地。房玄龄力荐李世民效法周公，除掉李建成及其同党，这样才能巩固李唐王朝的统治，确保国家社稷的安定与昌盛。房玄龄的想法与李世民一拍即合，使他成为推动李世民发动宫廷政变的重要人物，从而也奠定了他在李世民登基之后的特殊地位。

李世民即位后，任命房玄龄为尚书左仆射，行宰相之职。在22年的宰相生涯中，房玄龄忠心耿耿，为贞观之治呕心沥血，鞠躬尽瘁。他夜以继日地工作着，事无巨细，事必躬亲，甚至肯屈尊兼做"度支郎中"，亲力亲为地打理财政预算和账目。他的忙碌让李世民都难以承受，曾当面劝他不要总把自己弄得太疲累。可房玄龄依旧如故，不为所动。

房玄龄深知"满招损、谦受益"的道理。在李世民授予他"太子少师"的职衔时，上表请求解除机要职务退出权力中枢。李世民不仅不批准，还下诏命令他不得继续上表就同一问题再次请求。当太子准备仪仗队要正式拜见老师的时候，房玄龄始终没敢接受如此礼遇。纵使身居相位，仍谦恭礼让，谨慎维持君臣之道。

房玄龄是名副其实的"宰相肚里能撑船"，其宽大的胸襟，足以令同朝为官者拜服。有一次他重病在床，奄奄一息，一个特别尖酸刻薄的官员居然说："一个人应该分得清轻重缓急，譬如宰相生病这件事，在我看来就很有区别对待的必要。一般情况下，如果房玄龄生的是小病，我们绝对应该前去看望，因为这样可以加深和宰相的感情，以后，宰相也会给我们点恩惠。如果宰相病得严重了，那就另当别论。因为一旦宰相病死了，你去看望他所付出的就永远没有收回来的可能了。"房玄龄知道后，不但没有大发雷霆还以颜色，还在那人来探望之时面带笑容地对他说："谢天谢地，我知道我自己不会有什么大的问题了，因为你都来看我了！"

"孜孜为国，知无不为"，道出了房玄龄的为官之道；"虚怀若谷，德才兼备"，更彰显一朝盛世的名相风范。

|"事四朝，相六帝"，冯道的套路是什么|

纵观中国千年历史，正如《三国演义》开篇所言："话说天下大势，分久必合，合久必分。"历史的车轮滚动到唐末五代十国时期，纷争依旧，却少了些许英雄气概。然王朝更迭、江山代谢中，竟磨练出一个"乱世不倒翁"——冯道。

冯道自号"长乐老"，瀛洲景城（今河北沧州西北）人。观其一生，处乱世、历巨变，历经后唐、后晋、后汉、后周四朝，侍奉唐庄宗、明宗、闵帝、末帝、晋高祖、出帝、汉高祖、隐帝、周太祖、世宗，三入中书，担任三公、三师等职，六任宰相，为官31年，几度处于权力顶峰而不倒。政权和皇帝轮替更迭，冯道却一路官运亨通，不但长年位极人臣，死后更被追封为瀛王。

冯道究竟有何过人之处，能够事四朝，相六帝？究其原因有以下几方面：

第一，为官不作为，圆滑应对。冯道为官，"临难不赴，遇事依违两可，无所操决，唯以圆滑应付为能事"。侍奉后晋石敬瑭时，石敬瑭曾以用兵之事询问冯道，冯道答："陛下历尽艰险，创成大业，神武睿略天下无有不知。兵伐之事，陛下一定要自己决断。臣下本是一书生，为陛下在中书，守历代成规，不敢有一丝一毫的差错。臣下在（后唐）明宗朝时，明宗曾以兵事相询，臣也是这样回答他的。"冯道将皇帝夸得龙颜大悦，并表明自己行宰相之职，忠心耿耿，对于用兵之事，并未提出良方妙计，不仅不被怪罪，反而深得石敬瑭欢心。

第二，处事不执着，见风使舵。冯道不执着于大德大义，在朝权更迭的关键时刻，恰如其分地见风转舵，依附于最有实力的当权者，尽己所能表现出对新主的"赤胆忠心"。后唐明宗死后，愍帝即位，冯道仍为宰相。其时潞王李从珂在凤翔起兵造反，愍帝闻之逃往卫州。冯道一看愍帝大势已去，便"视其君如路人"，亲率百官迎接潞王李从珂入城，拥立李从珂为后唐末帝，自己继续担任宰相一职。

第三，做人不败德，洁身自好。冯道为人宽厚，不拘小节。从不结党营私，也不与人争权夺利。

冯道为官清廉，生活俭朴。后唐庄宗时，冯道任翰林学士，其父去世后，冯道回乡丁忧。当年庄稼歉收，冯道便把自己的俸禄拿来赈灾，地方官赠送的粮食布匹也一概不收。

冯道不好女色，济世为怀。辽灭后晋时，冯道随耶律德光北归至常山，见到为契丹所掳掠的中原女子，便私下出资将她们赎回，寄于尼姑庵中，之后再为她们寻找家人。

纵使冯道不算英雄，然而他一生经四朝淘洗，相位依旧，无论天下有何是是非非，如何变化莫测，他都稳坐钓鱼台。如果没有一定的手腕，是没办法做到的。

| 司马光为何极力反对王安石变法 |

宋神宗赵顼在位年间，宋王朝出现严重的内在危机。国家亟待改革，这时王安石顺势而为，让宋王朝迅速掀起了熙宁变法的改革之风。而此时的司马光正值青年，在欧阳修的推荐下晋升为翰林学士兼御史中丞，在改革风中本可以做一番事业，但是他却与王安石站在了截然不同的立场。王安石的变法，激进革新，忽略了一些传统固有的情况，几乎颠覆了赵氏王朝祖宗留下来的所有治国规矩，但在司马光看来："先王之法，不可变也。"

站在百姓的角度，司马光的担忧不是没有道理。变法理应减轻农民负担，但是王安石变法中的许多政策反而加重了农民的负担，使他们的生活更加困苦。许多贪官污吏利用变法，趁机搜刮地皮，私下做尽坏事。一时间变法大失民心，百姓怨声载道。

王、马二人的争执，就从此处开始。王安石认为变法可增加财政收入，减少农民负担，因为善理财者，可以使"民不加赋而国用足"。但司马光却认为："天地间物产总有一个定数，不在民，便在官，所谓的善理财只不过是盘剥百姓罢了。"言下之意就是王安石非但没有减少民之负担，反而加重了民众的困苦。

司马光这样说也是有根有据的。首先，我们必须要了解王安石变法的内容以及其运行机制。在经济方面，施行方田均税法、均输法、青苗法、农田水利法、募役法、市易法；军事上施行保甲法、裁兵法、将兵法、保马法、军器监法；科举选材方面，施行太学三舍法、贡举法。撇开其他政策不谈，单一个"市易法"，就足以表明王安石变法的不足之处。

熙宁五年（1072）三月，国家颁行市易法。由政府出资一百万贯，在开封设

"市易务"（市易司），在平价时收购商贩滞销的货物，等到市场缺货的时候再卖出去。同时向商贩发放贷款，以财产作抵押，五人以上互保，每年纳息二分，以达到"通有无、权贵贱，以平物价"的目的。

乍看"市易法"很像是国家宏观调控的手段，可是却与宏观调控大不相同。宏观调控管理市场，国家本身是不参与经营的，只是平抑物价。但"市易司"从事的却是买卖生意，这其中自然牵涉到利益问题。"市易司"虽然不能像商人奇货可居一样牟取暴利，但是为了盈利，在收购和发放时就会有回扣的问题存在。"市易司"本来作为国家机构存在，如今却打上了商业垄断组织的标签，商人们为了能从"市易司"那里获得收益，就必须贿赂司中官员。如此一来二去，市易司产生了大量的贪官污吏，百姓不仅得不到实惠，反而更加受到政府的剥削。官方经商，竟成了祸国殃民之举。

"市易法"刚出台没多久，苏轼就曾上书王安石，并陈述了以上弊端，许多官员也对变法颇有微词，司马光也在其中。但王安石非但不听，还以"人言不足恤，天变不足畏，祖宗之法不足守"为由，令近臣蔡京等人将神宗挡在了变法的舆论之外，屏蔽了朝内上下反对的呼声。

王安石变法的出发点是好的，但实施中却有不周全的地方。不过司马光的反对，也有其刻板的一面。在司马光看来，治理天下就好比对待房子，坏了就加以修整，不是严重毁坏就不用重新建造。改革要稳妥，因为"重建房子，非得有良匠优材，而今二者都没有，要拆旧屋建新房的话，恐怕连个遮风挡雨的地方都没有了"。司马光的这些观点未免迂腐，但这也是时代和社会给士大夫的心理束缚，在所难免。

一开始，司马光只是对新法持反对态度，后来才用激烈的言辞弹劾王安石。两人由莫逆之交，发展到互相攻击，用司马光的话来说，两人最后的关系便是"犹冰炭之不可共器，若寒暑之不可同时"的死对头，在无休止又无效益的争论中同归于尽。王安石戴上"熙丰小人"的帽子被千夫所指，司马光则作为反对王安石的元祐（宋神宗之子宋哲宗第一个年号）守旧党，背上了"元祐奸党"的罪名。

司马光用一辈子维护了帝王宗法，却落得骂名，然其政治生涯，也不见多么痛快。王安石下台了，司马光最后也下台了。一场天翻地覆的变法，就在二人面红耳赤的争斗中结束了。

宋太祖誓不杀大臣和言官的原因何在

历代帝王能真正做到虚心纳谏、从善如流的人是少之又少，宋太祖便是其中的典范之一。

据陆游的《避暑漫抄》记载，宋太祖在建隆三年，即公元962年，曾立下秘密誓约。誓约里的内容共三条：一是"柴氏子孙有罪，不得加刑，纵犯谋逆，止于狱中赐尽，不得市曹刑戮，亦不得连坐支属"；二是"不得杀士大夫及上书言事人"；三是"子孙有逾此誓者，天必殛之"。誓约中明确指出宋朝皇帝不得杀大臣和言官，否则必遭天谴。此誓约自宋太祖设立开始，便通过秘密方式由一代代帝王不断向下传承和延续，直到北宋末年才被公布于世。

宋太祖立下的"秘密誓约"在整个北宋历代都得到了相当严格的执行，产生了良好的社会效应。正如誓约所说的那样，宋朝正直的官员受到了很好的待遇，极少被杀，所受的最重的处罚也不过是流放海南岛。就算是在士大夫受惩最多的宋高宗三十六年，宋高宗也仅开三次杀戒。宋太祖这一不杀大臣和言官的"秘密誓约"，可以说为整个封建君主专制时代带来了一股清风、一缕阳光。宋太祖的宽容和开明令后人称颂。

欣喜和称颂之余，我们是否应该仔细思考一下，当年是怎样的原因促使宋太祖立下"秘密誓约"，不杀大臣和言官？

设立"秘密誓约"主要缘于宋太祖的个人素质和政治远见。身为一朝君主，通过对之前各朝各代的发展情况做了认真的分析和研究后，他深知虚心纳谏、疏通社会舆论渠道的重要性，并将其及时地落实到具体的行动之中。于是，立下"秘密誓约"，通过这种非正式制度的方式，增大约束力，以保障"征言纳谏"不流于纸上，而真正得到实施。

以上说法只是一般性的原因分析。除此之外，当年宋太祖立下"秘密誓约"，不杀大臣和言官，还有没有其他特殊的原因，时至今日，仍尚无定论，已是历史的又一桩疑案。

逃回家的妹妹被皇帝哥哥处死

南宋高宗时期曾经有一宗真假公主案，虽然官方的结论是真正的公主早已亡故，在朝堂之上的确实是他人假冒的，最终这名假公主被皇帝赐死了。但是民间一直有公主为真，只是因为一些原因才导致皇帝不得不杀她灭口的说法。

事情的起因可以追溯到靖康元年的冬天，那时东京汴梁第二次被金兵围攻。徽、钦二帝以及众多的妃嫔、皇子、公主、宗室贵戚、大臣都成了金兵的阶下囚，一律被押送回北方。在这些金兵的俘虏中有很多女子，这些女子大多身份显赫，其中有宋徽宗的皇后郑氏、宋钦宗的皇后朱氏、宋高宗的生母韦氏、宋高宗的发妻邢氏，以及公主柔福帝姬。

这些身份显赫的女子在金国也是受尽了凌辱和折磨，他们被关进上京中名为浣衣院的官方妓院，在那里她们成了金人寻欢作乐、发泄欲望的工具，其中也包括赵构的发妻邢秉懿和赵构的生母韦氏。

在这些女性当中有一位公主，她就是柔福帝姬，那年她17岁，是未出阁的公主中年纪最大者，金兵原本是打算把她进献给金太宗的，但在回去的路上柔福帝姬却没能逃脱被金兵凌辱的厄运。虽然凌辱她的金将最终被处死，但是受到长期欺凌的柔福帝姬十分羸弱，所以当她被献给金太宗吴乞买时，金太宗并没有将她收为侍妾，而是将她送到了浣衣院为奴。从此，柔福帝姬便开始了她的屈辱生活。

几年后，柔福帝姬落到了盖天大王完颜宗贤的手里，同样地，完颜宗贤并不喜欢柔福帝姬，但他还算善待了她，将她嫁给了五国城中的一名叫作徐还的汉人。按照正史的记载，柔福帝姬在绍兴十一年去世，享年31岁，被追封为和国长公主，她到死都没有回到大宋。

但是就在本应在金国受苦的柔福帝姬，在南宋高宗建炎四年却回到中原，这在当时也是轰动一时的事情。

这件事的起因是一次剿匪行动。当时被宋官军俘获的土匪家眷中有一女子告诉官兵们，自己是皇帝的妹妹柔福帝姬，她是历经千辛万苦从金逃回来的。事关皇族，所以这名女子立刻被送到临安。

对于这名女子的身份，当时的宫人考证宋徽宗确实有一个叫嬛嬛的女儿，是宋徽宗和懿肃贵妃生的，而她的封号也确实叫作柔福帝姬。经过一系列的询问与调查，最终认定这名女子确实是柔福帝姬，再加上她能够一口叫出宋高宗的乳名，这就更加让宋高宗相信她是公主了。于是宋高宗将她册封为福国长公主，并将她赐婚给了永州防御使高世荣，赐予嫁妆一万八千缗。此后仍是对她宠渥有加，先后赏赐达四十七万九千缗。

后来南宋与金国签订了"绍兴和议"，在金国的高宗生母韦贵妃得以回国。她回国后的第一件事就是告诉宋高宗，柔福帝姬已经死在了金国，现在在国内的这个是假冒的。于是宋高宗立即拘捕了柔福帝姬，将她交给大理寺审问，在严刑拷问之下，这名自称是柔福帝姬的女子承认自己是假冒的。

她说自己叫静善，原本在汴京流浪，汴京被攻破之后，她也被金兵抓住带往了北方。在路上她认识了柔福帝姬生母乔贵妃的宫女张喜儿，从张喜儿那里她听到了许多宫闱秘事，因为自己的相貌气质都和柔福帝姬非常相似，所以她就开始刻意地模仿柔福帝姬。后来在多次被拐卖之后，她被迫嫁给一名小土匪。当这些土匪被宋官军清剿之后，打算以匪眷的名义将她杀死，她为求活命才自称是柔福帝姬的，没想到真的被她成功蒙骗了过去，一晃就过了十多年。

当一切都审查明白之后，假的柔福帝姬立刻被下令处斩，作为驸马的高士荣也被削夺了驸马都尉的爵位，之前指认柔福帝姬是真正公主的宫人也全都受到了牵连。

一件真假公主的案件至此就水落石出了，但是这些就一定是事实的真相吗？民间一直有一种说法：根本就没有什么假的柔福帝姬，被处斩的其实就是真正的公主。这是因为在那个年代，皇权是至高无上的，没有人胆敢欺瞒皇上。再加上事关皇族，人们一定会很小心谨慎，如果不是有十足的把握，那些宫人是绝不敢断定公主是真的。

那么，为什么宋高宗要杀死自己的妹妹呢？很多人认为，这是因为宋高宗的生母韦太后在北方曾和柔福帝姬一起受到金人的凌辱，她害怕自己在北方被凌辱、被糟蹋的丑事被柔福帝姬说出来，宋高宗为了保全母亲的名声才不得不杀死柔福帝姬。

当然事情到底是怎样的？柔福帝姬到底是不是真的？这一切的真相早已淹没在了历史的长河里了。

诛杀功臣，开国皇帝做得对还是错

明王朝建立，经过十几年的精心治理，国家终于走上正轨，但太祖朱元璋并没有安下心来。他的多疑令他无法尽信江山能够稳守，时恐有谋臣造反，他相信只有皇权绝对独立，能够控制整个国家生杀之事，才能保证明王朝延续千秋万代。因此而成为牺牲品的明朝将相不在少数，其中宰相胡惟庸算是最大的牺牲品。

朱元璋为何大张旗鼓地制造胡惟庸案，至今都是一个谜，没有人能够解开它的真相，很多事情都是后人的分析与猜测。

关于胡惟庸获罪的原因，历史上有两种说法：

一说是胡惟庸位高权重，心生他意，同倭寇与旧元余党勾结，意图弑君，结果事情败露；

另一种说法是胡惟庸引朱元璋来家里观看醴泉，这原本被认为是天赐的祥瑞之事，所以朱元璋欣然前往，结果在路上被一个宦官拦住，诉说胡惟庸谋反的阴谋。

这两种说法都疑点重重，但真实情况已无从考证。不过，胡惟庸谋反一事，确实让许多人受到牵连。开始是他的家人，被诛了三族，同谋及告发者一并斩首。随后朱元璋借此"东风"，一举撤销中书省，不再设丞相。随后又追查了依附胡惟庸的官员和六部官属。结果，此案迁延十余年，大小官员被处死者多达三万余人，朝野震动。

钱穆在《中国历代政治得失》一书中讲道：自古以来，中国的皇权和相权是划分开的，即使两种权力的比重不同，相权对皇权也有一定的制约，并不是皇帝一人专制。而朝政真正由一个皇帝来独裁，则是在明清两代，始作俑者，就是这位明太祖朱元璋。他废止宰相一职，并严格规定子孙们永远不准再立宰相，殊不知世上的事情是没有永远的。从明朝中后期的发展来看，皇帝们总是滥用手里的权力，为所欲为，最终没能守住祖宗的这份基业，在朱元璋这里也许能够找到根由。

胡惟庸一案的血流成河，并没有让朱元璋放心，因为宰相虽然没有了，但还有很多劳苦功高的大臣，难保他们不会起异心，于是他又举起了屠刀。洪武二十六年（1393）正月，蓝玉案起。蓝玉以谋逆罪被杀，连坐被诛杀者达1.5万人。

纵观中国历史，开国皇帝与功臣之间总会有不和谐的音符。其中唐太宗李世民处理得最为妥当，这是因为他气量恢宏；宋太祖赵匡胤"杯酒释兵权"，也自有其合理之处，而汉高祖刘邦和朱元璋都是大杀开国功臣。其实两者也有区别，朱元璋身边的人都是他的同乡，和他出生入死，与他的交情非同一般。建立新朝之后如果让他们恪守君臣之礼，永不起异心，这是任何人都不敢保证的。因此，为了给以后的子孙扫清道路，他选择了斩草除根。

据史书记载，太子朱标对朱元璋大开杀戒曾数次劝谏。一次，朱元璋命人找来一根长满尖刺的荆棘放到朱标面前，让他去拿，朱标畏惧不敢伸手。于是朱元璋说："汝弗能执与，使我润琢以遗汝，岂不美哉？今所诛者皆天下之险人也，除以燕汝，福莫大焉！"意思是说，我杀人就像去掉荆棘上的尖刺一样，这样你将来才可以安坐天下。这话说得倒也在理，朱标无可反驳。

朱元璋的屠戮如此骇人听闻，也与他本人的性格有关。清代史学家赵翼说过这样的话："独至明祖，藉诸功臣以取天下，及天下既定，即尽取天下之人而杀之，其残忍实千古所未有。盖雄猜好杀，本其天性。"

无论如何，经过"胡蓝案"，宰相一职被取消了，开国功臣也被屠戮殆尽。从此皇帝身兼君主与宰相之职，行使着皇权和相权，集吏、户、礼、兵、刑、工六部职责为一体，掌控一切生杀大权。

明王朝或许是不幸的，自朱元璋死后，其子孙"圣贤、豪杰"者少，"盗贼"性者多，从而造就了大明一朝十几位个性鲜明的皇帝，在是非、人伦颠倒中，左右了明王朝200多年的命运。只可怜最后一位欲做大事、励精图治的崇祯皇帝成了王朝的牺牲品。

| 朱元璋的自尊心很脆弱 |

沈万三在民间的知名度不亚于白蛇娘娘。据《明史》记载，他当年帮助朱元璋修筑了三分之一的南京城，功不可没。后来他又自告奋勇地要出资犒劳军队，结果惹恼了朱元璋脆弱的自尊心，认为他是故意展示财富，有谋反之心，在马皇后的求情下，才免其死罪，将他发配到云南。

《明史》中，记载了朱元璋与沈万三这样一段对话：

朱元璋问："朕有百万军，汝能遍济之乎？"

沈万三说："每一军犒金一两。"

朱元璋说："此虽汝至意，不须汝也！"

有真相有细节，似乎沈万三真的是在朱元璋的打击下才被流放至死的，但事实上沈万三与朱元璋并不相识，早在明朝还未建立时，沈万三便病死了。一个已死的人是不可能出资修建京城，更不可能被流放的。

不过，沈万三与朱元璋虽没有关系，沈家却千真万确是遭到朱元璋的打击而没落。明朝初期，朱元璋大肆屠杀开国功臣，令沈家触了霉头。在胡惟庸案上，沈万三的女婿陆仲和被扣上了"胡党"的罪名满门抄斩。

这一点在朱元璋亲手编写的《大诰三编》里有着记录：这位做了18年粮长的富翁，不但谎报灾荒，还出钱收买官吏。所以，在查明真相后便将他斩草除根了。

而在洪武二十六年的蓝玉谋反案里，沈家遭到了彻底的、毁灭性打击。之所以斩杀蓝玉，朱元璋最初的动机是为了保护年幼的皇长孙朱允文登基后不受到那些豪杰的威胁。所以，他一面铲除最有威胁性的功臣，一面斩断民间富豪的根，不幸的是，沈家被朱元璋列入了名单之内。

俗话说"君叫臣死，臣不得不死"。皇帝没有理由也可以杀人，更何况沈家已经卷入蓝玉的关系网中，为朱元璋名正言顺地铲除沈家创造了理由。而制造这个机会的，是一个名叫王行的教馆先生，他牵线搭桥将沈家罗织进了蓝玉一党中。

王行曾在沈家做过很多年的教馆先生，后来又去蓝玉家做教馆先生。沈家为了攀附权贵，便想通过王行为自己搭上蓝玉这艘大船，结果反而是给了朱元璋一个借口，令沈家满门抄斩。

沈万三一手创下的巨大家业就此画上了一个句号。虽然沈万三与朱元璋之间的纠葛是伪造的传奇，但依附在这些传奇上的历史却是真实可寻的。之所以沈万三帮助朱元璋修筑南京城的传说会一直流传，与朱元璋强行迁徙江浙地区的富户来"充实都城"有关。

朱元璋的仇富心理很极端。他为了修筑自己的帝国，强行对富户们采取迁徙手段，将苏州、杭州、嘉州、湖州等地四千多家富户集体迁往南京，美其名曰是为"京城繁荣"，实际上是将大批富豪连根拔离本乡，变相地掠夺他们的财富。

沈万三的典故便是出于这个背景。至于说沈万三充军云南，也是因为朱元璋自洪武十五年云南平定后，便不断将内地居民迁往云南。这项措施被冠上"支持边疆"的美名，实际上也是对富户变相的打击报复，因为这些移民当中，百分之六十都是富户。

明代人谢肇淛的《滇略》一书，就对此有过记载："高皇帝既定滇中，尽徙江左良家闾右以实之……故其人土著甚少，寄籍者多。衣冠、礼法、语言、习尚，大率类建业……"可见在传说中，沈万三只是这些富豪们的一个影子而已。

沈万三作为一个毫无身份地位，靠自己双手白手起家的平民财神，被杜撰到这样的故事中，无疑表露了明朝人当时对朱元璋的极大不满，从故事中的沈万三就可以看到当时明朝富豪们的悲惨命运。

而对于这些历史，当时的记载却语焉不详："当是时，浙东西巨室故家，多以罪倾其宗。"一句话便将受到牵连的富户打发了，而沈家也正是在这样的不公正待遇下，走向穷途末路的。

在这样的大背景下，即便沈万山活到明朝，也是难逃一死，因为朱元璋对于明朝帝国的设计蓝图中，是不允许富人们存身的。这个贫农出身，苦了半辈子的农民皇帝认为富人们会损害他的统治，妨碍他对帝国的掌控。所以，沈万三的败亡探秘到最后，揭晓出来的不过是皇权制度下的"潜规则"罢了。

将孟子逐出孔庙，朱元璋怎么想的

明太祖洪武五年的一天，朱元璋在翻看《孟子》时，突然大发雷霆。紧接着，他命令人将孟子逐出孔庙，不得配享，并狠狠地说上一句："（诸大臣）有谏者以不敬论，且命金吾射之。"接到这个圣旨，满朝文武皆惊恐不知所措。

朱元璋对《论语》爱不释手，十分敬佩孔子。而孟子是发挥孔子仁义思想的"亚圣"，为什么他如此讨厌孟子呢？归结起来，主要有两方面原因：

1. 朱元璋的个人经历致使他对文人十分反感。

朱元璋出身贫寒，放羊、做和尚、当小军官、成大将领……一步一步，终于一朝国家在手，走向权力的巅峰。他深知自己是武夫，没有学识，若要统一文人的思想，巩固统治地位，就需从文化方面下手。但他天生对文人、文化有一种抵触情绪，从骨子里看不起儒生。如他命令"有司造成均，凡士人肄习案座，皆以独木为之"，人问其故，朱元璋回答说："秀才顽，使之坚厚，毋败吾案。"从中可以看出，文人在朱元璋眼中没地位可言。

2.孟子的"民本"思想使朱元璋感到如芒刺在背。

众所周知，孟子有句名言"民为贵，社稷次之，君为轻"，意思是人民的地位、国家的利益高过君王。君王作为国家的统治者理应为人民服务，为江山社稷着想。

与孔子提倡的"仁"相比，孟子所说的"仁"，主要是对"民"来说的。孟子阐述，如果天子想得到天下，保有四海，就必须施行仁政，爱护人民。不要把人民厌恶的东西强加给他们。正所谓"得其民有道，得其心，斯得民矣。得其心有道，所欲，与之聚之；所恶，勿施尔也"。

孟子在《孟子·离娄下》中阐述："君之视臣如手足，则臣视君如腹心；君之视臣如犬马，则臣视君如国人；君之视臣如土芥，则臣视君如寇仇。"也就是说，在孟子心中，君臣关系是相对的，根本不存在绝对的天子权威。而是认为谁能保护人民，谁就一定能称王。如果谁残害百姓，谁就是孤家寡人。这种人不配得到天下，即使得到天下，也应该被打倒。推翻这样的天子统治，不是犯上作乱的弑君行为，正如周武王"诛一夫纣"推翻殷纣王的统治一样，是为民除害。可见，孟子不主张天下百姓效忠于一人。

孟子的"民本"思想完全从平民的角度告诉国君应该做什么，不应该做什么。这大大触怒了本是一个流氓无赖，后来却坐拥江山的朱元璋，再加上他由于自身的文化劣势对知识分子所形成的先天嫉恨，自然想要把孟子的牌位撤出文庙了，于是有了开头的那一幕。

但是孟子毕竟是"亚圣"，是儒生们心中的圣人，岂容他人玷污，即使是皇帝也不可以。于是他们使了一个心眼，第二天就对朱元璋说，他们夜观天象，发现文星暗淡、天象有异。皇帝都是迷信天命的，得罪了上天可是一件了不得的大事，朱元璋于是马上想到大概是因为孟子的缘故，无可奈何之下又恢复了他的牌位，但是他搞起了另一手：删书。他命人把孟子的书删掉了三分之一左右，可视之为"思想的腰斩"，其手段不可谓不狠。

朱棣派遣郑和下西洋的真实目的

明朝时期，"马六甲"作为一个王国而存在，现在则属于马来西亚。这里之所以闻名于世，是因为它拥有一条著名的海道——马六甲海峡，它是连通东方与西方的海上要塞。如今的马六甲，仍能看到郑和当年下西洋的痕迹，那里有郑和当年所乘宝船的复制品，有悬挂着中文招牌的店面，有各种各样的玉器、字画和木雕工艺品在出售，还有长长的中国街，以及祠堂这一在中国已经很难觅其踪影的古老建筑。据说，这里居住的华人正是当年郑和下西洋时留下的一些船员，他们在此开枝散叶，虽然一代代的后人都没有回过家乡，却能用纯正的汉语说自己是中国人。

郑和七次下西洋，是中国古代航海史上最辉煌的事迹。明成祖下令远航这一举动更是被后世称颂。不过，我们可以考察当时明史中对航海政策的描述，就知道明代海禁甚严。那么明成祖为何要派遣郑和七次到西洋巡游呢？有人考证说，成祖此举是为了寻找下落不明的建文帝。

靖难之役后，建文帝的尸体一直没有被找到，所以有人推测他应是南下或者流亡海外。由于建文帝不但得到中土百姓的爱戴，更得到了中国周边国家的认可，被视为中国之正统皇帝。因此朱棣登基以后，生怕民众说他乃乱臣贼子，所以他势必要找到建文帝，让后者给予自己名正言顺的皇帝资格，以便自己统治中土江山，同时与周边各国建立睦邻友好关系。

郑和下西洋寻找建文帝的这种说法还有待商榷，因为如果单纯是为了寻找退位皇帝，明成祖朱棣没有必要吩咐郑和带着大量中土的特产和财物四处赠予东南亚、南亚国家。仔细研究明成祖的这一决定，就可以看出他的动机在于笼络这些周边国家，一方面令其了解到中国的国王之位已经易主；另一方面，是为了促进中国的外交事业，与那些和明朝政府失去联系的海外诸国重新建交。不过，建交目的只是其一，明成祖真正想制造的是"万国顺服"的国际形势。

从永乐三年（1405）至宣德八年（1433），郑和率领着当时世界上最大最先进的船队七下西洋，访问了西太平洋、印度洋及东非各国，航程十万余里，最南到爪哇，最北到麦加，最西到非洲东海岸。百艘战舰以及万名官兵，航行在茫茫的太平洋和印度洋上，来往于马六甲海峡，此庞然大物，足可称霸沿海各国。这阵仗，不是成祖真的想要侵略周边各国，而是威慑式的外交战略，以彰显大明国威，令万国对明室不敢小觑。如果有意倾向明室者可以年年朝贡，无意者也不敢对明室轻举妄动，其中以锡兰国为典型。

郑和第三次航行时路过小国锡兰，国王贪婪，欲抢郑和所带的财物，于是让王子缠住郑和，并派兵五万劫掠船队，情况十分危急。郑和却艺高人胆大，仅以两千人的力量攻占了王宫，活捉了锡兰国王，送回中国。但锡兰国王并没有被杀，反而被送回锡兰，从此这个小国成了明朝的忠实拥趸。

本着"人不犯我、我不犯人"的外交策略，郑和七次航行确实达到彰显国威，宣传中土先进科学、经济、文化成果的效果。与此同时，也促进了中国海外贸易的发展，还间接促成马六甲及东南亚长达一百年的兴盛和繁荣。而额外的收获，则是让当时的中国人眼界大开。随郑和航行的马欢著有《瀛涯胜览》，费信著有《星槎胜览》，巩珍著有《西洋番国志》，上面记载了所经各国的风土人情。这七次下西洋的过程中，郑和命人绘制的航海图——《自宝船厂开船从龙江关出水直抵外国诸番图》蜚声中外，有重要的学术价值和地理价值，虽然其中有一些错误之处，但却对今人了解古代亚非国家的地理情况起着重要的作用。明成祖大概也未想到自己的创举竟能影响海内外数百年之久。

万历为什么包庇谋杀太子的宠妃

古代金碧辉煌的宫廷广厦里其实是一个充满血腥的角斗场，曾有不计其数或明或暗的血腥争斗在这里上演。

明朝当然也不例外，深宫谜案、凶案无数。万历四十三年五月初四（公元1615年5月30日），黄昏时分，一名身材高大的陌生青年男子手持一根粗大的枣木棍，闯入明太子朱常洛居住的慈庆宫，逢人便打，击伤几名守门士兵和太监，一直打到太子就寝大殿的房檐下。一时呼喝声、喊叫声，连成一片。宫里的侍卫们闻讯赶到，将持棍男子抓获。这就是明朝有名的"梃击案"，堪称"明朝第一案"。

这桩"梃击案"背后的真相如何？究竟是什么人想谋害明太子？

明太子朱常洛是万历皇帝长子，但不是皇后之子，而是一名宫女被临幸后所生。可是万历皇帝并不喜欢这名宫女，所以对太子朱常洛分外冷落。万历喜爱和宠幸的是皇贵妃郑氏所生的朱常洵，所以，他理想的继承人不是朱常洛而是朱常洵。朱常洛之所以能被册立为皇太子，是皇室祖训所致，并非万历的本意。于是，万历和郑贵妃都处心积虑地想废掉朱常洛而立朱常洵为太子。但是，迫于祖训的威严，以及皇太后和朝臣的压力，万历一直也不敢轻举妄动，只是找各种借口为难皇太子。朱常洛大婚之后移居慈庆宫居住。慈庆宫名义上是太子的寝宫，实际上还比不上宫里的一般宫殿，不仅破陋不堪，防卫也极差，万历仅派几名老弱病残的侍卫防守。在慈庆宫服役的宫女太监也很少，仅有几个随朱常洛一块长大的贴身太监。慈庆宫的情况与皇三子朱常洵所居住的宫殿相比简直是天壤之别，好像他才是真正的皇太子似的。但是，郑贵妃还是不满意，千方百计地要除掉皇太子，好让自己的儿子朱常洵取而代之。就在这种情况之下，万历四十三年（1615），慈庆宫上演了刚才那一出"梃击案"。

事情发生后，万历皇帝大惊，急忙派人提审这名行刺的男子。这名闯宫的男子名叫张差，是蓟州井儿峪的百姓，说话颠三倒四，看起来有点癫狂，也有点狡猾。御史刘廷元和刑部郎中胡士相等官员先后对其进行审问，可是前后审问的结果却大相径庭。胡士相等人认为张差"癫狂症"发作，持武器乱闯宫殿，应马上问斩。然而，这种供词和处理的结果引起了一些官员的怀疑，他们认为事情并非如此简单，恐怕是有人在背后操纵，命张差谋害太子。为了皇太子的安危，刑部王之案决定彻查此案，结果验证了此前的猜测，确实有人在背后指使，目标就是皇太子，而这背后操纵的人则暗指郑贵妃。

经调查，案子线索也逐渐明确，事情明摆着与郑贵妃有关，而万历皇帝却像有什么隐情似的，优柔寡断，举棋不定。因为，郑贵妃毕竟是他的第一宠妃，并且自己也曾许诺要立她的儿子朱常洵为太子。即使郑贵妃做出这样的事情，自己也不好说什么。最后的结果是，在郑贵妃的祈求下和万历皇帝的开脱下，太子朱常洛答应将事情化小，张差被凌迟处死。

案子就这么有头无尾地结了。但是今天看来，这个案子仍存在诸多疑点，因此成为史上的又一疑案。

离奇"红丸案"背后的阴谋

明代末年，宫廷接连发生离奇的三大案。这三大案与神宗、光宗、熹宗祖孙三人密切相关，也和朝廷派系斗争紧紧纠缠在一起。三案成为明末政坛著名大案，各种势力纷纷介入，案件无法正常审理，因此变得扑朔迷离。著名的"红丸案"便是其中之一。

泰昌元年（1620）八月二十九日，在乾清宫，明光宗召见辅臣方从哲等13名文武大臣，询问册立皇太子之事。方从哲说："应当将册立皇太子的日期提前，完成贺礼，皇上也就心安了。"光宗又让皇长子出来见大家，看着他对大家说："你们日后辅佐他，务必使他成为历史上尧舜那样的圣帝贤君，朕也就心安了。"方从哲等人还想说什么，光宗却开始问道："寿宫（神祠墓地）修没修好？"辅臣回答说："先帝陵寝已经修好，请圣上放心吧！"光宗指着自己说："那就是朕的寿宫吗？"方从哲等人齐声回答："祝皇帝万寿无疆。"皇上仍然叮咛不止，反反复复，语无伦次，最后上气不接下气地哭泣着说："朕自知病重，难以康复，或不久于人世。"说到这里，已是气息奄奄，用颤抖的手勉强挥一下，让众臣退朝，方从哲留下。

皇上问方从哲："有鸿胪寺官（掌礼仪之官）要进药吗？人在哪儿呀？"方从哲回答说："鸿胪寺丞李可灼，说有仙丹妙药，臣下不敢轻信。"皇上听后，命宫中侍人立即传唤李可灼到御前，给皇帝看病诊脉，等他谈到发病的原因以及医治的方法时，皇帝非常高兴，命令进药，让诸臣出去，并令李可灼和御医们研究如何用药。辅臣刘一燝说："我有两乡人同用此丸，一个失效，一个有效，此药并非十全十美。"礼部官员孙如游说："这药有用与否，关系极大，不可以轻举妄动。"后来皇上再次催促李可灼配药，于是诸臣又回到御前。李可灼将药物调好，进到皇上面前。皇上从前喝汤都喘，服用了李可灼的药后，就不再气喘了。皇上反复地称道李可灼忠心可鉴。

约一个时辰过后，有宫中内侍急报说："圣上服药后，四肢温暖，想进饮食。"诸臣欢呼雀跃，退出宫外，李可灼和御医们留在宫内。到了傍晚，方从哲放心不下，又到宫门候安，正遇见李可灼出来，急忙打听消息。李可灼回答说：

"服了红丸药后，皇上感觉浑身舒畅，又怕药力过劲，想要再给服一丸，如果效果好，圣体就能康复了。"诸医官认为不宜吃得太急，但皇上催促进药非常急迫，众人难违圣命。众臣即问服药后的效果如何，李可灼说："圣躬服后，和前一粒感觉一样安稳舒适。"方从哲等人，才放心离开。谁曾想次日早晨，宫中紧急传出圣旨，召集群臣速速进宫。一时间，各位大臣等慌忙起床，顾不上洗脸漱口，匆匆地穿上衣服，急奔宫内。还未跑入宫中，就听宫内传来一片悲哀哭号之声，便知明光宗于清晨归天了。这天是大明泰昌元年（1620）九月初一。

对于这突如其来的变故，满朝哗然，在感到惊愕的同时，人们联想到新皇帝登基一个月来的遭遇，便不约而同地把目光转到了郑贵妃身上。郑贵妃给光宗献美女，指使崔文升进药，大家有目共睹，但李可灼是否受她指使，却没有实据。本来，光宗当时已病入膏肓，难以治愈，但因为吃了江湖怪药，事情就变得不简单了。最后，此案不但追查到郑贵妃，而且方从哲也被迫辞职，李可灼被充军，崔文升被贬放南京。但幕后究竟有没有主使？到底是谁？现在也不得而知。

| 明末"移宫案"真相披露 |

在明朝有这样三件谜案，他们发生在万历末期至天启初年，都牵扯到了皇帝的后宫，同时都和泰昌帝朱常洛有所关联。这三件案子除了万历年间和谋害太子朱常洛有关的"梃击案"，导致朱常洛登基30天就死亡的"红丸案"以外，还有一件便是关于李选侍的"移宫案"。

泰昌帝朱常洛死后，朱由校登基为帝，但是他的登基过程却是困难重重的，"移宫案"就发生在这段时间。

朱由校和其母王才人一直受到李选侍的欺凌和虐待，最终王才人被凌虐致死，而独自面对李选侍的朱由校也就形成惧怕李选侍的软弱性格。

泰昌帝朱常洛登基为帝之后，朱由校与李选侍一起搬进了乾清宫。当泰昌帝朱常洛死亡之后，居住在乾清宫的李选侍便立即控制了乾清宫，她联合太监李进忠（魏忠贤），想要挟持朱由校，把持朝政。

当时，杨涟、刘一燝等朝臣在皇帝驾崩之后就直接来到了乾清宫，要求见皇长子朱由校，李选侍虽然百般阻挠，但最终还是让朱由校见到了群臣。杨涟、刘一燝见到朱由校之后立刻将他带离了乾清宫，朱由校在文华殿接受了群臣的礼拜，同时商讨决定在当月六日举行登基大典。

之后朱由校一直住在太子宫，李选侍后来又提出一系列的要求，想要挟持朱由校，把持朝政，都被大臣们拒绝了。同时李选侍拒绝搬出皇帝居住的乾清宫，这就使得当时的矛盾激化。最终在朱由校登基的前一日，因为李选侍仍然拒绝移宫，内阁的诸大臣就都站在乾清宫门外，叫嚷着让李选侍迅速移出乾清宫，同时朱由校的东宫伴读太监王安也在乾清宫内驱逐她。万般无奈的李选侍只得带着自己的女儿八公主离开了乾清宫，移居到了哕鸾宫。就这样，朱由校才在九月六日，如期登基。

被迫移宫的李选侍，在移居哕鸾宫之后，遭遇了一场大火灾，当时宫人们拼尽全力才将李选侍母女救了出来。对于这次火灾，一些反对移宫的官员认为是朱由校主使的，目的就是为了除掉李选侍，认为他违背了孝悌之道。对此，朱由校表示他并没有做这样的事情，同时他也表示会善待李选侍母女。就这样，一场"移宫"风波暂时告一段落了，至于那场大火到底是谁放的，就没人知道了。

| 康熙建避暑山庄的真实目的 |

避暑山庄是清代皇帝的夏宫，为康熙皇帝授意所建。这座宫殿位于距北京市200公里的承德市武烈河西岸一带的狭长谷地上。避暑山庄前后建造了87年，始建于康熙四十二年，建成于乾隆五十五年，占地面积达564万平方米，规模之庞大为现存古典皇家园林之最。避暑山庄最大的特色是山中有园，园中有山，分为宫殿区、苑景区两大部分。其中苑景区分为湖区、平原区和山区，有殿、堂、楼、馆、亭、榭、阁等100多处建筑，并有两朝皇帝钦定景致72处。

清代宫廷建筑以金碧辉煌、恢宏大气为主，避暑山庄可说是其中的异类。它舍弃了带有故宫、颐和园等传统皇家建筑标志性的红墙黄瓦，一律以灰瓦罩顶。

避暑山庄的设计建造者敢于在建筑过程中做如此大的改革，与下令建造这座园林的康熙皇帝是分不开的。

即使放在整个中国帝王史上衡量，康熙皇帝也是一位难得的明君。他学识丰富、文武双全，胸中有远见卓识。康熙帝16岁即剪除鳌拜党羽亲政，在其长达61年的漫长执政生涯里，宣布永远停止圈地、平定三藩、派兵攻入台湾、平定噶尔丹叛乱、打击沙俄入侵势力……康熙皇帝持国有道，深知节俭的重要，他总是以"勤俭可以兴邦，奢侈可以亡国"的道理自勉。所以在修造避暑山庄时，他才会提出用灰瓦罩顶，想要彰显的就是"勤俭"这一理念。避暑山庄动工时，康熙曾专门指示营造司就地取材，说"陶甓于冶，取材于山，工用无输挽之劳，金钱无逾侈之费"。

最能体现康熙皇帝"勤俭"理念的是避暑山庄里的楠木殿。这座宫殿为纯楠木构成，天花板及门窗也使用楠木雕刻，顶部铺盖着灰瓦。楠木殿只是俗称，其实它所指的是避暑山庄正殿"淡泊敬诚殿"。诸葛亮《诫子书》中有"非淡泊无以明志，非宁静无以致远"的句子，深得康熙帝心意。于是康熙帝就以"淡泊敬诚"为宫殿命名。所谓"淡泊"指寡欲清心，没有过多的奢求；"敬诚"指唯有在宁静的心态下才能修身养德，追求远大的目标。

除了受康熙帝的个人偏好影响，避暑山庄选择用灰色的屋顶，在美学角度上也是非常有意义的。这片宫殿地处山野，如果选择红墙黄瓦的设计，与天然野趣格格不入，选择灰色屋顶则要协调美观得多。

一些曾经参观过避暑山庄的游客感到疑惑不解，一座皇家行宫修建得如此朴素，为什么与行宫同时修建的、位于行宫东面、北面的外八庙却如此金碧辉煌？

这些宫殿拥有汉、蒙、藏不同风格，一个个恢宏壮丽，高大巍峨，装修规格甚至超过了皇宫。康熙帝舍不得给自己的行宫花钱，为什么舍得给这些寺庙涂上金漆、彩画，铺上琉璃瓦甚至金瓦？这要从清朝政府"尊崇黄教、绥服远藩"的政策说起。清朝统治者十分重视各民族关系，认为"修好一座庙，胜养十万兵"。他们希望宗教能成为维系各族关系的纽带，减少战乱，所以在当时有"修庙不修长城"之说。这也就是为什么会有这么多金碧辉煌的寺庙矗立在朴素的避暑山庄旁，与之形成了如此鲜明的对照的原因。

为何顾命大臣常被新皇杀掉

所谓顾命大臣，就是皇帝在临终之前，亲自挑选任命、用来辅佐尚不能主持朝政的小皇帝的臣子。这些人通常是那些德高望重、出类拔萃、忠心护主的高官。古代被挑选为顾命大臣的官员，领着先皇的遗命，代替小皇帝掌控朝政，在朝廷之中可谓一人之下、万人之上，虽不是皇帝，但同样一言九鼎，甚至可以决定是否废除幼主。不过，凡事有利自有弊，顾命大臣的无限风光背后也同样伴随着巨大的危险。

以南朝宋武帝刘裕临终前托付的顾命大臣为例。刘裕在临终前任徐羡之、谢晦、傅亮等人为顾命大臣，嘱托他们辅佐少帝义符。刚开始的两年里，少帝年幼，几位顾命大臣还可以对他进行教育指导，可以代为治理朝政。可是随着少帝逐渐长大，几位顾命大臣对他的影响越来越小，于是几人联合废了少帝义符，随后立宋武帝第三个儿子义隆为宋文帝。第二年，这几位顾命大臣奉表归政，文帝亲政。第三年，亲政后的文帝就先后诛杀了这几位顾命大臣。

顾命大臣为什么要废掉先帝所立皇帝，去立一个新的皇帝？为什么被立的皇帝最终又要将把自己扶正的顾命大臣赶尽杀绝？像南朝这样的例子是必然的还是偶然的？这其中有多种原因。

顾命大臣本为先帝选出的忠心为国的大臣，多德高望重，为人耿直。由于古代封建思想的灌输，多数少帝在小的时候因为是太子的缘故，很少有人敢管教他们不得当的行为，这样一来就造成了他们无法无天的品性，小的时候他们不参政，这样的品性不会影响到国家利益，但随着年龄逐渐变大，其性格中的劣根性自然会影响到国家存亡。顾命大臣这时候出于对国家安危的考虑，就会废旧立新。另外还有一种原因，就是有些顾命大臣习惯了高高在上的地位后，当小皇子长大要亲政时不想让出手中大权，于是就设计陷害幼帝，再重新立一位年龄小的傀儡皇帝，使自己得以继续把持朝政。

可是为什么被顾命大臣们册立的新皇帝往往都会反过来杀掉他们呢？

新立的皇帝虽然很感谢顾命大臣给了他们当一朝天子的机会，但是，旧帝被废或是被杀的场面在新帝心中产生了更大的影响。新帝为了防止顾命大臣以同样手段对付自己，就先下手为强，杀了这些权臣，一来可以替曾经受制于顾命大臣的臣子出口气以笼络人心；二来可以杀鸡儆猴，树立威信，可以说是一箭双雕之计。

所以，千百年来的顾命大臣虽然表面上看来风光无限，但背地里要承担的风险更甚。一句"既涉太行险，斯路信难陟"就贴切地概括了顾命大臣的命运，是悲惨还是风光，只有他们自己才清楚。

| 清朝拒绝外国使节驻京的真实原因 |

1793年（乾隆五十八年）夏，承德避暑山庄，英帝国所派使臣马戛尔尼子爵觐见，一干人等因为不肯行清朝的双膝跪拜礼，而与和珅等重臣相持不下。乾隆皇帝被扰得不堪忍受，于是允许马戛尔尼子爵等人可以行单膝跪拜礼。此时正逢乾隆皇帝生日，马戛尔尼子爵还带来了生日礼物。不过，马戛尔尼子爵的目的并不是来给中国的皇帝庆生，而是带着英皇的意愿，希望与中国建交，发展对华贸易，并希望在北京设立英国常驻使节，处理两国事务。

马戛尔尼前来，希望"取得以往各国未能用计谋或武力获取的商务利益与外交权利"。简单来说，就是中国仅开放广州一个贸易口岸并不足以称其为海外贸易，希望还能增开宁波、舟山群岛、天津等贸易口岸。但是乾隆皇帝一口回绝了他，并傲慢地说"天朝物产丰盈，无所不有，原不借外夷货物以通有无"，并警告他们不要再到浙江、天津等地进行贸易，否则必定"驱逐出洋"。在中国闭关锁国政策面前，马戛尔尼碰了一鼻子灰。乾隆皇帝连解释的机会都没有给他，在自己祝寿典礼结束之后，便派人一再催促马戛尔尼使团起程回国。马戛尔尼只得率领使团带着一堆乾隆赐予的无用之物，经广州败兴而归，更不用提在北京设立常驻使节的问题了。

61年后，清王朝在鸦片战争中惨败，签订了中国近代史上第一个不平等条约《南京条约》。这一次，英美以战胜国的姿态，向清政府提出修约，明确要求在京设立驻华使节，但是咸丰皇帝仍然不答应。按道理来讲，乾隆皇帝敢断然拒绝英国设驻京办事处，是因为当时的大清帝国仍处在隆盛时期，敢于与英国皇室抗礼，但战败的咸丰皇帝，为什么也同样拒绝英美的要求呢？一切可从中国闭关锁国的政策说起。

清廷不敢答应外国人在北京设立领事馆，担心有二：第一，清廷有专门负责外交事务的特命外务大臣，一旦驻华使节进驻北京，就会威慑朝廷，直接向皇帝施压，使得外务大臣形同虚设，而皇帝也将面临被逼迫的境地；第二，各国驻华使节的生活习惯各有不同，宗教思想均与中土封建思想相左。雍正皇帝时期下令驱逐传教士，就是因为传教士传播的宗教思想有动摇大清根本的嫌疑。所以，乾隆、咸丰皇帝不敢让使节进驻北京。

　　鸦片战争后，外国人多次要求进京面圣、递交国书，清廷都一拖再拖，不让其进入北京半步，宁可牺牲主权和国家利益，也不同意此事。

　　由于清王朝没有认清外国驻华使节和领事馆的重要性和必要性，失去了了解世界的机会，失去了了解外国人性格的机会，也就因此令本国在与外国官员打交道时大为吃亏，而殖民帝国借此机会剥削中国。后果之严重，令人扼腕。

第四章

文人最后的私密，生猛有料

| 揭露蔺相如的真正面目 |

"将相和"一直流传至今。一直以来，人们都认为"将相和"只是蔺相如为赵国着想，面对廉颇的挑衅，处处忍让。然而真相真是这样吗？其实不然，"将相和"隐藏着更深刻的内涵，不仅关系到廉颇、蔺相如的个人仕途，还关系到整个赵国的外交路线。

首先，战国时期，赵国是东方强国，国内文有蔺相如，武有廉颇。但是，不管是廉颇还是蔺相如，他们在赵国都是权重之臣，却并不是位高之人。因为战国时期，一个人在政治上成就的主要标志并不在于封将拜相、担任国家的重要军政职务，而是封君命侯、获得贵族爵位。廉颇战功卓著，但是面对赵国边将难封的政治现实，他也用了30年才得以封君。但是，战功远不如廉颇的乐毅、赵奢、赵括都早早地封君，甚至连外国降将都能轻易地封君拜侯。为赵国出生入死的廉颇，地位却远不如这些人，这让廉颇的心里颇为难受。对蔺相如而言，他的政治生涯更为辛酸。因为他曾是赵国宦官缪贤的舍人，是通过缪贤才进入赵国的政治中心。即使蔺相如十分得宠于赵王，但是他还是受到赵国贵族的歧视，蔺相如要封君命侯，路途比廉颇更为艰难。一开始，廉颇也挺瞧不起蔺相如，所以处处挑衅，但是聪明的蔺相如却发现，与自己处境相同的廉颇极有可能成为自己政治上最大的盟友，同是天涯沦落人的感觉油然而生。廉颇也意识到了这一点。出于共同的利益和政治需要，他们只有结为盟友，才能与赵国贵族竞争。

其次，"将相和"与赵国的外交路线有关。可以说这是一场由赵王主导的改革，是对赵国政治结构的一次全新布局，更进一步而言是对联秦和抗秦两种外交路线的融合。

廉颇带领的军队是赵国军事的主要力量，曾经攻打燕、齐、魏，都取得了巨大成功。但是，廉颇对秦国的战争却只有长平一战，而且还消极应战。显然，廉颇并不想与秦国结怨，他属于联秦派；至于蔺相如，可以从他的众多行为之中看出他对秦的态度是抗秦。著名的"完璧归赵"这一故事中，蔺相如戏弄了秦王一番，宁愿以赵国的大量土地和人民作为代价，也要把和氏璧偷渡回赵。另外，蔺相如是宦官缪贤的舍人，缪贤与燕王交好，燕国又与秦国势不两立，那么作为缪贤谋士的蔺相如无疑也是抗秦派。起初，廉颇和蔺相如之间不和，也极有可能是因为双方政治路线不统一。

廉颇处处挑衅蔺相如，蔺相如处处忍让，还把廉颇与秦王作比较，其实也是别具深意。他告诉了廉颇一个道理：虽然我们的政治路线有异，并不代表我害怕你。因为我们的目的一样——都是要使赵国强大起来，只有我们合作才能达到这一目的。这也是赵王的旨意。

当廉颇明白这层含义之后，就有了"负荆请罪"的典故。

这就是赵王高明的地方。他清楚地意识到，如果想要让自己统治下的能人既形成合力又互相制约，那么实现派系间的平衡布局就非常重要。不论是联秦还是抗秦，都必须要相互制横，不能让任何一方过于强大。联秦，与秦国走得太近，会引起其他各国的反感；抗秦，也会引起秦国的反击。只有平衡这两种势力，才可能各方都不得罪。而且在必要的时候，赵国面对其他各国才能有才可用。例如，在赵孝成王继位之后，秦国攻打赵国，赵王决定向齐国借兵。由谁出面借兵呢？最佳人选——蔺相如。因为在五年之前，蔺相如带兵攻齐，曾为抗秦派的蔺相如主动向齐言和，这也成了此次借兵的基础。再比如说，长平之战，秦攻赵，秦赵之间实力悬殊，如果硬攻，赵国胜利的机会并不高。此时最佳的将领就应该是属于联秦派的廉颇。廉颇也的确是这么做的，消极应战。"将相和"的最终目的得以实现，需要红脸就推出红脸，需要白脸就推出白脸。

时过境迁，当蔺相如病死之后，"将相和"的局面被打破，老将廉颇已经不能再为赵国在七国之间寻得立足之地，赵国逐步走向灭亡。从反面论证了赵王一手主导"将相和"的局面，是出于赵国的生存发展的需要。

| 魏晋名士，真正地痛并快乐着 |

人们对名士的印象历来与那些追求自身解放与实现人生价值的知识分子联系在一起，因为他们掌握着普通人没有掌握的文化知识，他们是精英阶层，也是

推动社会改革的中坚力量。他们有着高尚的情操和远大的理想，他们本着"达则兼济天下，穷则独善其身"的儒家准则立于世。但是在古代，中国有这么一群名士，他们却避谈政治和民生，给人们留下放浪形骸和饮酒无为的形象。

他们为什么会这样，这其中有着怎样的社会背景呢？

这其中缘由还得从"党锢之祸"讲起。东汉中期以后，宦官乱政，其党羽横行乡里、祸害百姓、民不聊生。大批名士齐聚洛阳，讨论朝政得失，关心政治和民生，这就是历史上的"清议"。但是宦官当道，这项由太学生自发组织的爱国运动在诛杀中结束。学生们的爱国之心就这样被深深地伤害了，他们从没有意识到关心国计民生会遭到杀头厄运。他们纷纷返乡，多年的儒学教育使他们在面对横加的伤害时无法坐以待毙。他们转而选择了追求自身精神世界的解脱，开始信奉道家无为的黄老思想。在自然的呵护下抚平内心的愤懑和不满。因此，玄学成为盛极一时的学问，现实既然不容谈论，那么他们只有看着海市蜃楼聊以自慰。他们不断地用酒精麻醉自己的神经，只有这样才能得到片刻的安宁。

加之当时社会动荡不安，大家都生活在集体恐惧当中，这些名士们在追求精神世界解脱的同时开始思考人生和生命。生命原来很脆弱、很短暂，他们试图通过某些手段使得生命可以延长。他们服用一些化学药丸，这些药丸吃下去以后会全身发热以至于有时候连衣服都不敢穿，而且这些药服用以后必须通过行走来使药性挥发，不然会淤积体内，使服用者中毒。

因此，大家常常会看到一些人赤膊行走在乡间小道上。魏晋时候这些知识分子怪异的举动虽然后来人觉得很潇洒，但这些都是表象，其实他们内心何尝不想过正常人的日子。

当时饮酒也是这些知识分子摆脱内心苦闷的方法之一，你会看到有一个人坐在车子上，旁边摆着一缸酒，他坐在车子上喝酒，并告诉仆人你们就这样拉着我走，我什么时候喝酒喝死了，你们把我就地埋了就行了。"竹林七贤"之一的阮咸，有一次遇上他的亲友们在一起喝酒，于是也加入其中，他不用酒杯，而是用大盆盛酒，喝得醉醺醺的。当时有一大群猪走来饮酒，阮咸就和猪一起喝酒。他一面饮酒，一面鼓琴，真是不亦乐乎。于是"与豕同饮"就传为笑话。

这足见当时苦难的知识分子不拘一格的品质，同时也说明了人们在苦难的边缘不会在乎所谓的礼仪和形象。他们常常会当着客人的面捉虱子，而且常常赤身裸体。他们过着放纵的生活。但这种放荡不羁的背后隐藏的却是忍辱偷生，可以说装疯卖傻是在这样的乱世苟活于世的法宝。

纵观中国古代，魏晋的知识分子过得最痛苦。他们从来没有得到过当局者的尊重。他们心中的苦痛只有通过这种生活来发泄、来掩饰，其目的却很简单：偷生。

| 尉迟敬德竟有大智慧 |

黝黑的皮肤，钢针般的胡须，铜铃般的大眼睛，黑洞洞的鼻孔和愤怒的喷气，这就是一般人对大唐名将尉迟敬德的漫画式想象。其实，这与《三国演义》里的莽张飞和《水浒传》中的李逵没啥两样。

尉迟敬德是鲜卑族人，他名恭，字敬德。早年间，尉迟敬德并不在李世民麾下效力，而是在刘武周那里效力。后来李世民击败刘武周，没有杀掉屡屡击退唐军的尉迟敬德，而是给他松开绑缚，说："愿意就留下来，不愿便走了吧。"敬德为李世民的心胸所折服，从此便心甘情愿地为他效力，在与窦建德争雄、玄武门之变和鏖战突厥中立下不世功劳，授朝散大夫。

由于多次救驾，敬德深得李世民的信任。后来，李世民建凌烟阁，在里面挂起24位功臣的画像，以表彰其功绩。尉迟敬德被封为鄂国公，也是24人之一，而且高居第七位，比平定萧铣、扫灭突厥的一代战神大唐卫公李靖还高出一位，可想见他在李世民心目中的地位。

可是，这位猛将却有些小心眼，喜欢争风吃醋。不过，他吃的不是老婆醋，而是太宗李世民的醋。因为在他看来，凌烟阁第七也实在是太低，根本不足以向后人昭示自己的功劳——若排在凌烟阁首席那还差不多，谁的功绩能与自己相比呢？所以他常常在上朝的时候，当着太宗和满朝文武的面，指责他看不顺眼的人和事，还总是跟当朝宰相、国舅、凌烟阁首功之臣长孙无忌过不去，就差把"老子天下第二"刻在脸上了。

君子动口不动手，将军动口又动手，而且更喜欢动手。一次，太宗在宫中宴请群臣，敬德也在受邀之列。宴会的座次不是随便排的，而是要充分考虑到与会人的身份地位。在敬德看来，普天之下，除了李世民，恐怕没谁有资格坐在他的上首了。谁知他昂着头走进宴会，却低头看见一人坐在"他的位子"上与人谈笑，登时怒不可遏，须发奓张地冲将上去，高声大喝："尔何功，坐我上？"

原来，此人正是任城王李道宗。李道宗是皇室宗亲，但他不是一般的宗亲，他父亲是高祖李渊的堂兄弟；而且，道宗之荣也并非仅仅是因为血统，更重要的是，自李渊父子太原起兵以来，道宗一路上屡屡献计建功，他坐在首位，可说是实至名归。不过，尉迟敬德却不管对方是谁，他的悍劲儿涌将上来，于是一拳击在李道宗的脸上，李道宗顿时鼻血横流。

这不是市井小民打架斗殴，而是一代功臣拳打一个功勋赫赫的皇亲。宴会并没有因此鸡飞蛋打，而是陷入一种难堪的沉默。李世民暗怒，当即撤了宴席，铁青着脸把尉迟敬德单独留下，说道："汉高祖时候功臣鲜有善终的，此前我读史时总是难于明了，今天看到你的所言所行，才终于知道韩信、彭越之辈自有其取死之道。你回家好好反省一下吧，否则将来后悔，我纵然想要保全你，恐怕也有心无力了。"一番话说得尉迟敬德冷汗直冒，立时清醒了一大半。

后来，敬德果然知道进退了，甚至到了晚年，在家闭门享受，"谢宾客不与通"，过着神仙一般的日子，一直活到了74岁。这样的高寿，对他这样上战场的老将来说实在是难得，即使放在贞观群臣里，也是数一数二的。

若单看这次打架事件，尉迟敬德确乎只是一个有勇无谋的匹夫。不过观其一生就会发现，敬德带兵打仗几乎百战百胜，应是一个极有谋略之人。常言道，真正的聪明是让人觉不出聪明来。

|唐太宗亲手砸毁了魏征墓|

唐太宗李世民和魏征的故事曾被世人所称道，并传为千古美谈。唐太宗曾说："以铜为镜可以正衣冠，以古为镜可以知兴衰，以人为镜可以明得失。"魏征死时他还很伤心地说我失去了一面宝贵的镜子。可是谁又能想到，魏征死后不久，李世民就亲自砸了魏征的墓碑，翻脸比翻书还快。

魏征，河北人，曾是太子李建成的重要谋士。玄武门之变以后，李世民在审问魏征时问道："你为什么为李建成出谋划策，与我作对？"他神情自若地说：

"如果太子早听从我的意见的话，就不会有今日之死。"李世民听后非但没有怪罪于他，还对他委以重任。

唐太宗初登基，踌躇满志，励精图治，常常把魏征带到寝殿里，跟他讨论自己为政的得失。魏征原本就是经国济世之大才，此时喜逢知己之主，当然竭诚辅佐，知无不言，言无不尽。唐太宗也欣然采纳魏征的意见，还夸奖魏征说："人家都说魏征举止粗鲁，我看这正是他正直可爱的地方！"魏征性格耿直，敢于犯颜直谏，前后共劝谏唐太宗200余次，为唐初社会经济繁荣发展，做出了重要贡献。

有一次，唐太宗准备对关中地区16至18岁的男子实行大规模征兵。魏征极力反对，他说："如果把水抽干而捕鱼，今年是能捕到好多鱼，可是到明年就捕不到鱼了。如果把森林烧了抓野兽，那么到第二年就没野兽可抓了。如果现在连16岁的青年也要征来当兵，那么势必会造成将来劳动力减少、农田荒芜、赋税无源、财政空虚的后果。"唐太宗听后便采纳了魏征的谏言。

还有一次，唐太宗在群臣的怂恿下，准备到泰山封禅祭天，以炫耀自己的德行。但这种行动不仅浪费人力、物力，还将给沿途百姓带来沉重的负担。魏征很明确地劝告唐太宗："隋末以来，全国战乱频繁，大片土地荒芜，各地受到的严重破坏，到现在还没有恢复过来。如果皇帝去封禅，必然会带大批官吏和卫队，那么一路上将给老百姓造成多大的负担呀！"唐太宗由此想到隋朝灭亡的教训，立即取消了封禅计划。

又有一次，唐太宗问魏征："为什么历史上的君王有明君和昏君之分呢？"魏征说："兼听则明，偏信则暗。"他还列举了历史上尧、舜贤君和夏桀、秦二世等昏君的例子说："治理天下的君王，如果能够采纳来自下面的意见，那下情就能上达，就不会受到蒙蔽。"魏征还经常劝谏唐太宗要居安思危，自始至终保持兢兢业业的治国态度。后来，他觉得唐太宗不像早先那样节俭朴素、体恤百姓、勤于治国了，就写了一份谏书提醒唐太宗。唐太宗看后，觉得他提得很对，就把他的谏书贴在墙上，时时观看，以便提醒自己不要松劲。

公元643年，魏征病死。唐太宗非常难过，流着泪对身边的人说："魏征就是我的一面镜子，他总是告诉我哪儿做错了。现在他死了，我从此失去了一面镜子！"

可是在魏征死后不久，发生了让人瞠目结舌的变化。由于魏征死前秘密推荐的杜正伦因罪被罢免，侯君集参与谋反被斩首。于是李世民就开始怀疑魏征这位看似老实的人有结党营私的嫌疑。

后来，唐太宗又得知魏征曾把谏书给记录历史的褚遂良观看，更加怀疑魏征是故意博取清正的名声，心里很不高兴，并下旨解除魏征长子魏叔玉和衡山公主的婚约。到后来他越想越恼火，竟然亲自砸掉了魏征的墓碑，一段君臣佳话，竟以此为终，让人叹息。

| "梨园领袖"当属唐玄宗 |

唐玄宗李隆基，是唐朝第七个皇帝，唐睿宗李旦第三子。因其谥号为"至道大圣大明孝皇帝"，故也称为唐明皇。唐玄宗在位初年，社会安定，政治清明，经济空前繁荣，呈现出"开元盛世"的繁荣景象。

然而许多人都不知道，唐玄宗和现在的戏班、剧团有着密切的关系。人们习惯上称呼戏班、剧团为"梨园"，戏曲演员为"梨园弟子"，而唐玄宗却被称为"梨园领袖"。人们不禁要问，"梨园"是怎么和戏曲艺术联系在一起的？唐玄宗又是怎么成为"梨园领袖"的？这还要和唐玄宗自身对音乐的喜爱有关。

唐玄宗酷爱音乐。他六岁时便能歌舞，显露出音乐资质。少年时就在府中自蓄散乐一部以自娱。他精于多种乐器，如琵琶、横笛等，羯鼓的演奏技艺尤为高超。唐玄宗还是一位少有的作曲大师，他一生中参与创作的音乐作品很多，其中有器乐独奏曲、合奏曲和大型歌舞曲。唐南卓《羯鼓录》曾写道："若制作曲词，随音即成，不立章度，取适短长，皆应散声，皆中点拍。"

唐玄宗前期，全国统一，经济繁荣，文化昌盛，许多亚非国家的使臣、学者、商人纷纷前往长安。在中外文化交流的影响下，唐朝的音乐得到空前发展。在这个时候，唐玄宗对唐代的音乐制度也做了多次改革，调整了原九、十部乐为坐、立部伎，促进了音乐艺术的发展与提高。

后来，唐玄宗又设立梨园，扩充教坊，培养了许多优秀的音乐艺人，同时吸收和容纳外来音乐。对此，史料上有相关的记载。《旧唐书·玄宗本纪》记载：

"玄宗于听政之暇，教太常乐工子弟三百人，为丝竹之戏，号为皇帝弟子，又云梨园弟子，以置院近于禁苑之梨园。"《新唐书·礼乐志》则说："玄宗既知音律，又酷爱法曲。选坐部伎子弟三百，教于梨园。声有误者，帝必觉而正之，号'皇帝梨园弟子'。"从此，在唐玄宗的带领下，"梨园"成了唐代一个重要的艺术活动中心。于是，后人习惯上就称呼戏班、剧团为"梨园"，戏曲演员为"梨园弟子"，而唐玄宗也因此被称为"梨园领袖"。

对于梨园的性质，《辞海》中认为是"唐玄宗时教练宫廷歌舞艺人的地方"，《中国大百科全书·戏曲曲艺》中则说"唐玄宗时，宫廷内专门训练乐工的机构"、"主要职责是训练器乐演奏人员"。著名学者李尤白提出："梨园"是既训练演员，又肩负演出的"皇家音乐、舞蹈、戏剧学院"，为我国第一所综合性艺术学院，李隆基担任院长，在他之下有编辑和乐营将两套人马。前者的职责，类似现在的创作人员，后者相当于现在的导演和教师。

要是你去戏院、剧团看戏，可千万别忘了这位"梨园领袖"唐玄宗。

| 白居易晚年沉迷声色 |

唐朝出了许多名留青史的大诗人，他们留下了许多诗篇，被后人所敬仰，白居易便是其中一位。白居易字乐天，号香山居士、醉吟先生，祖籍太原。唐代宗大历七年（772）正月二十生于河南新郑县（今河南新郑市）东郭宅。他从小就展露出非凡的个人才华，生下来只有六七个月的时候，家里人指着"之"和"无"两个字给他看，本来是想逗他玩儿，没想到他就把这两个字记住了。之后再有人跟他提这两个字，他总能准确无误地指出来。

才几个月大，便能如此聪慧，身边人都很叹服。后来白居易逐渐长大了，他的才能也是与日俱增，五六岁就可以作诗了，到了九岁的时候便熟悉了声韵。因天资聪颖，再加上后天努力用功，白居易很快就在诗坛展露了头角。为了寻求更大的发展，白居易前往长安拜访名家，希望能够得到更多指点。

他来到声名赫赫的顾况府上，希望能够得到顾况的提携，可是顾况目中无人，看不起眼前这个小子，便出言讽刺："京城的米价可是贵得很啊。"他意思是长安城不好混，让白居易知难而退。

但当他看到白居易的诗歌后，立刻又改口说道："但像你这样有才华的人，一定能够在长安混下去的。"后来果真如顾况所言，白居易在长安城声名鹊起，诗名日盛。白居易的诗歌浅显易懂，意境清新，因此获得了普通老百姓的喜爱。他的诗歌在街头巷尾都很流行，男女老少都在吟诵。

会吟诵白居易的诗歌，还能自抬身价。当时有一名歌妓，她为了多挣一些银子，就想出了一个办法——在客人面前吟诵白居易的《长恨歌》。这招果然很奏效，这位歌妓的身价就果真被抬起来了。此事传到了白居易的耳朵里，他知道后还颇有几分得意，在给朋友的信中，还提到此事，炫耀了一番。

白居易在诗坛的地位是不可撼动了，可是做一个成功的文人似乎不是他的终极理想，他还想要更大的发展。古时男子，自然都想在仕途上有一番作为，白居易也不例外，他也渴望能够建功立业，成就一番伟业。

白居易生活的时代，正好是唐朝衰败、走下坡路的时候。这个时期，最需要有勇有谋的人站出来施展才华。白居易就在这个时候，面对军阀割据、动荡局势，发表了自己的观点。他发表的言论虽然都是忠言，但有些言辞过分激烈，时常惹得皇帝不高兴。

比如他上奏皇帝，希望皇帝能够精简后宫，遣散部分宫女，以减少开支。皇帝听后很生气，对白居易很是不满。可是白居易遇到他看不过去的事情，还是会直言劝谏，渐渐地招惹了不少敌人。这些人都在暗中使劲，希望能够扳倒他。后来有一次宰相被刺杀，白居易要追捕主谋，可是其他官员却乘机说白居易越权，然后又在皇帝耳边进谗言，白居易就这样被贬到了江州做司马。

仕途遭遇不顺，白居易不甘心就这样认输。他在江州期间，一直在等待机会，希望能够重返京城。而这个机会最终被他等到了，再一次返回了京城，白居易在残酷的政治斗争中逐渐学会了忍让，他不再像之前那样据理力争、得理不饶人了，而是学会了谦卑。

随着局势发展，他看到自己一心想要大展拳脚的地方竟让自己如此失望，白居易渐渐死了心，他不想继续留在京城。后来找了一个机会，自愿去外地做官，在晚年岁月里，他过着悠闲自在的生活。

在外地当官的日子，白居易真正做到了享受生活。那个时候，他虽然已经年迈，但却在家里蓄养大量家姬，让这些女子学习乐舞，供他享乐。而且白居易还十分喜新厌旧，在十年之内，他就换了三批家姬。因为他觉得原来的家姬年纪大了，不水灵了。可是那个时候的白居易已经67岁了。

对待女人，白居易并没有他在诗歌中表现出来的那么怜惜。相传他有一位好友，好友的一位小妾名叫关盼盼，白居易的好友死后，关盼盼十年寡居，没有再嫁。白居易后来写了一首诗送给关盼盼，意思是谴责关盼盼没有以死殉夫，对不起亡夫。看到这首诗之后，关盼盼便绝食而死。

后来，白居易生了一场大病，好了之后，性情似乎也有所转变了。他先是遣散了自己府中的家姬，随后对其他女子似乎也有了点悲悯之情。逼死好友小妾的这个故事虽然未必属实，但白居易晚年沉迷声色却是确有其事。当然，人无完人，他的私生活不应成为我们诟病他的原因。我们记住的，还应该是他那些不朽的诗篇。

| 唐代诗人"追星"很疯狂 |

"锦瑟无端五十弦，一弦一柱思华年。庄生晓梦迷蝴蝶，望帝春心托杜鹃。沧海月明珠有泪，蓝田日暖玉生烟。此情可待成追忆，只是当时已惘然。"这是唐代著名诗人李商隐的《锦瑟》。李商隐是非常著名的爱情诗人，他那些情意绵绵的爱情诗打动了很多人的心，很多女子都是他的忠实粉丝。

"追星族"虽然是一个现代名词，但是在古代因为崇拜偶像，想和偶像见面的人也确实不少。中国追星族的出现，最早可以追溯到唐朝。

那时有一位年轻人叫魏万，他非常崇拜诗仙李白，为了实现自己一睹李白风采的愿望，他不远千里从河南济源的王屋山下开始，沿途追寻着李白的足迹。他锲而不舍的执着行为终于得到了回报。半年之后，跋涉三千余里地的魏万在扬州追上了李白，当他见到李白时虽然风尘仆仆，但是即使这样他也感到十分满足。

杜甫也有很多崇拜者，其中一位就是著名诗人张籍。张籍崇拜杜甫已经到了痴狂的地步。他曾经把杜甫的诗集焚烧成灰烬，然后他又在这些灰烬中加入膏蜜，把它们当作十分珍贵的补药喝下去，并且坚持每顿必饮。张籍之所以这么做是因为他坚信，吃什么就能补什么，他想通过喝杜甫的诗集灰烬让自己变得和杜甫一样有才华。

唐代的一些著名诗人即使落魄了却仍旧有很多人崇拜。王昌龄在被贬谪到龙标时非常落魄，他经常要和老仆人一起沿路捡拾落叶枯枝当柴烧，但是即使这样，擅长七言绝句的王昌龄还是经常遇到民众在路边向他跪拜、求诗。

苦命诗人贾岛，他身后也有很多的追慕者，其中最为疯狂的就是晚唐诗人李洞。他崇拜贾岛到了盲目的地步，人们都说李洞"酷慕贾岛"。李洞的头巾上放有刻着贾岛头像的铜片，平时他经常手持佛珠，但是他祈祷的并不是自己的平安，而是在为贾岛祈福。当他跟人交谈时，他一定会宣扬贾岛的好；当有人告诉他自己也喜欢贾岛时，他就会十分高兴地亲手抄一份贾岛的诗赠给对方，并告诉对方，阅读贾岛的诗一定要心存敬意，需焚香沐浴叩拜之后，才能阅读，就像阅读佛经一样。

宋朝著名的大词人苏轼也是备受人们尊崇的，他对当时及后世的影响力十分巨大。苏轼在杭州时就有女子因为仰慕他而不顾公婆丈夫的反对，来到他和朋友喝酒的彩船上，为他弹筝一曲。当苏轼离开海南时，岸边成千上万的仰慕者来为他送行。可以说人们不但喜欢他的词，他的为人，甚至连他的生活习惯和生活情趣都加以模仿，这就是现在我们都喜欢吃的美食"东坡肉""东坡饼""东坡鱼"等流传至今的原因。苏轼在有着悠久制壶传统的江苏宜兴小住的时候，便出现了风靡全国的"东坡壶"；不止普通百姓崇拜苏轼，连士大夫们也争相模仿苏轼戴高筒短檐帽，并将这种帽子称为"子瞻帽"。

以上这些追星的例子都比不上白居易，他既有疯狂的粉丝群，自己也是一名追星者。当时在荆州有一个叫作葛清的人，他狂热地迷恋白居易的诗，为了表达对偶像的崇拜，他在全身都文上了白居易的诗，一共有30余处，还为这些诗配上图画，如此疯狂的追星实属罕见。

白居易本身也是一个地道的追星者，他所崇拜的对象正是以情诗著称的李商隐。白居易晚年回家休养时，看到了李商隐的诗，非常喜欢，于是就常常对人说："我死之后，来世能做李商隐的儿子就知足了！"通过这句话可以听出白居易对李商隐有多的推崇。

白居易谢世几年后，李商隐生了个儿子，想起白居易的话，就给儿子起名字叫"白老"，算是对前辈遗愿的尊重。不料白老长大后木讷蠢钝，不怎么灵光，看来不像是白居易转世，倒像是郭靖的前身。著名的花花公子温庭筠就拿白老开涮："你小子要是白居易的后生，那不是丢老白的脸吗？"

｜李商隐成牛李党争牺牲品｜

中国科举制度是中国历史上通过考试选拔官员的一种基本制度。它源于汉朝，创始于隋朝，确立于唐朝，消泯于清末。唐朝可以说是科举制度真正发展起来的时期，它对从汉代到魏晋南北朝时期的选士经验及教训进行了总结，进而开创了比较详明严密的考试取士制度，确立了一定的客观标准，也就是选贤任能。在当时的历史条件下，让出身低微的知识分子有了打破严格的封建等级界线、进入仕途的机会。

然而，任何事情都是双面的，有利必有弊。庶族们的平步青云让养尊处优的士族们感到强烈的心理失衡。于是，正当文人才子们都在寒窗苦读，为挤过这道狭窄的入仕门而争得你死我活、头破血流的时候，一场政治斗争在文人间如火如荼地展开了。这就是"牛李党争"的时代背景。在当时，两耳不闻窗外事的书生牛僧孺、李宗闵对此毫不知情，一门心思想着如何中举，却在不知不觉中踏入了党争的泥淖。

唐宪宗元和三年（808），长安举行科举考试，举人牛僧孺、李宗闵在策论中批评时政，得到考官的赏识，但因为二人在考卷中抨击了宰相李吉甫，于是李吉甫从中作梗，对二人久不叙用。谁知此事却致使朝野哗然，争为牛僧孺等人鸣冤叫屈，谴责李吉甫嫉贤妒能。唐宪宗迫于压力，只得将李吉甫贬为淮南节度使，另任命宰相。至此，朝臣分成两派，互相对立。但真正的"牛李党争"，是在李吉甫之子李德裕上台之后开始的。

唐穆宗在位期间，牛僧孺曾一度为相，一次科举考试由牛党人物钱徽主持，其中牵涉李宗闵等人。时任翰林学士的李德裕指斥李宗闵等人主持科考舞弊。结果李宗闵等人被贬官，斗争逐渐趋于复杂化。就这样，朝廷中形成以牛僧孺、李宗闵为首的"牛党"和以李德裕为首的"李党"两派，相互倾轧40余年。牛李两党的政治主张截然不同，主要表现在：李党力主摧抑藩镇割据势力，恢复中央集权；牛党反对用兵藩镇，主张姑息妥协。

其实，这样的争论是有一定的历史意义的。可是自长庆元年以后，党争的内容已经看不到丝毫意义，完全是些为了将对手打倒在地的鸡毛蒜皮的小事。唐代党争已经演变成了一场争权夺利的政治斗争，这正是唐代党争的实质所在。官僚之间的斗争不断升级、扩大。

那么，牛李党争之事与晚唐著名才子李商隐又有何干系呢？为什么说李商隐是牛李党争的牺牲品呢？原来，这一切都与牛党的令狐楚有关。据《旧唐书·李商隐传》的记载，李商隐少富文采，儒雅风流，深受当时镇守河阳的令狐楚赏识。按照这个节奏，在令狐楚的引荐下，李商隐的仕途必将一片辉煌。可不巧的是，后来镇守河阳的王茂元也对李商隐青睐有加，并将自己的女儿嫁给了李商隐。王茂元是李党领袖李德裕的亲信，李商隐娶了王茂元的女儿，无形中就是靠拢了李党。此事被令狐楚知道后，大骂李商隐背信弃义，任李商隐多次找令狐楚解释，自己并无心与牛党为敌，仍得不到令狐楚的原谅。

由于处境尴尬，李商隐既没办法与牛党交好，失去了被引荐的机会，又不想借着岳父的关系走入政坛。再说李党对于李商隐曾与牛党亲密接触的事情始终有所忌惮，更不可能举荐他。结果满腹经纶、才情高绝的李商隐一生备受冷落，黯然而终。对于李商隐而言，他的心中并没有党派之分，不然他也不会私下结交文人，从不过问对方党属。不过，他的心坦荡自然，并不等于别人也同样拥有君子之心，凭君子之心结识小人，又如何能得善终呢？

看历史上历朝历代"朋党之争"，汉、明两朝主要是宦官与外戚或朝臣的权力之争，宋朝则是朝臣的政见之争，唯有唐朝的朋党之争畸形可笑，它不过是公卿显官集团（李党）同豪强地主、暴发户庶族（牛党）之间的冲突。这种斗争只会使一个国家越来越贫弱，并不是通过激烈的碰撞，会擦出新的火花，也没有正义与邪恶可言。所以说，处在此类夹缝环境中的李商隐，尽管有再大的才华，在备显无知的斗争中也一样要成为牺牲品。

| 为何君子、小人都不喜欢寇准 |

宋景德元年（1004），辽军大举侵宋，寇准力主抵抗，进而促成"澶渊之盟"，暂时稳定了局面，也为北宋之后100多年的和平发展提供了保障。此后，寇准受到了真宗的高度礼遇与信任，一路升任丞相。

然而，寇准的仕途跌宕坎坷，四起四落，最终难逃被贬至雷州（今广东海康）司户参军的厄运。究其原因，六字记之曰："偏离'正'，过于'直'"。《宋史》中说到寇准时用得最多的就是"正直"二字。寇准的确"直"得令人佩服，但说他"正"，就见仁见智了。

"澶渊之盟"的功绩让寇准的权力欲望达到巅峰，使他毫无顾忌地独揽大权，肆无忌惮地插手丞相本无权过问的人事任免，更时常咄咄逼人地左右皇帝的决定。不仅如此，对朝中同僚亦是气焰凌人。寇准被贬之后得以重回权力之巅，出任西府枢密正使，宰相王旦的力荐功不可没。然而寇准根本不把这位晚于他为相的同僚放在眼里，不仅不通力合作，还处处针锋相对，一有机会就想方设法挑其毛病，上报给皇帝。然而王旦"宰相肚里能撑船"，认定寇准是难得的人才，不仅没有设计报复，反而多番在皇帝面前极力推荐，劝皇帝对其委以重任。相比之下，谁是小人谁是君子，一目了然。

寇准毕竟不是圣人，偏离正道亦不足为奇。然其至死不改的倔强耿直，着实令人叹服。不过为人太过正直，在官场行走就难免处处树敌。无论是对同僚，还是对皇帝，寇准较真起来丝毫不让，非论出个是非对错不可。

一次殿上议事，寇准言辞过于激烈，宋太宗几次打断都无法阻止寇准的放肆狂言，一气之下，猛然起身离去。寇准见状，一步上前拉住宋太宗的衣角，硬是将其拉回坐下。幸好寇准争得在理，免了一次杀身之祸。然而，他并不是次次都在理，次次都走运的。

寇准第一次被贬，就起因于他与政敌无理争吵，互揭其短。一日，寇准和温仲舒骑马并行，突然冲出个疯子挡住去路，向寇准山呼万岁。此事被寇准的政敌张逊得知后，派人向皇帝密告，揭发寇准有异心。寇准以温仲舒为证人，为自己辩护。由此在太宗面前引发了一场激烈争吵，使得太宗龙颜大怒，当下撤了张逊的职，同时也把寇准贬去了青州。

寇准最终被佞臣丁谓陷害，惨淡收场，溯其源头便是他那句直白的讽刺性的话："参政，国之大臣，乃为官长拂须耶？"当年，寇准与丁谓关系亲密，在一次宴会上，丁谓见寇准的胡须上粘了些饭粒，便起身替他拂去。结果好心没好报，反而遭来寇准一句冷言，丁谓由此记恨心中，最终"大仇得报"，将寇准赶到了雷州，终结了他跌宕起伏的仕途。

欧阳修也干过污蔑良将之事

北宋仁宗时期的著名将领狄青含冤而死，这一悲剧给北宋的政治和军事带来诸多负面影响。在两宋的发展史上，狄青是屈指可数的军事奇才之一。他身先士卒、运筹帷幄，为北宋王朝建立了卓越功勋。

在这一悲剧的酝酿及演变过程中，欧阳修扮演了十分重要的角色。众所周知，在北宋的政坛、文坛及学术发展上，欧阳修均有重大建树和影响。然而，就是这样一位出色的文臣，竟以种种诬蔑之辞三次上疏宋仁宗诋毁狄青，对狄青被贬乃至身死产生了决定性影响。一代名臣无端陷害一代名将，实在是匪夷所思。

从现有史料看，欧阳修曾三次上疏诋毁狄青，分别为宋仁宗至和三年所上的《上仁宗乞罢狄青枢密之任》，同年七月《上仁宗论水灾》第一状及当月《上仁宗论水灾》第二状。这三次上书中，欧阳修用尽污蔑陷害之词，言语上也多有蔑视和不敬，究竟是私人恩怨还是另有原因使他对狄青如此深恶痛绝呢？

可以说，欧阳修对狄青被贬产生了决定性作用。但是，他并没有置狄青于死地的想法。欧阳修之所以大骂狄青，都是北宋最高统治集团内部的"恐武症"在作祟。

我们可能都知道宋代的江山是如何得来的，两宋历代帝王出于防止赵姓江山易手的考虑，在制度上处处对武将设防，特别是从宋太宗后期开始。随着北宋治国方略的改变、内部政治形势的变化，以及宋辽、宋夏关系的演变，如何防范武将逐渐成为所有士大夫及最高统治集团的核心治理观念。在这种观念的影响和支配下，北宋的武将不管立下什么丰功伟绩，都不能摆脱文官的蔑视和反感。但是，宋仁宗时期，仁宗却对狄青十分青睐。原因其一，宋仁宗统治期间，军政弊端已经毕显无遗，在战场上的表现便是武将怯战避战的现象屡见不鲜，而狄青却充分表现出其出色的军事才能与战争智慧，为赵宋王朝立下了赫赫战功；其二，狄青不仅功勋卓著，且对宋王朝忠心耿耿，即文彦博所说的"忠谨有素"。因此，行伍起家的狄青在短短十余年间一跃成为枢密使，得到皇帝的宠爱。可是，这一事实却与文臣的核心价值观产生了严重冲突，最终，狄青成为文臣眼中欲除之而后快的眼中钉。

在这种大背景下，欧阳修在其奏疏中频频使用鄙薄、蔑视狄青之语，也就不足为奇了。北宋这种畸形的文武关系，造成狄青郁郁而终的悲剧，也造成了北宋军事实力孱弱，经常处于被动挨打的局面。同时我们也不得不感叹，欧阳修如此聪慧之人，仍旧摆脱不了封建专制统治的枷锁和时代的局限，成为专制统治的工具。

| 欧阳修也写"艳词" |

关于欧阳修是否曾作艳词，或纯属讹传，抑或事出有因，其间有其政敌毁谤诬陷之成分，但也与其年少绯闻有关。

欧阳修确实是词作的集大成者。他的词作承前启后，前无古人后无来者，所以他的词作不光量大而且种类繁多、风格多样。他的作品中有大量所谓的艳词，但是这些词的作者并不全是欧阳修。而且被编纂的欧阳修词集名目繁多，有《近体乐府》《六一词》等，那么在收编的过程中出现大量的误收之作，也属正常。由于宋词高度繁荣，所以在宋词当中张冠李戴的现象很常见。如果我们对一些艳词主观臆断为欧阳修所作，那就违背了做学问的精神。

"见羞容敛翠，嫩脸匀红，素腰袅娜……半掩娇羞，语声低颤，问道有人知么。强整罗裙，偷回波眼……"（《醉蓬莱·见羞容敛翠》）从表面看，这显然是北宋很普遍的艳词。但对于欧阳修这样的大儒来讲，这首词明显过于轻浮、淫荡。

"江南柳，叶小未成荫……恁时相见早留心。何况到如今。"（《望江南·江南柳》）这首词描写的是幼年相识的少女，语句中有暧昧之句。此词如若出现在柳永这样的词人的作品中，想必读者不会惊奇，但如若把这词托名于欧阳修这样的文学大儒身上，就会令人惊诧。宋代文人追求自由开放的词风，文人风流也是当时的时代潮流，欧阳修年轻的时候估计也有一些风流韵事。既如此，作一些戏谑性的词作也属正常，但是没有如《醉蓬莱·见羞容敛翠》之淫荡，《望江南·江南柳》之暧昧。有史为证，曾慥在《乐府雅词序》中有这样的记述："欧公一代儒宗，风流自命，辞章窈眇，世所矜式。乃小人或作艳曲，谬为公词。"蔡绦所著《西清诗话》中道："欧阳词之浅近者，谓是刘辉伪作。"《名臣录》亦谓："修知贡举，为下第举子刘辉等所忌，以《醉蓬莱·见羞容敛翠》《望江南·江南柳》词诬之。"

欧阳修确实写过大量的艳词，但是我们怎样才能正确地认识这些艳词呢？笔者认为只有把它放在特定的历史时期，才能得到真实合理的结论。欧阳修的诗文以现实主义为主，但是其词作以风流为主。这与宋朝的社会风气有很大的关系，宋朝的文化定位其实很开放的，追求自由、喜欢怡情、任性如醉翁的欧阳修，写出大量别具风情的艳词也就很正常了。

欧阳修的艳词尽管引来一些非议，但是从词的发展来说，其意义非同小可。其细腻的描写，婉转优雅的词风，语言清新质朴，词中对男女情爱生活的表现手法独特，使宋词的发展迈向了新的台阶。

正如前文所讲，欧阳修的艳词是特定历史时期的产物，是宋词中难能可贵的奇葩，我们不可以视为糟粕，更不能为贤者避讳。艳词非但不会降低贤者的社会影响力，反而更能真实地反映当时士大夫阶层的生活。

我们对欧阳修的艳词应该具体问题具体分析，不应该一言以蔽之，例如《近体乐府》中的一些艳词，不仅词风高雅，还有很深刻的积极意义。这些词甚至对宋词的发展有着重要的意义。

| 王安石与苏轼的"爱与恨" |

位列"唐宋八大家"的王安石、苏轼，皆是当时才华横溢的诗人和散文家，皆是年轻有为的朝中栋梁。两人因缘际会地相逢于北宋王朝那个积贫积弱、内忧外患的年代，身不出己地陷入变法革新的党派之争不能自拔。政见上的背道而驰，使王安石和苏轼在官场上针锋相对。许多反对变法的保守派因此大做文章，

把二人说成不共戴天的仇敌。

1.党派之争，结下"不共戴天之仇"。

当时，王安石是坚定不移的变法派领袖，而犹豫不定的苏轼眼见新法在实施过程中被贪污腐败之人利用，成为盘剥百姓的工具，因此，无法苟同王安石激进的改革作风，走上了积极反对变法的道路。

熙宁二年（1069），王安石准备变更科举制度，请求兴办学校，在科举考试中去除诗赋等科目，专以经义、论、策来考试。苏轼随即上《议学校贡举状》，论述贡举之法行之百年不可轻改，并得到宋神宗的召见。王安石对此极为不满。

之后，宋神宗想让苏轼编修中书条例，王安石强烈反对："轼与臣所学及议论皆异，别试以事可也。"当王安石得知神宗打算任用苏轼当谏官时，更是极力阻止，并派苏轼去做开封府推官。

苏轼在任开封府推官期间，又呈上《上神宗皇帝书》《再上神宗皇帝书》，直言反对新法。而最令王安石忍无可忍的是苏轼的《拟进士对御试策》，其中提到："晋武平吴，独断而克；苻坚伐晋，独断而亡；齐桓专任管仲而霸，燕哙专任子之而败；事同功异。"苏轼借此含沙射影地批判王安石在变法过程中不听劝谏、"独断专行"。

王安石怒不可遏，向神宗谏言："轼才亦高，但所学不正……请黜之。"几天后，他又对神宗说："如轼者，不困之使自悔而绌其不逊之心，安肯为陛下用？"恰巧朝中有人告发苏轼兄弟运父灵回乡的过程中偷运私盐，王安石立即下令彻查，并拘捕了相关人员审问。之后虽查明此事实属诬陷，但经历了一次又一次的交锋，苏轼已自知无法再在朝中待下去，于是请求外放，出任杭州太守。

2.惺惺相惜，堪称"文人相亲"之典范。

苏轼虽去，朝中反对变法之声不减。王安石在遭受诬陷之冤与丧子之痛后，罢相辞官，回到江宁老家。两人一先一后离开了庙堂之高而处江湖之远，终有机会冰释前嫌。

元丰初年，王安石的"朋党"李定、舒亶、何正臣等人向神宗皇帝上奏，说苏轼"谤讪朝廷"。神宗震怒，传旨将苏轼逮捕入狱。不久，苏轼被定罪候斩。除其弟苏辙外，满朝文武无人敢为他求情。此时王安石身在江宁，待他得知这场轰动朝野的"乌台诗案"时，苏轼罪名已定，性命危在旦夕。想到国家正值多事之秋，而苏轼的确是个难得的人才，王安石立即派人快马加鞭赶至京城，将自己的亲笔书信呈给神宗皇帝。信中说道，目前国家正值用人之际，切不能因为苏轼写了一些不中听的小诗就错杀良才。神宗皇帝对王安石敬重有加，看过信后，觉得颇有道理，便下旨释放苏轼，将他贬到黄州。

元丰三年，苏轼奉命从黄州移居汝州。途径江宁，想起隐居于此的王安石，深为过去王安石能够不计前嫌冒死相救而感动不已，于是趁此机会专程拜访，以消除多年的隔阂。王安石听说苏轼来到江宁，马上披蓑衣戴斗笠，骑着瘦驴风尘仆仆地赶到渡口与苏轼相会。两人在江边煮酒和诗，通宵达旦，同游数日，畅谈甚欢。

事实上，两位集文学底蕴与政治卓见于一身的风流人物，从未成为真正的敌人。政见上不可调和的矛盾，仅仅在于各自看问题的角度不同，而二者的初衷，都是为国为民，绝不存在对错之分、忠奸之别。王安石与苏轼，于文学中的相互钦佩，于政治上的彼此宽容，使多年的官场恩怨最终烟消云散，成为中国历史上"文人相亲"的典范。

| 陆游与唐婉到底是不是表兄妹 |

陆游，南宋著名爱国诗人，自言"六十年间万首诗"，今尚存9300余首，是我国现有存诗最多的诗人，生前就有"小李白"的美誉。他的一生遭遇了太多的打击，仕途上遭受当权派的排挤，爱情上也给世人留下了一声叹息。

唐婉，字蕙仙，生卒年月不详。她是陆游的第一任妻子，后因陆母的原因，两人被迫分离。

关于陆游与唐婉是否是表兄妹？学界一直也是争论不休，莫衷一是。

野史《齐东野语》记述："陆务观初娶唐氏，闳之女也，于其母夫人为姑侄。"《后村诗话续集》《耆旧续闻》亦有关于二人关系的记载，大致结论就是，陆游的母亲和唐婉的父亲是兄妹，也就肯定了陆游、唐婉的表兄妹关系。

但从《宝庆续会稽志》里我们可以查证：唐婉祖籍山阴，父亲唐闳、爷爷唐翅。但陆母是唐介的孙女，祖籍江陵。两地相隔较远，况且两家并无宗亲关系，所以陆游和唐婉并不是表兄妹关系。

我们可以从陆游的《渭南文集·跋唐修撰手简》《宋史·唐介传》以及王珪《华阳集·唐质肃公介墓志铭》找到一些线索。陆母是江陵唐氏，陆母的爷爷是北宋三朝元老，所以唐介以下都有正史记载，唐介孙子的名字都是以下半从"心"字命名，即懋、愿、恕、意、愚、阑，并没有无"心"的唐闳，也就是说，唐闳并不是陆母的兄弟。那么陆游和唐婉的表兄妹的关系就无从谈起了。

在刘克庄的《后村诗话》中有这样的记述："某氏改适某官，与陆氏有中外。"意思是唐婉与陆游被拆散后，嫁给一个叫赵士程的人。这个赵士程和陆家有亲戚关系。从陆游的《渭南文集·跋唐昭宗赐钱武肃王铁券文》、王明清《挥后录》以及《宋史·宗室世系》《宗室列传》《公主列传》中我们可以得出，陆游的姨母唐氏是宋仁宗女儿秦鲁国大长公主的儿媳，赵士程是秦鲁国大长公主的侄孙，可以得出赵士程的确与陆家有亲戚关系的结论。

我们可以仔细地分析，陆游和唐婉确实是从小一起长大而且青梅竹马，既然从小一起长大，感情固然深厚，那么在封建社会一个女子要在别人家长大，不可能没有任何关系。就像林黛玉进大观园一样。那么可以推出一个结论，陆家和唐家必定是有一定关系的，那么表兄妹之说也就有其成立的可能性了。

另外从陆游的晚年的诗作《剑南诗稿》卷十四中我们可以看出，导致陆唐二人分离的原因是唐婉不能生育。这里也有情理不通的地方，不能生育可以纳妾，为何非要弄得生离死别。这样也从另一面反映了唐婉可能不是陆母的侄女，因此表兄妹之说又陷入泥潭。

"世情薄，人情恶，雨送黄昏花易落；晓风干，泪痕残。"这是唐婉《钗头凤》中的句子。在横遭不幸的时候她说了句"世情薄，人情恶"，这是否从侧面反映了表兄妹之说纯属子虚乌有。陆游生性豪放，如若和唐婉从小一起长大，在其诗词中必有可查之作，我们没有找到这样的诗篇，但也不能否定什么。

在这里大致把各种关于"陆游与唐婉是否是表兄妹"的说法概括于斯，不论野史还是正史，我们考究的是论证的合理性和历史的真实性，不可偏颇其一，也不可全信，读者斟酌之。

大儒朱熹曾严刑拷打军妓

宋朝的大儒朱熹，号晦庵，是南宋有名的哲学家、教育家、文学家。他在哲学上继承二程理论，建立了客观唯心主义体系，是儒家的理学大师。他所著的《四书集注》被明清两代定为士子必读的教科书，对后世影响深远。

作为孔子的粉丝，他非常反对"孔子杀少正卯说"，认为这个言论是后人以孔子的名义散布的谣言，是故意污蔑孔子的。而朱熹本人在孔子的言论基础上，提出了许多其他理论，但都遭到了当时许多人的反对，其中一个叫作唐仲友的人反对得最为激烈。

在思想上，朱熹延伸了孔子的想法，但在行动上，朱熹却没有像孔子那样干脆利落，他一心想要从侧面打击唐仲友。当时，朱熹正好担任了两浙的盐官，便想从经济上抓到唐仲友的小辫子。

但可惜的是，朱熹审核来审核去，却发现这个唐仲友实在是个两袖清风的清官，这让朱熹十分郁闷。一计不成，他便再生一计。为官之人最怕两件事：一是经济问题，二是生活作风问题。

既然经济上找不到纰漏，那就在生活作风上找茬子。唐仲友的把柄实在不好抓，于是朱熹便找了一个妓女，逼迫这个妓女承认自己和唐仲友有着不正当的男女关系。朱熹本想着借这一招搞臭唐仲友的名声，好给唐仲友安条罪状，以拔除这个眼中钉。但他没有料到，他找的这名妓女居然不听他吩咐，死活不承认自己与唐仲友有奸情。

这让朱熹一时没了主意。按照当时的律法，官员是可以命官妓"歌舞佐酒"，但不可以"私侍枕席"，也就是说，官员只能欣赏妓女唱歌跳舞，但如果想干其他事情，那就是违法，要治罪的。

朱熹找的这个妓女是一名军妓，名叫严蕊，朱熹没有想到严蕊如此有气节，他把严蕊抓进大牢，关押了两个多月，每天都是严刑拷打，但严蕊就是不松口。有几次严蕊差点都被打死了，可这个风尘女子却说有就是有，没有就是没有，坚决不肯承认自己与唐仲友之间有私情。

后来这件事情越闹越大，就连皇帝都知道了。皇上派了钦差大臣下来调查，那个钦差大臣十分佩服严蕊的气节。在调查清楚此事之后，不但还了严蕊的清白，还准许她从良。严蕊当堂便填词一首来明志，表明自己的决心：

不是爱风尘，似被前缘误。花落花开自有时，总赖东君主。

去也终须去，住也如何住！若得山花插满头，莫问奴归处。

此案到此也算是完结了，唐仲友终于逃过了一劫，冤狱得以平反。而制造这起事故的朱熹因为名气实在太大了，皇上也不好对他怎么样。最后只能将他调离，让他换个地方做官了事。

说起来，朱熹也算得上是一名圣贤之人，他和孔子虽然不是同一时代，但在后人眼中都有着"神圣"的一面。但在这神圣的背后，我们也能从中看到古代文人的内心深处一般看不到的角落。

朱熹虽然被人推崇为圣贤，但他毕竟也是人，是人就有人性的弱点。朱熹作为旧知识分子，清高、傲慢、读死书、认死理，是一条道走到黑的文人。不然他也不会按照"未有物而有物之理"的理学观念做事，不会凡事都从"理"出发去判断事物的真伪。

明朝凌濛初《拍案惊奇》有一则关于朱熹断案的故事。故事中说道朱熹在福建崇安县任知县时，一个小民状告县中大姓夺占了他祖先的坟地，而大姓却拒不承认。朱熹去实地勘察后，挖掘出坟地里埋着的"某氏之墓"的墓碑，正是小民的姓氏，再加上朱熹本就认为夺占这种事只有大姓才做得出来，于是他便将坟地判给了小民。

后来大姓不服，继续上告。这件官司闹得很大，一时之间人言纷纷。朱熹认为这是大姓的力量大，影响了舆论导向。他感叹世风日下，真理难行，一气之下便弃官隐居了。朱熹断错了案还拒不承认，这和他坚持的"理"是世界本原的客观唯心主义有关。

朱熹有着文人刚愎自用的心理，他不反省自己断案是否有疏忽的地方，反而在众口难调的时候赌气，拂袖离去。这等傲慢与偏见，正是那时文人固执心理的表现。

犯颜直谏的海瑞靠什么平安无事

嘉靖年间，海瑞抬棺上疏，直言进谏。"抬棺上疏"是后人对海瑞冒死进谏的叹服之词，虽有些许夸张，但也不算过分。

历代王朝，多的是直言进谏之忠臣良将，为何独海瑞因上疏而名声大噪？这不得不从嘉靖皇帝的独断专横说起。

嘉靖皇帝朱厚熜，本为藩王长子。1521年，明武宗朱厚照染病身亡，膝下无子，也无兄弟，于是身为武宗堂弟的朱厚熜被群臣迎至京师，登基为帝。即位后，嘉靖皇帝想追封亲生父亲兴献王为太上皇，而众大臣却坚持认为嘉靖皇帝应过继到明孝宗膝下，以保证嫡系即位的正统不受歪曲。一边是至高无上的皇帝，一边是维护正统的群臣，谁也不肯做出让步。嘉靖三年，吏部侍郎何梦春、修撰杨慎带领200余名朝臣冒死进谏，长跪左顺门下号哭不起。嘉靖皇帝不仅不为所动，反而命侍卫将群臣逮捕，施以廷杖之刑，更将18人杖死，毫不留情。

嘉靖在位期间，直谏敢言之臣不是被杀就是被贬，剩下的，尽是敢怒不敢言之辈。如此一来，海瑞的大胆进谏就成了非常时期的非常之事。

嘉靖四十三年，海瑞任户部主事。他对嘉靖时期"君道不正，臣职不明"深感忧虑。当时的嘉靖皇帝已经20多年不上朝，整天深居西苑不出，斋醮玄修，妄求长生不老。海瑞忧国忧民，眼看国力日衰，不得不冒死向皇帝呈上《治安疏》，直言不讳地批评嘉靖皇帝迷信道教，大兴土木，竭尽民脂民膏；不视朝政，以至法纪废弛；听信道士妖言，不与皇子们相见，以至父子之情淡薄；在西苑深居不回宫城，导致夫妇之情淡漠……正是这些荒唐的举止，导致"天下人不直陛下久矣"！

海瑞果然胆识过人。面对如此蛮横的皇帝，语气稍重都得提心吊胆，更何况他句句铿锵，言之凿凿，直指皇帝的为政弊端呢？就连海瑞自己也预计上疏之后难逃一死，事先安排好了后事。然而，结果却出人意料。

虽然嘉靖皇帝看后勃然大怒，命随侍的宦官"趣执之，无使得遁"。然而在得知"此人素有痴名。闻其上疏时，自知触忤当死，市一棺，诀妻子，待罪于朝，童仆亦奔散无留者，是不遁也"之后，嘉靖皇帝沉默良久，拿起奏疏反复阅读。最终只将海瑞关押入狱，并未执行死刑。

对于嘉靖皇帝没有立斩海瑞的原因，后人做出了不少推测。一说海瑞官职虽小，却有清正刚直之名。其居官清廉，刚直不阿，救济黎民，有"海青天"之称，深得百姓尊敬与爱戴。若杀海瑞，则天下震动；二说嘉靖皇帝欣赏海瑞，认为他是"国之利器"；三说嘉靖为向天下人展示其虚怀纳谏、宽宏大量的帝王气量，故放海瑞一条生路。

当然，也有人另辟蹊径，从《治安疏》中寻找答案。海瑞上疏，开篇即将嘉靖皇帝比为汉文帝，更言"陛下天资英断，过汉文远甚"。在此前提下，才开始列举当今朝政之弊端，并将弊端之源归于"陛下误举之，而诸侯误顺之，无一人肯为陛下正言者，谄之甚也"。尽显"皇帝英明"而罪在他人之意。尤其是奏疏的结尾，海瑞又将嘉靖皇帝与"尧、舜、禹、汤、文、武"并列，只要"陛下一振作间而已"，则"天下何忧不治"？如斯谏言，只要有机会让皇帝静心细读，便能体会其中的用心良苦，可免杀身之祸。这正是海瑞的过人之处。

上疏之事，让海瑞天下闻名，流芳千古。史说"上自九重，下及薄海内外，无不知有海主事也"。值得一提的是，海瑞入狱不到两个月，嘉靖皇帝驾崩，新君即位后便下诏释放海瑞。若非如此，恐怕海瑞躲得过阎罗王的召见，也逃不过不见天日的牢狱之灾了。

| 曹雪芹祖父的真实身份 |

雍正是一个生性多疑的帝王。他继位后，为了提防臣子有野心，便安插了许多眼线，这些眼线会将大臣们的一举一动都向他汇报清楚。在清人赵翼的《檐曝杂记》中记载过这样一件事情：

雍正在位的某一年，刚过完新年，掌修国史的翰林院修撰王云锦，在上完早朝回到家中后，因为觉得十分无聊，便请了几个朋友到他家中打牌、玩游戏。玩过几局后，忽然发现有一张纸牌找不到了。众人翻遍了四周也没有找到这张纸牌，因为缺少纸牌，游戏无法继续，大家只得悻悻散场。

过了一阵子，早已将此事淡忘的王云锦向雍正汇报完工作后，雍正忽然问起了那一天，王云锦在干什么？

回忆一番后，王云锦老老实实地告诉雍正他那天在家里玩牌，雍正听后显得很满意，他夸赞王云锦诚恳实在，然后从袖子里掏出了一张纸牌。王云锦一看，正是当日家里丢失的那张纸牌，顿时惊出一身冷汗。

假如刚才王云锦说了谎，那可能就会惹来杀身之祸。可见王云锦一直是处于雍正的监视之中的。至于监视者是当天一同玩牌的友人，还是家中的仆人，抑或是躲在暗处的某个卫士，根本不得而知。

为雍正卖命的情报人员来源于各个阶层，各个地方。不要认为替皇帝当情报员的都是无名小卒，其中也不乏身份显赫的政要。清代值得一提的大间谍应该算是曹雪芹的爷爷曹寅了。曹雪芹因为一部《红楼梦》名垂千古，曹雪芹的祖父曹寅却鲜为人知。不过在当时，曹寅也要算是皇室的红人。

曹寅作为康熙皇帝的伴读，二人从小一同长大，康熙对他十分信任。康熙继位后，便任命曹寅为江宁织造。这个职务是个肥差，是内务府里最有前途，也最能捞油水的职位。除了为宫廷采办购买各种御用品之外，还有一个十分重要的隐蔽职责，便是暗中查访民众的意愿、社会风气等，相当于一位皇室便衣调查员。

曹寅除了每日的日常工作外，还要负责将他调查到的各种消息、舆论动向，以及各级官吏治理政务的绩效等等大小事宜，通通整理好汇报给朝廷。换句话说，也就是担任了皇帝的耳目，是一名间谍。

能担当此重任的必然会受到皇帝的青睐，所以曹家显赫一时也不足为奇了。但俗话说：常在河边走，哪有不湿鞋。仗着皇恩浩荡发达起来的曹家，自然也就避免不了皇恩尽失后的衰败。

在《海滨人物抄存》中有这样一个故事：天津人周人骥是雍正丁未科进士，曾任礼部主事一职，后来他到四川考察学务三年。在任期间，周人骥勤勤恳恳，遵守礼法，操守廉洁，政绩十分优秀。就在他任期将满，即将回京的前夕，他的一位仆人向他辞行。周人骥感到很奇怪，便问道："我马上也要回京城，向皇上复命，我们可以一起动身，你何必急于这一时就离开呢？"

那个仆人说道："我也要回京复命，而且必须要比你早回去。"在周人骥的追问下，这个仆人才说自己原来是大内的一名侍卫，是在周人骥要来四川任职时，朝廷派来监视他的。这次回京，仆人就是要把周人骥的表现向朝廷汇报，以便于朝廷进行奖惩。

由这个故事可以看出，清代雍正时期的官员时刻处于一种高压威慑的环境之中，稍有不慎，就可能被潜伏在四周的告密者告密，从而招致杀身之祸。曹雪芹这个大家族的衰败也是因为告密者告了密。

清朝的官员在高压政策下，逐渐失去了自己的人格尊严，普遍怀揣着一种畏惧不安的心理。首先想到的是迎合，见风使舵。当时一个名叫李祖陶的人对社会风气进行了准确而生动的描述："人情望风觇景，畏避太甚，见鳝而以为蛇，遇鼠而以为虎，消刚正之气，长柔媚之风，此于人心世道，实有关系。"

| 刘墉怎么可能是"罗锅"身材 |

多年前热播的电视连续剧《宰相刘罗锅》，不仅引起了全国关于反腐败的大讨论，轰动一时，而且剧中主人公那刚正清廉、不畏权贵、幽默诙谐的"罗锅"形象，更给观众留下了极为深刻的印象，成为平民百姓茶余饭后的美谈佳话。

电视剧的创作与演绎，丰富了人们的生活，却也掩盖了历史的真相。当我们拨开层层迷雾，便会发现，这位声名显赫、清誉卓著的"宰相刘罗锅"，既非宰相，更非罗锅！

既然有"宰相刘罗锅"的说法，为何又说刘墉不是宰相呢？这就不得不提封建王朝的宰相制度了。明朝以前，历代王朝均有宰相辅佐皇帝处理军国大事，只是称谓稍有不同。朱元璋建立明朝后，由于疑心太重，为防止高官重臣夺权谋反，便下令废除宰相一职。其后，明朝设立了"内阁"，成员为"殿阁大学士"，由皇帝钦定，协助处理国家大事。到了清朝，"清承明制"。清朝雍正八年时取消"内阁"，建立军机处。而皇帝之下统管文武政事的最高行政官员便是"大学士"。之后的"军机大臣"和"总理大臣"，都是跟大学士一样的权职。

虽说此时的大学士与前朝历代的宰相相比，权力相差甚远，但仍具有天子之下众臣民之上的显赫地位。所以在世人看来，大学士与宰相无异。史籍中有记载，刘墉于乾隆五十年由吏部尚书授协办大学士，乾隆五十四年被降为侍郎，到嘉庆二年得授体仁阁大学士。于是，电视剧在需要突出主角的情况下，便以"宰相"称之。

至于说刘墉是"罗锅"，那更是笑谈。电视剧里弓腰驼背的刘墉，是为了增添幽默诙谐的影视效果。然而，稍微留意一下清朝取士选官注重"身、言、书、判"的标准便可知，科甲出身的刘墉，不可能是"罗锅"。"身"为首，可见最重要的条件即形体，为官者必须五官端正，身无残疾，以示官威。毕竟在封建社会，"有碍观瞻"也是件避之则吉的大事。

虽说是笑谈，然"刘罗锅"的称号并不是空穴来风。有史书记载，嘉庆皇帝曾称刘墉为"刘驼子"。但当时的刘墉已是80老翁，弓腰驼背可能是衰老的征兆，而非"罗锅"的恶疾。

刘墉一生，虽无宰相之名，却曾履宰相之职。清廉刚正之余，不乏圆滑机变之态，尽显封建王朝一代官家为人处世之道。而"罗锅"之名，在后人看来，钦佩之美誉更多于敌对之嘲讽，笑而言之，未为不可。

| 曾国藩为何放弃称王 |

太平天国运动掀起中国农民运动的高潮，伴随着太平天国产生的还有曾国藩的湘军。曾国藩的湘军在镇压太平军，维护清王朝统治的过程中不断发展壮大，成为清王朝最具实力的军事力量。而此时，清政府八旗军的战斗力早已孱弱不堪，因此曾国藩成为晚清的柱石。曾国藩身为朝廷重臣，又手握兵权，且政客门生满布天下，可以说清政府的半壁江山都在他的掌控之中。

天京陷落之后，李秀成被俘，曾国藩的实力进一步增强。此时的他就像三国的曹操，北宋的赵匡胤。赵匡胤在适当的时机黄袍加身，成为一代帝王，留名青史，与赵匡胤情况极为相似的曾国藩为何没有造反呢？如果他以自己实力强大的湘军为主力，联合李秀成的太平军，共同抗击清军，那么成功的概率不谓不大，但为何曾国藩放弃了如此好的契机呢？

其实，早在安庆战役后，曾国藩部将胡林翼、左宗棠便开始劝进了。而攻克金陵、平定太平军以后，清朝统治者违背了自己"克复金陵者王"的诺言，使得曾国荃、彭玉麟、左宗棠、鲍超等劝进分子再一次拥戴曾国藩，想让他出面反抗清廷。随后名满天下的学者王闿运也力劝曾国藩造反。面对这么多人的提议，曾国藩依然拒绝，这其中也有他自己的思量。

第一，从曾国藩自身而言，曾国藩深受儒家思想影响，忠君卫道的观念根深蒂固，造反的可能性不大。而且，曾国藩熟读史书，深知造反会给国家百姓带来极大灾难。晚清时期的国家，列强环绕，已经经不起一点内乱了，过大的动乱只会带来亡国的危险。况且当时洋务事业蓬勃发展，曾国藩对实业救国怀抱一丝希望，所以把大部分精力都投入到了国家的建设之中。另外，曾国藩不想学赵匡胤，可能还与曾国荃有关，他也不想再重演赵匡胤与赵光义的故事，曾国荃积极劝进，甚至比赵光义更有野心，曾国藩即使黄袍加身，也难保曾国荃"螳螂捕蝉，黄雀在后"。

第二，从实力上讲，湘军虽名义上有30万，但曾国藩能调动的仅有10余万人。李鸿章淮军势力早在太平天国未灭之前就独树一帜了，左宗棠自立楚军。可见曾国藩的湘军内部并不团结。而且曾国藩手下几员大将都已自成一派，关键时刻也难保他们不投靠清政府转而对付自己。况且，湘军经过长年的征战，已不复当年的朝气，军纪腐败情况甚至超过当年绿营，战斗力也明显减弱。此外，曾氏集团的下属官宦都是恪守封建教义的地主阶级，并不愿意与李秀成的太平军势力合作，因为这有损他们的声望。

第三，从中国当时的现状考虑，内忧外患，即使打败清政府，坐上了皇帝宝座，曾国藩所接手的江山也是残破不堪的，更何况还要面对列强的侵扰。

第四，从朝廷的角度来讲，清政府早已对曾国藩有所防范。咸丰四年，曾国藩自主招兵数万攻陷武昌时就引起了清政府的警觉。一介闲官竟有如此大的号召力，对清政府来说并不是一件好事，反而有芒刺在背之感。所以天京陷落之后，清政府当即派了重兵把守天京，实际也是在监视曾国藩。

正是由于以上原因，曾国藩才会放弃了劝进，反而采取措施，自削兵权，以释清廷之疑。

第五章

纵横天下的牛人们，连死也充满阴谋

一代霸主，被小人饿死

齐桓公，姓姜，名小白，公元前685年与公子纠争夺君位取得胜利，做了齐国国君。即位后的齐桓公在管仲的辅佐下苦心经营，使齐国一跃成为春秋时最富有的国家。在外交上，齐桓公首先打出"尊王攘夷"的旗号，借以团结中原诸侯，受到中原诸侯的信赖。他曾九次召集诸侯会盟，任盟主达数十年之久，成为春秋时期最有实力的一个霸主，文治武功盛极一时。

本以为作为一代霸主的齐桓公荣华富贵、善始善终应不是奢望，但是，谁能料想到，最先成为霸主的齐桓公的下场竟然是被活活饿死。

公元前645年，管仲病重，齐桓公到他病榻前探望并询问国家未来之事。管仲交代说："易牙、竖刁、开方这三个人绝不能接近和信任。"这三人是齐桓公身边的宠臣。齐桓公问："易牙把他亲生儿子烹了给寡人吃，表明他爱寡人超过爱他儿子，为什么不能信任？"管仲说："人世间最大的亲情莫过于爱子，他对亲生骨肉都不珍惜，怎么会爱国君呢？"齐桓公又问："竖刁阉割自己进宫侍候寡人，证明他爱寡人超过爱自己，为什么不能信任？"管仲说："他对受之于父母的身体都不爱惜，怎么会爱国君呢？"齐桓公再问："卫国公子开方放弃太子之尊到我手下称臣，他父母死了也不回国奔丧，这表明他爱寡人超过爱父母，为什么不能信任？"管仲说："最亲近的莫过于父母，父母死了都不回国奔丧，这样对待父母的人怎能奢望他对您忠诚？"

齐桓公虽口头应承，但是行动上却没有遵从，继续让这三个小人在宫中主事。待到公元前643年，齐桓公患重病，易牙、竖刁等认为机会到了，便用桓公的名义张贴了一张布告，禁止任何人入宫，并堵塞齐宫大门，在大门前竖起一道高墙，不准任何人进出。

齐桓公病在床上，没有一个人过问，连想喝口水都不能，这时，卫公子开方却带走千户齐民归降了卫国。最后，这位称雄一世的霸主齐恒公竟然被活活饿死在宫内。齐桓公的五个儿子为了争夺权位互相残杀，谁也不管父亲的死活。结果，齐桓公的尸体在床上整整搁置了67天，尸体生了蛆从窗子爬出来也无人收葬，一代霸主竟落得如此可悲的下场。

齐桓公的晚年悲剧就像长鸣的警钟，时刻提醒世人要注意身边的小人，不要看到别人对自己非常好，就感动得一塌糊涂，而应用常情、常理去推断，才可以下结论，不让小人乘虚而入。

| 秦始皇突然死亡的历史真相 |

公元前210年，千古一帝秦始皇死于第五次东巡途中。关于这位帝王的死因，历史上争议颇多。目前在史学界有两种截然不同的观点，一种说是死于疾病，另一种说死于非命。

第一种说法认为，《史记》中关于秦始皇死因的记述很多，死因已明，病死无可置疑。据《史记》记载，秦始皇从小就患有疾病，体质较为羸弱。可是他为人又刚愎自用，事无巨细都要亲自裁决，所以极度劳累；加以巡游中七月高温，以上诸因素并发，促使他在途中病发身亡。

那么他死于何种疾病呢？郭沫若先生根据《史记·秦始皇本纪》记载"秦王为人蜂准，长目，鸷鸟膺，豺声，少恩而虎狼心……"推测秦始皇幼时患有软骨症，又时常患支气管炎，所以长大后胸部和鸷鸟一样，声音好像似豺狼，后来由于政务繁重，引发脑膜炎和癫痫等病症。秦始皇在渡黄河时，癫痫病发作，后脑壳撞在青铜冰鉴上，加重了脑膜炎的病情，人处于昏迷状态。当车赶到沙丘后第二天，赵高、李斯发觉秦始皇已死去多时。

持第二种观点的人从几篇有关秦始皇死亡情况的史书中推敲，发现了可疑之处。而宦官赵高在秦始皇病重和死后的种种表现，使人不得不怀疑秦始皇的死与他有莫大的关系。此次始皇出巡，随从人员主要有赵高、李斯、胡亥等人，将军蒙毅也在随行之列。可是当秦始皇在途中病重时，蒙毅却被遣返边关。从突然的人事变动来看，这似乎是赵高等人的计谋。而蒙毅的兄长蒙恬是公子扶苏的亲信，突然间将其从秦始皇的身边调走，不仅去掉了扶苏的耳目，也为赵高后来计谋的实施清除了一块绊脚石。

随后，赵高假冒秦始皇的旨意指责扶苏为子不孝、蒙恬为臣不忠，让他们自杀，不得违抗。在得到扶苏自杀的确切消息后，胡亥、赵高、李斯这才命令车队日夜兼程，迅速返回咸阳。为了继续欺骗臣民，车队不敢走捷径回咸阳，而是摆出继续出巡的架势，绕道回咸阳。当时正值七月高温，秦始皇帝的尸体在途中开始发出阵阵恶臭，为了掩饰尸体的味道，赵高竟然将咸鱼放在秦始皇的车上。

赵高为什么要谋害秦始皇呢？主要原因就是赵高唯恐扶苏继承皇位。赵高曾对李斯讲："长子（即扶苏）刚毅而武勇，信人而奋士，即位必用蒙恬为丞相。"可是蒙恬是扶苏的亲信，赵高曾被蒙毅治罪而判死刑，后得到秦始皇赦免，所以赵高对蒙恬、蒙毅恨之入骨，因此他不希望蒙氏获宠，便想方设法阻止扶苏即帝位。但是秦始皇宠爱长子扶苏，只有伺机杀掉秦始皇，他才可拥立十八子胡亥。秦始皇平时居于深宫，戒备森严，赵高根本无法下手，现在他在旅途中病倒，这真是天赐良机，正如赵高劝胡亥时所说："狐疑犹豫，后必有悔，断而敢行，鬼神避之，后有成功。"所以他果敢地对重病中的秦始皇下了毒手，提前结束其生命，这完全有可能。

秦始皇到底是病故还是被害，这两种观点至今尚无定论。不过，人们对解开此谜是充满信心的。根据考古研究和调查，秦始皇陵没有被盗掘和破坏，再加之检测出地宫中可能存在水银，水银形成的水银蒸气对遗体有冷凝、防腐作用，所以秦始皇的遗体可能还存在。等到秦始皇陵被挖掘出来的时候，秦始皇死亡的原因就可以被世人知晓了。

宋徽宗"北狩"的凄惨结局

宋钦宗靖康元年（1126）冬，金军南下攻破汴梁，抓获了当时的太上皇宋徽宗和皇帝宋钦宗，并于靖康二年（1127）年初将二帝及其宫人后妃、皇子皇女、宗室大臣等共3000余人一起带往北方。

宋朝皇室众人长期生活在南方，不像长年生活于北方苦寒之地的金人那样耐严寒，而且他们被掠走的时候只穿着些不耐寒的绫罗绸缎，再加上当时还是年初，越往北走，气温越低，这些平日里锦衣玉食的皇亲贵胄们食不饱腹，衣不蔽体，哪里还受得了徒步迁徙的苦楚。

徽宗、钦宗经常被冻得面色铁青，他们的皇后张氏和朱氏也蓬头垢面，神色憔悴，每到晚上，他们只能捡一点柴草点火取暖。即使这样，那些美丽的宋室贵妇们还要不时忍受金军的调戏、凌辱。当时26岁的钦宗皇后朱氏，虽然不复宋宫中的华服盛装，但仍然艳丽娇美，因此经常受到粗鲁的金军士兵调戏，后朱氏因为实在不堪受辱，便自尽身亡，以死解脱。

宋徽宗一行踉踉跄跄地到达金国都城会宁府的时候，金人又命令徽宗和钦宗以及皇后妃子等宗室皇族们都换上女真服装，头上缠上白帕，裸露出上身，去金国的阿骨打庙前行"牵羊礼"。

有关"牵羊礼"的最早记录出自《史记·宋微子世家》中的记载，说周武王攻下商朝都城朝歌的时候，宋微子拿着象征着商朝权力的祭祀器具在城门口迎接周武王，他袒露着上身，把脸涂上颜色，左手牵着羊，右手拿着献祭用的草，跪行到周武王面前告罪。于是周武王饶过微子不死，还恢复了他的官位。

从此，后世就以"牵羊""牵羊肉袒""牵羊把茅"等词作为表示降服的典故。

金朝的"牵羊礼"虽然不一定如周代宋微子那样，但也必定是要让徽宗、钦宗用很屈辱的方式表示自己的归降。

二帝归降后，金帝封他们为"昏德公""重昏侯"，将他们软禁起来，还让他们缺衣少食，尽情地凌辱他们。

因为实在难以忍受这种地狱般的日子，宋徽宗曾想悬梁自尽。他把衣服撕成一条一条，连接起来，搭在房梁上，本来已经把自己吊在上面了，却被宋钦宗发现后解救下来，父子二人抱头痛哭。后来，金人又把宋皇室迁往均州，不久徽宗就病死了。

徽宗死后，金人将他的尸体架到一个石坑上面焚烧，烧到一半的时候又用水浇灭了火，然后直接把尸体扔到下面的石坑里，说这样可以让尸体连着坑中的积水化作灯油。宋钦宗见到父亲死后仍要受辱，便想跳到石坑里陪葬，结果被金兵阻拦下来，说他要是跳下去会影响尸体化油。

就这样，一代皇帝宋徽宗，生前穷奢极欲，鱼肉百姓，不思进取，以致断送了宋朝的江山，死后却被金兵炼成灯油。

| 建文帝究竟有没有死在靖难之役中 |

明朝开国皇帝朱元璋死后，由于皇太子朱标于洪武二十五年先他而死，于是由皇太孙朱允炆即位，这就是建文帝。

由于太祖在世时实行分封制，各地藩王都强权在握，拥兵自重，这让建文帝深感不安，于是采取"削藩"的建议，以巩固皇权。诸王中燕王朱棣势力最大，他担心自己被废，于是以讨伐齐泰、黄子澄为名，起兵谋反，发动了历史上有名的"靖难之役"。这场战争持续了四年，后来朱棣攻陷了南京，即位为帝，成了明成祖。在朱棣攻入南京时，皇宫已是一片大火，建文帝下落不明。他究竟是生是死？生，又在何方？死，又在何处？明成祖朱棣对此总是放不下心，这事几乎成为他的一块心病。

数百年来，建文帝的下落也是一桩争讼不决的历史悬案。有人说建文帝的一个太监穿了他的衣裳投身火海，做了他的替死鬼，而他自己趁机逃走了；有人说建文帝削发出家，藏进了某个寺院中；还有人说他从地道中逃走了，而且出走后故意放的大火。更有人发挥了这些说法：建文帝流落民间后，去了云南，住在山中，而建文帝出逃的协助者史仲彬后来还多次南下与他会面。在后来的明英宗时期，建文帝还曾回到京师，住在宫内，寿终正寝。这些传说是真是假，难以断定，这或许只是人们的附会之言。但综合各家说法，主要有"焚死"说和"逃亡"说。

一种说法认为建文帝是自焚而死的。据永乐年间修撰的《明太祖实录》中记录，建文帝死于宫中大火。当时燕王军队兵临城下，将宫城团团围住，建文帝想逃也来不及了。建文帝深知他的四叔是个贪权尚武、残暴无情的武夫，落到他手上就绝没好下场，于是便放火，纵身火海之中。而朱棣也决不可能让建文帝继续活下去，否则，他就不能登上帝位。当燕王军队开进皇宫时，宫中已是一片火海，建文帝也没了踪影。但是为了不留下"杀侄夺位"的骂名，朱棣在发现烧焦的尸体时假装痛哭流涕，声称自己出兵只是为了"清君侧"，辅佐建文帝。仁宗朱高炽御制长陵碑也说，建文帝殁后，成祖备以天子礼仪殓葬。成为明成祖的朱棣后来在给朝鲜国王的诏书中说：没想到建文帝在奸臣的威逼下纵火自杀。

但是，太监在火后余烬中多次查找，却只找到马皇后与太子朱文奎的遗骸，建文帝是活是死无从得知。燕王为让天下人认为建文帝已自焚，曾作有祭文，但其坟墓处于何处，无人可知。明末崇祯帝就曾说过：想给建文帝上坟，却不知在何处。可是朱棣即位之后，苦心搜寻建文帝的下落，建文帝到底下落如何，至今也说不清楚。

另一种说法认为建文帝"出逃为僧，流落民间"。在南京城破之时，建文帝曾经想过要自杀，但是在亲信的劝说之下，从地道逃出了皇宫，从此削发为僧，隐姓埋名浪迹江湖。在明成祖死后，他又回到京城，住进宫内，死后葬于京郊西山。其实朱棣登位后，一直不相信建文帝已经死了，曾多次派心腹大臣到处访问。有人说永乐年间郑和下西洋，其实就是明成祖暗中察访建文帝下落的一种表现。明成祖还曾向天下寺院颁布《僧道度牒疏》，借机重新整理僧人的名册，对当时所有的僧人进行了一次全方位的调查。从永乐五年起，还派人以寻访仙人张邋遢为名到处搜寻，涉及大江南北，前后共20余年。民间流言中，在许多地方都有建文帝的踪迹与传说。有的说建文帝逃到云贵地区，并辗转到了南洋。直到现在，云南大理仍有人以惠帝（建文帝）为鼻祖。也有现代学者认为，当年建文帝潜逃后，曾藏于江苏鼋山普济寺内，后来隐匿于穹窿山皇驾庵，于永乐二十一年在此病亡，埋于庵后小山坡上。

建文帝的下落到底如何呢？答案或许早已随着滚滚的历史年轮，和曾经辉煌无比的王朝一起被埋入历史的尘埃之中了。

霍去病英年早逝是谁之过

霍去病，一代战神。17岁随军出征，功冠全军；21岁纵横漠北，成为三军统帅。多次出兵匈奴，以寡敌众，却能大胜而归。他创造了作为武将的一个传奇。但是，这样一个勇猛战将、天之骄子，生命却在23岁这样的美好年华画上了休止符，实在令人叹息。

关于霍去病的死因，史上却没有详细的记载。那么，一代战神霍去病的死究竟是为何？

《史记》中记载，霍去病是在出征匈奴之前突然死亡的，朝廷公布的死因是病死。那么霍去病真的是病死吗？其实，这个可能性不大。因为17岁从军，逐渐成为一代战神，作为一个勇猛的沙场武将，肯定拥有过硬的身体素质，而且在23岁这样风华正茂的年纪，患病而死这似乎不太可能。

那么霍去病的真正死因是什么？不是病死，那么就是非正常死亡。为什么如此器重霍去病的汉武帝却没有深究这种非正常死亡的原因呢？

霍去病从卫青的军队中脱颖而出，历经漠北大战之后，得到汉武帝的赏识，如日中天。他逐渐脱离了卫青的军队，形成了以自己为中心的军事集团。这个集团中的重要人物也几乎都是霍去病一手选拔的匈奴降将，要不就是能骑善射的低级军官，个个英勇善战。更重要的是这些人的重心都在战场之上，与皇亲国戚以及世家贵戚却没有一点关系或牵连。

反观卫青，一代大将却日渐衰落。他的身上担负着太多人的利益，势力庞大。武帝为了扼制这股势力，采取的手段便是以霍制卫。卫、霍集团之间就形成了一种尖锐的矛盾。当这种矛盾激化时，必然是要以牺牲一方为代价，因此从不参与政治斗争，只着眼于沙场的霍去病就成了卫青家族保全自己利益的牺牲品。这也可以从一些史实当中窥其一二。

如果说卫青利益集团最大的保护伞是卫青，那么他们实现利益的最重要的保障就是卫太子。虽然卫太子年幼，不太可能参与复杂的政治斗争，但是作为利益成员的卫氏家族以及相关人员却是在尽全力保护这种利益。卫、霍之间的较量，更多的是在朝堂之上的地位和权力的竞争。

此时，朝廷有三种势力不容小觑：一是以卫青为核心的卫氏利益集团；二是以霍去病为核心的军事集团；三是以李广为核心的李氏家族，李广的从弟李蔡已身为丞相，也是整个家族利益集团的核心。

公元前119年，漠北大战，李广自杀，李敢刺伤卫青。卫青为人谦恭有礼，温和大度，便把这件事隐瞒了下来。虽然这件事在当时并没有传开，但却为李氏家族埋下了祸根。公元前118年三月，李蔡以侵占了先皇陵寝的一块地的罪名畏罪自杀。这简直就是一个莫须有的罪名！身为丞相的李蔡岂会冒着死亡的风险去侵占一块皇家陵地？也就是在这一年，霍去病突然因为李敢行刺卫青，而在甘泉宫狩猎场当着武帝的面射杀了李敢。值得注意的是：一、李蔡死后，太子太傅庄青翟继任了丞相之位，那么这其中的最大受益者莫过于卫太子所在的卫氏集团；二、霍去病射杀李敢的时间、地点值得深究。如此明目张胆地射杀李敢，难道霍去病就不担心无法对皇帝以及众将士交代吗？而且李敢当时身为郎中令，也就是九卿之一，霍去病并没有私自处决他的权力。从射杀李敢的时间而言，此时距离李敢刺伤卫青已经很长一段时间，那么霍去病为什么要现在才射杀李敢呢？由此可以得出，这不可能是霍去病蓄谋已久的杀害。也就是说这是一件突发事件，霍去病是在狩猎之前才临时得知李敢曾刺伤卫青的。李蔡、李敢叔侄死期相近，在相当短的一段时间内，李氏家族被连根拔起。霍去病与李氏家庭结下仇怨、引起武帝不满。那么，从整个事件来看，受益最大的还是卫氏集团。

公元前117年三月，霍去病一再上书请刘彻分立三位皇子为王，可谓是朝廷之中的风云人物。霍去病又为何要两次三番地要求封三位皇子为王呢？他与这件事又有何关系呢？其实，没有什么关系，因为这对霍去病而言没有丝毫好处，他只是当起了这个事件的发起者和带头者，然而当事件发展到声势浩大，满朝文武都加入了进来的时候，他却并没有参与其中。最终，公元前117年四月，武帝无奈册立三王，武帝宠姬王夫人病死。表面上，卫氏集团并没有参与到这件事情之中，但是细看之下，册封三王受益最大的是卫太子，他的危险得以解除。而王夫人病死，卫皇后地位得保。卫氏集团仍是最大的受益者。公元前117年九月，霍去病死去。

自此，与卫青有仇的李氏家族垮了，与太子争嫡的三王因分封离开了，与卫子夫争宠的王夫人死了，威胁着卫青地位的霍去病不在了。整个朝廷之中的三股力量，已经消灭了两股，最大的受益者就是卫氏家族。

霍去病在这场政治斗争之中，失去甚多，但是他真正的死因是什么？从霍去病的性格分析，他少年孤独，寡言少语，心高气傲，缺少朋友。亲情对他来说是十分重要的。最后连曾经视如亲人的卫青也远离了他。性格倔强孤傲的少年最容易走入极端，他虽然少年显贵，但是未必快乐。人言不仅可畏，有时候还可以杀人，其高明处便是效果远胜刀剑毒药。

专宠后宫的赵飞燕姐妹为何双双自尽

"环肥燕瘦"这个成语指的是唐汉两大美女，前者说的是唐明皇的妃子杨玉环，后者则是指本节要讲的主要人物，汉成帝的皇后赵飞燕。成帝在时，赵飞燕和妹妹赵合德风光无限，经常联手与后宫诸妃，甚至朝臣争斗。成帝死后，她们却被迫先后服毒自杀，其族人也受到牵连，被发配到辽西一带。那么，为什么会先后出现这两种截然不同的情况呢？

整件事情的缘由需要从赵飞燕的出生说起。

相传赵飞燕的母亲是江都王之女，属于没落士族，嫁给中尉赵曼。由于汉代的礼教不是很严格，导致赵飞燕的母亲与江都王府中的舍人冯万金产生私情，并生下一对双胞胎姐妹。

赵曼得知自己被戴了绿帽子后，大发雷霆，将这一对刚出生的姐妹扔到野外。可能是求生欲望过强，三天过去了，她们竟然还顽强地活着。赵曼得知消息后很是吃惊，便决定将她们收养，长女取名赵宜生，次女取名赵合德。

稍大后，姐妹二人被送入阳阿公主府做侍女，并开始学习歌舞。她们的天赋极高，尤其是赵宜生，以身轻如燕而闻名。因其窈窕秀美，凭栏临风，有翩然欲飞之美，所以人们多以"飞燕"誉之。久而久之，竟然渐渐忘记了她的本名，而称她为赵飞燕。

一次，爱好游玩的汉成帝刘骜微服私访，来到阳阿公主家。当他看到赵飞燕的舞技和容貌后，甚是喜欢，便将其召入宫中，封为婕妤。赵飞燕受宠后又让成帝召她的妹妹赵合德入宫，妄图通过与妹妹并宠做保障，以弥补家族势力的不足。公元前18年，汉成帝废掉原来的许皇后，两年后，立赵飞燕为皇后。从那以后，赵氏姐妹专宠后宫，权倾一时。

关于这段经历，在《汉书·外戚传》中有这样的记载："孝成赵皇后，本长安宫人。初生时，父母不举，三日不死，乃收养之。及壮，属阳阿主家，学歌舞，号曰'飞燕'。成帝尝微行出，过阳阿主，作乐，上见飞燕而说之，召入宫，大幸。有女弟复召入，俱为婕妤，贵倾后宫。"

虽然被封为皇后，并且在宫中有妹妹的辅助，但是姐妹两人却并没有为成帝生下一男半女。成帝为此事时常忧心，便开始偷偷招幸其他宫人，这让赵氏姐妹感到她们的地位受到了严重威胁。为了避免失宠，她们开始对有孕嫔妃进行令人发指的摧残，不仅要杀死怀孕者，甚至连刚出生的婴儿也不放过，命人把他们掐死，以至于当时民间盛传"燕飞来，啄皇孙"的民谣。

对于赵氏姐妹的疯狂行为，成帝只能无奈默许。为了抓住成帝的心，姐妹二人开始轮流侍寝，导致本来体质强壮、状貌魁梧的成帝逐渐变得身体羸弱，不得不依靠补药满足这种淫乱的快乐。由于长期服用补药，并且不断增加剂量，终于有一天，成帝在纵欲之后，倒在赵合德的床上气绝身亡，从此长留"温柔乡"。

成帝死后，一直飞扬跋扈的赵氏姐妹立刻成为朝臣攻击的对象。外戚王莽首先发难，对赵合德进行拷问，为了避免供出自己和成帝的床闱之事，赵合德只能无奈服毒自尽。

因为成帝无子，于是经过朝臣商议，由定陶王刘欣即位，史称汉哀帝。新帝感激赵飞燕在其即位问题上曾尽过力，便尊她为皇太后。但哀帝在位仅仅六年就驾崩，刘衍随即登基，史称汉平帝。这时，赵飞燕彻底失去依靠，被贬为孝成皇后，迁居到北宫，没过多久，她又被废为庶人。大司马王莽以其杀害皇子之罪，迫其自尽，至此，专宠后宫近十年的赵飞燕就这样香消玉殒了。

| 蔡伦竟是自杀 |

蔡伦，我国古代四大发明之一造纸术的发明者。在"影响人类历史进程的100位名人"中，蔡伦位列第七。但是很少有人知道这位天才发明家的人生轨迹，而他的结局也不为人们所熟悉。

蔡伦在永平末年被选中入宫做太监，年仅13岁。蔡伦虽说年幼但是却很早熟，他自从进宫那天起就处处小心、事事留意，因此深得内务总管的赏识。第二年他便升为小黄门，不久，蔡伦又被提拔为黄门侍郎，其重要工作就是负责宫里宫外诸事的传达及引导、安排朝见皇帝的人等工作。这个工作的好处就是他能经常接触王公大臣及后宫嫔妃。久而久之，他就莫名其妙地卷入了后宫的明争暗斗。

在封建社会后宫，你必须明白"母以子贵、子以母贵"的道理，而且两者是相辅相成的。汉章帝的皇后窦氏因为不能生育，所以凡是有嫔妃生了皇种，她就极为嫉妒，暗地里想方设法将这些嫔妃打倒，以维护自己的地位。蔡伦迫于窦皇后的淫威成了帮凶，为了杀一儆百，她第一个下手的就是太子刘庆的母亲宋贵人。窦皇后指示蔡伦诬陷宋贵人，说她通过一些邪门歪道蛊惑皇帝，于是宋贵人被贬黜，而太子刘庆被废为清河王。后来窦皇后又威逼梁贵人，把尚在襁褓中的刘肇认作自己的儿子，并让皇帝立刘肇为太子。

蔡伦因为协助窦皇后拔掉了其"眼中钉、肉中刺"，她当然很感激蔡伦，于是蔡伦加官晋爵不在话下。尤其在公元88年，章帝驾崩，10岁的刘肇顺理成章地即位了，窦太后垂帘听政，独揽大权。蔡伦被委以重任，负责陪伴小皇帝，必要时可以参与国家大事。

10年之后，窦太后去世，蔡伦敏锐地投靠了他的新主子——刘肇的皇后邓绥。由于邓皇后是一个喜欢吟诗作赋的才女，因此她需求一个比帛质地好的纸张来写字作画。蔡伦知道自己的机会来了，他总结先人造纸经验，自己再加以改进，终于发明了纸，受到邓皇后的高度赞赏。

就在蔡伦还沉浸在自己发明的喜悦中时，一个消息传来，汉和帝刘肇英年早逝，留下邓皇后和不满两岁的幼帝。祸不单行，邓皇后的幼帝不幸夭折。国不可一日无主，在精挑细选之后，邓太后决定立自己的皇侄子刘祜为太子，虽然刘祜是"瞎子的眼睛——摆设"，因为邓太后仍握有实权。但这个消息也着实把蔡伦吓了个半死，你当这刘祜是谁？他就是当年被窦太后和蔡伦陷害的清河王刘庆的儿子，宋贵人的孙子。

由于得邓太后宠，蔡伦仍过上了一人之下万人之上的日子，他还被封为"龙亭侯"，他发明的纸就是"蔡侯纸"，可见当时的蔡伦是多么风光。这还没完，邓太后又给他一个官职：长乐太仆。这个官职的意思就是说在太后无暇处理公务的时候，蔡伦可以合法地代为其处理。所谓"日中则移，月满则亏"，就在他权倾朝野的时候，一个对蔡伦来讲绝对是地震式的噩耗传来，邓太后病卒。

安帝刘祜即位的第一件事就是反攻倒算，为自己的父亲还有奶奶出口恶气。虽说主谋窦太后早已不在人世，但这笔债总得有人来偿还，于是蔡伦就被革职查办了。蔡伦深知死罪难免，为了体面地死去，他选择了服毒自尽。

纵观蔡伦的一生，他作为一个发明家却参与了政治斗争，而政治斗争使得他成为牺牲品，把自己搭了进去。但是他的功绩必然永载史册，被后人广泛传诵。

| 骆宾王也造反，但没成功 |

鹅鹅鹅，

曲项向天歌。

白毛浮绿水，

红掌拨清波。

一首《咏鹅》让骆宾王成为家喻户晓、妇孺皆知的诗人。

作为"初唐四杰"之一，他诗文并茂，尤其擅写诗，留给我们的也有如同《帝京篇》这样的名篇。其实让他名扬天下的是他起草的有关讨伐武则天的檄文《讨武氏檄》，就连武则天看到这篇檄文后都不由得感叹："宰相安得失此人？"

公元683年，骆宾王在老家浙江的临海县当一个普普通通的县官。这一年冬天，长期病态的高宗驾鹤而去，遗诏立太子李显为皇帝。因高宗在位的时候，武则天已代替高宗掌握朝政十几年，她无法放弃这至高的权柄，便废长立幼，以便自己独掌大权。为了巩固大权，她下令排除异己并大肆诛杀唐室勋臣，并设立间谍机构。当时人人以告密自卫，整个帝国陷入了惶惶不安之中。骆宾王目睹了武氏集团犯下的种种恶行，心中愤懑不已，于是便联合当时仍握有兵权的徐敬业起事伐武，因此诞生了《为徐敬业讨武曌檄》这样义正词严、气势恢宏的檄文，并确立了"拥戴李显，匡扶唐室"的政治主张。刚开始的时候，起义军势头不错，但因为后来徐敬业没有抓住有利战机，被武则天派兵剿灭了。

公元684年，这场历时仅三个月的起义就在扬州城下宣告失败了。

当天晚上，骆宾王、徐敬业等准备连夜坐船逃亡高丽，由于徐敬业的部下叛变，徐敬业被杀，但是骆宾王的去向却不为人所知。

说法一：被诛杀。

《资治通鉴》明确地记载了起义军失败后，徐敬业、骆宾王被叛军诛杀的场景；《旧唐书》也肯定了诛杀骆宾王的事实。

说法二：逃跑。

《新唐书》记载的是骆宾王在兵败后逃跑了。

在武则天死后，李显即位，为了表扬骆宾王为大唐江山做出的牺牲，他下令郄云卿在全国各地搜集有关骆宾王的诗作，并要求对其兵败后的下落做出严密的调查——在兵败后他接触了哪些人，并吩咐要遍访骆宾王的好友。起初郄云卿认为骆宾王可能已被叛军诛杀，但随着调查的深入和得到的线索越来越多，他便提出了逃跑这个说法。

说法三：出家。

初唐著名诗人宋之问在杭州灵隐寺，碰到一个老和尚，那老和尚替他对了两联妙句："楼观沧海日，门听浙江潮。"据说此人就是骆宾王。但是后来有人再去找，却怎么都找不到了。

2005年，中央电视台《见证·发现之旅》栏目播出的专题片《骆宾王》。浙江师范大学中文系教授、骆宾王研究专家骆祥发向媒体公布了自己这么多年研究骆宾王下落的结果，他说骆宾王兵败被诛杀的论证值得怀疑，因为官方的史册出现两种完全不同的记载，这本身就值得商酌。他还提到在他家的宗谱上面也有关于骆宾王逃出后隐身在江苏南通一带的芦苇荡，辗转一段时间后，客死南通、埋骨黄泥口的记载，说骆宾王终年70岁左右。

司马昭处死嵇康，内幕不简单

嵇康为何被杀？两晋的史学家都有记载，却是各执一词，不足全信。我们姑且从论证的角度给读者一个独立思考的空间，让历史带我们去了解嵇康的生前死后。

第一种说法是：祸起吕安一案，后遭钟会陷害。

鉴于嵇康在魏晋时期的影响力，高干子弟钟会欲借嵇康之名提高自己在名士中的地位，但嵇康深恶此人，便对钟会不予理会，由此钟会怀恨在心，伺机报复。偏不凑巧，嵇康的好友吕安有个漂亮的妻子，其兄吕巽垂涎弟妻美色已久，趁吕安外出，将弟妻灌醉进而奸污，并陷害其弟，说其不孝，曾殴打母亲，吕安因此身陷囹圄。嵇康为了向官府说明真相也被传召至官府。庭审时，一个在幕后等了很久的小人——钟会出现了，他告诉司马昭："嵇康，卧龙也，不可起。公无忧天下，顾以康为虑耳。"又说，当时曹氏心腹将领毋丘俭起兵造反的时候，嵇康就极力支持，而且嵇康、吕安这些人平时言论放荡，不拘礼法，有违孝道。做皇帝切不可留这样的人，应尽早除之。帝听会言，遂杀嵇康。

这个说法有很多逻辑不通的地方：第一，告吕安不孝，需要有足够的证据，魏晋以孝治天下，不孝乃是大罪，不可妄下结论，必须有吕安母亲的证词才可定罪；第二，就当吕安不孝，但是先前阮籍在母亲服丧期间曾饮酒吃肉，司马昭并没有追究，但此案为何一定要治吕安死罪呢？这就有失司法的公正性了。

另外；钟会陷害嵇康之词也有不通之处。第一，毋丘俭反叛的时候，嵇康已移居山阳，也就是说嵇康有不在场的证据。第二，魏晋时代名士们大都蔑视礼法，狂放不羁，强调精神自由，展现个性的可爱。如若按此定罪，当诛者何止吕安一人？

第二种说法：政治斗争的牺牲品。

嵇康有个特殊的身份——曹操的孙女婿。嵇康曾在山阳一住就是十几年，其他地方倒是无所谓，但山阳这个地方司马氏就比较敏感了，因为汉献帝被贬以后就曾在这里居住过。嵇康难道是思故主？这个罪名可不轻啊，够杀嵇康一千回的。

嵇康从来都不与司马氏往来，好友山涛举荐其出任吏部侍郎，他不光拒绝还写了与山涛的《绝交书》。司马昭曾欲借嵇康的影响力为自己正名，但嵇康却以"非汤、武而薄周、孔"拒绝，这在名义上已经表达了对司马氏篡位的批驳。更为要命的是，嵇康在当时太有影响力了。他因吕安案被捕入狱以后，三千太学生请愿，而且打出如不释放嵇康，他们愿意和嵇康一起坐牢的口号。这下把司马昭给镇住了。他没有想到嵇康在文士中有如此高的影响力。这严重威胁到了他执政的基础，于是他下定决心除嵇康而后快。也算是杀一儆百了。

综上，我们可以看出，嵇康的死有两条线，一明一暗。明的一条是吕安一案，暗的是嵇康不与司马氏合作并且反对司马氏篡夺曹魏天下。这两条线就注定嵇康必遭杀身之祸。两晋的诸多史学家掩耳盗铃，替司马氏掩饰罪行，把嵇康的死归咎于钟会的诬陷。这就导致很多人对嵇康的死因不加怀疑，致使我们没有看到事实的真相。

黄巢，你是自杀还是他杀

"待到秋来九月八，我花开后百花杀。冲天香阵透长安，满城尽带黄金甲。"这是黄巢率领几十万农民起义军围困长安时诗兴大发，借咏叹菊花来形容势不可挡的义军力量。透过那盛开的黄色菊花，仿佛让人看到那威武雄壮的黄金铁甲军，即将攻破长安的磅礴气势。

英雄不问出处，谁能想到一个贩盐的低贱之人仅用五年的时间就把唐僖宗赶出长安？这个出身下层的人打着救民于水火的旗号在还没有巩固新生政权的时候就开始做愚蠢的事情——称帝。他春风得意，沉醉在大明宫烟花缭绕的美酒当中浑然不觉的时候，唐朝的军队已经悄悄逼近了他。仓促应战的结果可想而知，他带着残兵败将逃到了山东，自此没有任何音讯。于是他如何终老便成了一个千古之谜。唐朝历史上关于黄巢的记述中却出现两种截然不同的说法：一个是被杀，另一个是自杀。显然这两种说法中有一个是假的。

据《旧唐书·黄巢传》中有关黄巢死因的记述是这样的："巢将林言斩巢及二弟邺、揆等七人首，并妻子皆送徐州。"也就是说黄巢兵败后，看到生还无望，便让他的外甥林言把自己杀掉。同样记载的史书还有《资治通鉴》《桂苑笔耕录》《北梦琐言》。林言是黄巢身边的禁卫队首领，也是黄巢最亲密的人，但是林言却拿着黄巢的首级去投唐。这是一个事实，其中有怎样的故事却不为人知。如果林言并未杀黄巢，却背上卖主求荣的千古骂名，也的确冤枉。

但《新唐书》对于黄巢的死却是这样记载的——在黄巢兵败狼虎谷后，他见大势已去，生还无望，为了保存反唐血脉，便让自己的外甥林言拿着自己的首级去投唐。但是林言不忍心杀掉自己的舅舅，于是黄巢便选择了自刎，却没有当场咽气。林言随后就斩下黄巢的首级去降唐军，不料中途遇到沙陀人，沙陀人求功心切遂将林言也杀了，将两人的首级一同献给了唐军。

《新唐书》成书于北宋年间，《旧唐书》是五代后晋时官修的唐史。后世为了区别两者，遂把五代时期的《唐书》称为《旧唐书》，而把北宋欧阳修主持修编的唐史称为《新唐书》。但是由于成书时间的差异以及时代背景的不同，两书的质量也不相同。《旧唐书》作于乱世，成书仓促，书中大有疏漏之处；而欧阳修主持修编的《新唐书》，不仅内容丰富，而且对于史料的收集也是极为全面的。《新唐书》秉承《春秋》的笔法写史，因此研究历史的人大都会参考《新唐书》的相关记载。

历史往往在探索中发现，在这个过程中我们可能会无意中得到历史的本来面目。从敦煌莫高窟发现的敦煌文书中有一部《肃州报告黄巢战败等情况残卷》，里面有这样的记载："其草贼黄巢被尚让杀却，于西川进头。"尚让是何人？尚让是黄巢起义军的二号人物，其早年追随王仙芝，后投奔黄巢。黄巢在长安称帝后任命的四个宰相中就有尚让。后来遭到唐军反扑后，黄巢带余部到达今河南境内，又遭遇沙陀兵的突袭，伤亡无数，急需救援，但是这时的尚让却背叛了黄巢，反投唐军。那么黄巢死于尚让之手，也不是没有可能了。

虽说黄巢的死牵扯到两部正史的不同记载，而且《肃州报告黄巢战败等情况残卷》里也有尚让杀黄巢的记述，但究竟哪个才是历史的本来面目，只能留待后人评判。

| "诛十族"，朱棣的残忍 |

"诛九族"的罪名是古代族诛连坐的刑罚。什么是九族呢？就是从当事人起，往上数四代而至高祖，往下数四代而至玄孙这八代人，再加上自己这一代，正好是九族。所谓"诛九族"，就是将这九代人杀得干干净净，一个不留。按常理说，诛九族是将当事人和其亲属杀光，直到杀无可杀，已经算是刑法之极。但是明成祖朱棣却发明了"诛十族"。

朱棣是朱元璋的第四子，他并非马皇后所生的嫡子，但在诸子中，要数他的样貌秉性最像乃父，所以最得朱元璋的喜爱。可惜，因为投错了胎——或说投晚了胎——他没能得到太子的位子。这位子由他的长兄朱标坐了。朱标为人温厚恭谨，对兄弟也友爱照顾，被朱元璋视为守成之君的不二人选。所以朱棣虽然略有不服，但也没什么机会，于是安安心心地做自己的藩王，戍守北京城去了。

后来朱标因病身死，英年早逝，只留下了一个儿子朱允炆。说实话，朱元璋不是没有考虑过在诸子中再选一个继承人，也不是没有考虑过让朱棣继承大统。只因，朱允炆与父亲朱标实在太像，他们一样温厚，一样仁爱。最重要的是，朱允炆长期生活在祖父朱元璋的身边，对他十分孝敬。朱元璋老了，他实在是需要有个孙子承欢膝下，到后来简直离不开朱允炆，最后自然而然地将大位传给了他，也就是历史上的建文帝。

朱允炆年幼，政治上并不成熟，才干也不如叔叔朱棣，可是他是名正言顺的九五之尊，可以号令天下；而朱棣不过是偏居一隅的北国藩王，所以他虽然看不上这个侄子，对他不服气，倒也没有妄兴篡逆的念头。他后来造反，实际上是被"逼上梁山"，不得已而为之。因为朱允炆身边的齐泰、黄子澄等人不断地强调，如今藩王遍天下，正如汉初的时候，有着重演"封建"、裂土分疆的危险。于是大力撺掇朱允炆削藩。朱允炆采用其计，被削掉爵位、获罪入狱的藩王一个接一个，这让北边的朱棣胆战心惊。不得已，朱棣只得起兵造反。

刚开始，以一隅敌全国的朱棣屡战屡败，因为他手上的筹码实在太少了。不过因为建文帝不懂武略，军队的指挥调度屡屡出现重大失误，这才给了朱棣机会，让他打入南京。而丢了天下的建文帝则下落不明。

当了皇帝，朱棣开始对原先反对他的人进行大清洗。如对齐泰、黄子澄等人都采取诛族刑罚，而抵抗最久、屡屡将朱棣打败的铁铉则被割下耳鼻、毁坏肢体，又将他的尸身投入油锅，惨不堪言。齐泰等人的妻女也被朱棣贬为官妓，供士卒随意凌辱。但是，齐、黄等人的遭遇，与一代名士方孝孺比起来，已经是不幸中的大幸了。

原来，方孝孺才名响遍天下，朱棣也十分爱惜，不忍杀害。而方孝孺的正直名声也可以给自己的新政权加分，于是百般拉拢。可是，方孝孺不为所动。朱棣对他说："我本无心于皇位，现在打入京城，不过是效法周公辅佐成王而已。"方孝孺抬头瞪视："成王在哪里？"这成王自然是指建文帝。朱棣做无奈状说："他已经不见了。"方孝孺仍不肯罢休，接着问："为何不立成王之子？"朱棣说："他并无后。"方孝孺上前一步，大喝道："那成王的弟弟呢？"朱棣的耐性终于消失殆尽，冷言道："这是朕的家事，不劳你来费心！"于是叫他起草登位诏书。没想到方孝孺只是写了"燕王篡位"四个大字。朱棣问："你不怕我杀了你？"方孝孺说："你杀了我，我也不会与你同流合污。"朱棣冷笑道："哪有那么容易，我要诛你九族，让你看着自己的亲人一个个惨死身前！"方孝孺怒喝："你便诛了我十族又怎样？"

这句话引来一个大灾难，心狠手辣的朱棣果然诛了他的十族。这第十族哪里来呢？原来就是方孝孺过往的好友。在朱棣称帝的第八天，他特意在南京的聚宝门设刑台，诛杀方孝孺的十族。方孝孺身为一代国士，对自己的死根本不放在心上，但眼睁睁看着亲友在自己面前被人诛杀，心里之痛实在难以述说。但他依旧没有屈服于朱棣的淫威，只是等着自己死亡那一刻的来临。对他来说，那就是解脱。

方孝孺家中兄弟三人，他排行老二，哥哥方孝闻早年便已病逝，而弟弟方孝友却被押赴刑场。不过，方孝友并不怪哥哥，反而在死前不断地安慰、开释他。这次大屠杀一共持续了七天，死者多达800余人。最后一个死的自然是方孝孺，他大骂不止，嘴巴被割裂至耳，又给割下舌头，处以凌迟。

人之所以为人，不在于生命的长短，而在于有所坚持，为自己的信念努力奋斗，不屈不挠。方孝孺忠于建文帝，也许只是对帝王的愚忠，但他却为此付出了沉重的代价，这就是他的一寸诚心之所在。方孝孺虽只是读书人，手无缚鸡之力，但他内心的力量不知比那些贪生怕死、卖主求荣的壮汉要强大多少呢。

| 当袁崇焕遇上崇祯 |

崇祯三年，一件影响明朝命运的大事发生了——镇守边关的蓟辽督师袁崇焕因"谋叛"罪被皇帝处死了，他的家人均被流放。此事一出，天下哗然。人们对崇祯杀袁崇焕的行为十分不理解，大都感叹国家将亡了。袁崇焕是中国历史上著名的大英雄，他的死，一直被人们认为是和岳飞被杀一样的冤案。人们每次提起袁崇焕的死都会说这是崇祯自毁长城的行为，令人惋惜。然而袁崇焕真的是完全被冤枉的吗？这个问题还需要仔细探究一下。

在为袁崇焕鸣冤之前，我们要先弄清楚崇祯的为人。大家都知道崇祯并不是一个荒淫无道的君主，甚至可以说他是一个难得的明君——他励精图治，想要复兴明朝的繁荣。这样一个勤于政事的皇帝，为什么会无缘无故杀掉袁崇焕呢？

袁崇焕的死可以说是袁崇焕和崇祯双方的责任。

崇祯生性多疑，刚愎自用，凡事都喜欢以自我为中心。崇祯在即位的时候，面对的是一个已经衰败不堪的国家——朝堂上结党营私，民间流寇蔓延。这样的国家现状让崇祯十分愤怒，他立志要振兴国家。而他偏激的性格让他认为一切都是因为士大夫无能。他渴求人才，对大臣们寄予极大的希望，这些希望有些已经超出了大臣们的能力，所以一旦崇祯对这些大臣感到失望，他就会对他们十分怨恨，想要杀掉他们。正是因为这样，崇祯在位的17年中，被他斩杀的大臣不计其数。崇祯曾感叹，说满朝无可撑局面之人，其实这种局面，从某种程度上来说，是他自己造成的。

在对待袁崇焕的问题上，崇祯也是同样的态度。最初他对袁崇焕寄予了厚望。袁崇焕在面见崇祯时曾对他说，在五年之内就能够收复辽东，这让崇祯十分高兴。但是这只是袁崇焕想要安抚崇祯的说辞，后袁崇焕在许誉卿的提醒下，更改了自己的说法。这让已对袁崇焕寄予了厚望的崇祯感到十分失望，袁崇焕也因为自己的不谨慎埋下了祸根。

袁崇焕有时行事鲁莽，让崇祯感到十分不快，其中最有代表性的就是袁崇焕杀了毛文龙。毛文龙虽然是一个贪功、冒饷、不肯受节制、难以调遣的人，但是他的存在确实起到了牵制清兵的作用。袁崇焕杀毛文龙之后，辽之东南战场从鸭绿江到旅顺的主要城镇、海港、海岛以及属国朝鲜，都先后被后金占领了，明朝痛失了大片的领土。毛文龙的部下尚可喜、耿精忠到处作乱，最后更是投降了后金。这些都足以让崇祯更加对袁崇焕不满了。

历经多次战败的明朝，需要的是休养生息，这时最好的办法就是守。但是一贯以天朝自居的明朝是不会接受这样的建议的。所以当袁崇焕提出议和时，自然引起了崇祯的反感。虽然后来袁崇焕小心翼翼地争得了崇祯的认同，但是崇祯并不希望被人知道自己在和后金对话，这会让他觉得颜面无光。所以袁崇焕和皇太极关于和议的书信都是私下往来的。这样的行为是非常容易让人抓住把柄，大做文章的。

崇祯三年十月发生的一件事让崇祯对袁崇焕更加感到不满，就是皇太极攻打明朝京师一事。这次事件本和袁崇焕无关，因为皇太极是率精骑十万，绕道察哈尔，避开袁崇焕把守的锦远防线，进入中原。在他们攻占遵化之后，得到消息的袁崇焕急忙赶来救援，于是后金的军队改道进攻了京师。袁崇焕又急忙来到京城，历经艰苦的抗击，袁崇焕终于赶走了皇太极的大军。但是护城有功的袁崇焕并没有被朝廷所理解，他们认为后金大军是因为袁崇焕的失职才得以攻入中原，更有人传言正是袁崇焕将清兵引到京城的。对于这些传言，袁崇焕没有很好地应对，这也就加深了崇祯心头的猜忌。

这些加在一起已经使得崇祯对袁崇焕十分不信任了，这时皇太极的反间计更是让崇祯的怀疑达到了最高点。但是反间计只是崇祯杀死袁崇焕的导火索，因为袁崇焕从下狱到处斩共用了九个月的时间，崇祯虽然偏激，但并不昏庸，他不可能察觉不到这是皇太极的反间计。但是此时他已经对袁崇焕失望透顶了，对他来说，即使有袁崇焕在，他的边疆依然不安稳，清兵依然能够大摇大摆地绕过山海关骚扰边境，这些都让他感到十分愤怒。再加上袁崇焕没有兑现他的五年承诺，这一切都成了崇祯处死袁崇焕的原因。

处死袁崇焕之后，崇祯也冷静地思考了很久。他在崇祯八年八月、十四年二月、十五年闰十一月、十七年二月，先后四次下诏，可以说他对自己的行为也是十分后悔的，但是生性多疑的他始终无法做到与将士共甘苦，最终他只能在满朝无人、群臣负我的想法中等来了明王朝的覆灭。

| 杨贵妃死得没那么浪漫 |

公元756年，"安史之乱"爆发。叛军安禄山大举攻入长安，唐玄宗李隆基带领嫔妃及贴身侍卫连夜仓皇出逃，于第二天到达陕西境内的马嵬坡。此时随行的将士骤然发起叛变，杀死了当朝宰相杨国忠，随后又将矛头指向唐玄宗最为宠爱的杨贵妃。众将士神情激愤，一定要杀杨贵妃以绝后患，万般无奈之下，唐玄宗不得不"命力士赐贵妃自缢"。

有人说，杨玉环可能死于佛堂。《旧唐书·杨贵妃传》记载：禁军将领陈玄礼等杀了杨国忠父子之后，认为"贼本尚在"，请求再杀杨贵妃以绝后患。唐玄宗无奈，与贵妃绝别，"遂缢死于佛室"。《唐国史补》记载：高力士把杨贵妃缢死于佛堂的梨树下。陈鸿的《长恨歌传》记载：唐玄宗知道杨贵妃难免一死，但不忍见其死，便使人牵之而去，"仓皇辗转，竟死于尺组之下"。

杨贵妃也可能死于乱军之中。此说主要见于一些唐诗中的描述。杜甫于至德二年（757）在安禄山占据的长安，作《哀江头》一首，其中有"明眸皓齿今何在，血污游魂归不得"之句，暗示杨贵妃不是被缢死于马嵬驿，因为缢死是不会见血的。还有人说她是吞金而死。总之，各种说法不尽相同。

一年后，唐玄宗派宦官改葬贵妃，结果去的人只带回了贵妃生前携带的香囊，从此民间流传出贵妃遗体失踪，贵妃可能没死的惊天奇闻。于是，一千多年来，人们纷纷猜测杨贵妃自缢是由其侍女代替的，而贵妃本人却乘机化装潜逃到了别的地方活了下来，甚至有人说杨贵妃随"遣唐使"逃到了日本。今日的马嵬坡上重建的贵妃墓馆也只是一座衣冠冢。四川天国山脚下的红梅村有一座千年古墓，村里人世代流传着这是一座贵妃墓。经过挖掘，事实与村民的传说相去甚远。一千多年前的马嵬坡上究竟出现了什么意外？贵妃遗体失踪，贵妃可能没死的传闻是真的吗？

关于墓中的香囊，人们在查找史料的时候发现了新旧《唐书》两种不同的记载。在《旧唐书》里说：肌肤已坏，而香囊犹在。而《新唐书》里却只有：香囊犹在。也就是说只有香囊，而不见了贵妃的遗体。

倘若叛乱的将士没有在杨贵妃死后去检验她的遗体，那是否预示一千多年前的马嵬坡上真的会有什么意外的情况出现呢？那件神秘的挖墓事件所产生的疑惑一直困扰着人们，贵妃的遗体为何消失得无影无踪了呢？倘若她的肌肤已坏，去的宦官为何不改葬她呢，却只带回了她生前佩带的香囊？

关于杨贵妃东渡日本的说法也是传得沸沸扬扬：当时，在马嵬驿被缢死的，乃是一个侍女。禁军将领陈玄礼惜贵妃貌美，不忍杀之，遂与高力士谋，以侍女代死。杨贵妃则由陈玄礼的亲信护送南逃，行至现上海附近，扬帆出海，飘至日本久谷町久津，并在日本终其天年。

日本也有种种说法。日本山口县"杨贵妃之乡"建有杨贵妃墓。1963年有一位日本姑娘向电视观众展示了自己的一本家谱，说她就是杨贵妃的后人。2002年，日本著名影星山口百惠在接受媒体记者采访时，竟然声称她是杨贵妃的后裔。对这个爆炸性的新闻，人们感到无比震惊，杨贵妃的后人怎么可能跑到日本去呢？当年的贵妃莫非真的逃离了大唐转道东瀛了吗？更多的人宁愿相信这只是山口百惠的炒作行为。

随着时间的推移，关于杨贵妃之死的传说愈来愈生动。如今有许多学者都试图解开杨贵妃的身死之谜，甚至花费了大量的时间、财力和精力，但事情已经过去了一千多年了，杨贵妃早已灰飞烟灭，化成了泥土，无处可寻，"云想衣裳花想容，春风拂槛露华浓""回眸一笑百媚生，六宫粉黛无颜色"的历史已经一去不复返了。

其实，杨贵妃是生是死的传闻之所以争论不休，一方面是因为史料的记载粗略不详，另一方面是因为许多文人墨客的浪漫描述给世人带来了无限的希望与幻想。

| 柳如是自缢的真实原因 |

在明清易代之际，曾出现过一位著名的歌妓才女。她气质高雅，才色并茂，有着强烈的爱国民族气节。在明王朝面临危难之际，她尽全力资助和慰劳抗清义军，因此名气很大，她就是柳如是。

柳如是生于明万历五十年（1622），幼即聪慧好学，但由于家贫，从小就被卖给一个名妓做养女，妙龄时流落青楼。崇祯十四年，刚过20的她嫁给了东林党领袖钱谦益。康熙三年（1664）五月二十四日，钱谦益去世。随后几天，柳如是也悬梁自尽，结束了自己的一生。那么，这位才艺双绝的明末名妓自缢的原因到底是什么呢？

有些史学家认为，因为受到他人逼迫，柳如是才选择自尽，这种说法是有一定道理的。柳如是嫁到钱家时，钱谦益的原配陈氏还在，另外还有几房侍妾。但是，随着柳如是的到来，钱家的经济大权逐渐掌握在她的手中，这自然会引起钱氏族人的不满。所以，钱谦益刚刚去世，争夺家产的斗争也就随即爆发，这就是"钱氏家变"。

钱谦益尸骨未寒，族人却要瓜分他的财产，并且聚众大闹。原配陈氏与其他侍妾失宠多年，早就对柳如是恨之入骨，因此趁着这个机会，每日堵门叫骂不绝。即使柳如是散尽千两白银，但众人还是喧闹如故。柳如是几经斡旋，终不成功。

丈夫去了，柳如是失去了依靠，而族人的无理取闹，也让她失去了生活的希望。于是她吮血立下遗嘱，然后解下腰间孝带悬梁自尽，追随钱谦益于九泉之下。

另外，还有一些史学家认为柳如是与钱谦益的感情深厚，因此殉节而死。但是，从史料中我们知道，在某些事情上，柳如是对丈夫的做法是极其不满的。例如，当清军兵临城下时，柳如是想要钱谦益与其一起投水殉国，钱谦益先是沉默不语，然后才走下水池试了一下水，说："水太冷，不能下。"柳如是则"奋身欲沉池水中"，最后被钱谦益硬托住而获救。

清军统一天下后，钱谦益作为明朝遗臣，又是一方名士，必定会引起新政权的注意。于是柳如是再次劝钱谦益以死保节，但钱谦益犹豫再三，最终答应了清廷召他入京为官的要求。

钱谦益的一生中有许多污点。虽然他后来辞掉官职，不再为清廷效力，但柳如是对他的这些所作所为仍然耿耿于怀。当钱谦益晚年不得意，说"要死"时，柳如是甚至嘲讽说："当初不死，现在已经晚了。"所以，柳如是为钱谦益殉节一说并没有多少说服力。

名妓陈圆圆魂归何处

山海关战役后，吴三桂从李自成手中夺回陈圆圆。随后他被清政府封为平西王，陈圆圆也跟着他去了云南。那么，之后的陈圆圆经历了哪些事情？她的结局如何呢？

史学界流传的一种说法是，陈圆圆年老色衰，好色的吴三桂对她心生厌倦，转而疼爱"四面观音""八面观音"（吴三桂宠妾的绰号）。看破红尘的陈圆圆立意吃斋念佛，不与他人争宠。虽然她还住在吴三桂的寝宫，但独处一室，常年吃素，与外事隔绝，与"出家"无本质区别。

还有一种说法，当清兵攻破昆明城时，吴三桂之孙吴世璠服毒自杀，而吴世璠的妻子与陈圆圆均自缢而亡，或陈圆圆绝食而死。清代文人孙旭在《平吴录》中记载："（吴三桂叛乱失败时）桂妻张氏前死，陈沅（圆）及伪后郭氏俱自缢。一云陈沅不食而死。"《平滇始末》也说："陈娘娘、印太太及伪皇后俱自缢。"又有人说，陈圆圆在吴三桂兵败后，没有自杀或者绝食而亡，而是在昆明归化寺出家做尼姑，法名"寂静"。

直到1983年，贵州岑巩县的考古工作者提出"陈圆圆魂归岑巩"的说法。据称，在岑巩县水尾镇马家寨狮子山上有一个土堆，便是陈圆圆的墓。墓碑上刻有"故先妣吴门聂氏之墓位席，孝男：吴启华；媳：涂氏；孝孙男：仕龙、仕杰；孙媳：杨氏；曾孙：大经、大纯……皇清雍正六年岁次戊申仲冬月吉日立。"原来，马家寨的人全部姓吴，是吴三桂的后代。当年，吴三桂兵败，其爱将马宝将陈圆圆与吴三桂的儿子吴启华偷偷送至思州（今岑巩）。后来，吴启华为纪念马宝的救命之恩，也为躲避清朝政府的追杀，就改姓马，其居住的寨子就叫马家寨。陈圆圆死后，家人不敢明目张胆地写她的名字，便采用暗语。"先妣"指已经去世的母亲；"吴门"即指代吴家，也表明这里所葬之人是苏州人，古时候苏州亦称吴门；"聂"可看作"双耳"，陈圆圆本姓邢，后跟养母姓陈，邢和陈都带有"耳"字旁，且"双"字含有美好、团圆之意，因此"聂"暗指陈圆圆；"位席"有正妃之意，表示其地位崇高。于是墓碑上"故先妣吴门聂氏之墓位席"可以理解成"母亲苏州人氏陈圆圆王妃之墓"。但后来有人根据史书记载，"马宝在楚雄继续对抗，最后兵败被俘，被押送省城，终被凌迟致死"，认为马宝没有去过思州。

一代美女陈圆圆究竟是看破红尘出家为尼，还是为吴三桂殉情，抑或吴三桂兵败后她隐姓埋名生活数年？至今，史学界也没有定论。

第六章

除了胜败，战争还有许多迷之细节

武王伐纣，日子不确定

商纣王后期，昏庸无道，过着穷奢极欲的生活。他耗费巨资建鹿台，造酒池肉林，致使国库空虚，又听不进任何反对意见，杀贤臣、宠小人，渐渐失去人心。这时候，周武王伺机而动，联合西方11个小国会师孟津，对商朝发起了进攻。周武王在进军到牧野的时候，举行了誓师大会，他列举商纣王的诸多罪状，鼓动军队与商纣王决一死战。牧野离朝歌仅70里，直到此时，商纣王才意识到了自己的危险。他停止享乐，召集诸大臣商议对策。由于此时商朝的军队主力不在都城，一时也调不回来，纣王只好将大批的奴隶和俘虏组织起来派到了牧野。由于这些奴隶和俘虏非常痛恨纣王，所以一到牧野，他们就集体倒戈转而杀向纣王。纣王当然无法抵挡，在牧野大败，连夜逃回了朝歌。自知无力回天的纣王登上鹿台放火自焚，周武王攻下朝歌。这就是著名的武王伐纣。

武王伐纣发生的时间处于商周交替，是中国历史年代的一个关键点。但是由于那个时代史书的编纂只记王不记年，所以关于武王伐纣的具体时间，一直存在争议。史学家们众说纷纭，但是却都无法给出有力的佐证。时至今日，关于武王伐纣的时间，史学界提出的说法不下20种，但是说法越多，越让人觉得扑朔迷离。

历史学家胡厚宣曾在《古代研究的史料问题》中列举了史学界对武王伐纣年代的一些说法，基本都集中在公元前1130年到公元前1047年之间。在胡厚宣所列举的这些年代里，影响最大的应该是日本天文学家新城新藏提出的前1066年的说法，他所提出的这个年代曾被范文澜的《中国通史》和齐思和的《中外历史年表》等采用。除此之外，梁启超所提出的前1027年的说法也曾在史学界流行一时，他主要是根据《史记·周本纪》裴骃《集解》所引的年代推算的，他的说法曾被陈梦家的《西周年代考》、郭沫若的《中国史稿》、翦伯赞的《中国史纲要》等引用。

之后，关于武王伐纣的时间问题又有过好几种说法。1979年黄宝权和陈华新提出武王伐纣发生在公元前1029年。之后不久，天文学家张钰哲根据《淮南子·兵略训》结合对哈雷彗星出现历次时间的推断提出是前1057年。1981年，何幼琦通过对《小盂鼎》和《庚嬴鼎》铭文的研究，提出了前1039年的说法。

在何幼琦提出前1039年的说法之后，赵光贤连续发表了好几篇文章，推翻了他之前所认定的前1057年说，而提出了前1045年的说法。他找了非常多的资料为自己的观点进行论证，其中包括古本《武成》、今本《逸周书·世俘》、《尚书·召诰》、《尚书·顾命》、金文《何尊》、《令彝》、《小盂鼎》、《五祀卫鼎》、《九年卫鼎》等。1990年4月21日，北京文物局召开了新闻发布会，会上，北大教授侯仁之就采用了何幼琦所提出的这种说法。

1995年，"夏商周断代工程"被列为"九五"重大科研项目。5年之后，发布研究成果的时候，研究者们提交了一个范围和三个结果。一个范围是前1050年至前1020年，而三个结果则是前1046年、前1044年和前1027年，其中研究者们最倾向于前1046年。而曾参与研究的中国科学院国家天文台副研究员李勇最近又对这种说法提出了质疑。经过对一些资料的研究和分析，他认为武王伐纣的年代范围应该为前1040年至前1030年。他坦言，尽管这一结果可能不是绝对的，但是他首创的两种新的天文年代学方法却一定能在类似的研究中起到非常大的作用。

上古时期史料的匮乏，给今天史学界对武王伐纣年代问题的研究造成了许多的困难，以至于史学界至今依然难以统一说法。

| 秦始皇的兵工业太先进了 |

河南省西平县是战国时期韩国的领土，考古人员在这里发现了大量古人炼铁的遗迹，这些遗迹证明铁器的生产在当时的韩国已经有了一定的规模。然而，从秦始皇陵中出土的四万件兵器却都是用青铜铸成的，这有点让人匪夷所思。

关于荆轲刺秦，《史记》中有这样一段描述：

轲既取图奏之，发图，图穷而匕首见。因左手把秦王之袖，而右手持匕首揕之。未至身，秦王惊，自引而起，绝袖。拔剑，剑长，操其室。时恐急，剑坚，故不可立拔。

是说荆轲拿着匕首刺秦王，秦王绕柱逃跑，试图拔剑反击，但是因为剑太长，没有拔出来。青铜材料非常容易折断，所以青铜剑不宜做得太长。秦国人难道连这么简单的道理都不懂吗？

1974年，考古人员在秦始皇陵兵马俑坑中发现了大量兵器，通过这些兵器，人们逐渐了解秦军强大的秘密。在这些兵器中，有一把青铜铸的长剑，它的长度超过了91厘米。可见，司马迁在《史记》中对秦王拔不出剑的解释是有一定道理的。

在以近距离搏斗为主的古代，一旦发动战争，长剑显然会比短剑更有优势。但是，秦国人是怎么解决青铜剑易折断的问题的呢？研究者通过对秦剑进行化学定量分析发现，秦剑的铜锡配比非常好，这种配比恰巧可以让青铜剑的柔韧度和硬度达到一个最好的状态。

统一六国之后，为了对付剽悍的匈奴骑兵，秦国人又发明了一种叫弩的兵器。弩的射程非常远，与弓不同的地方是弩上弦的时候是用脚蹬的。有人估计，弩的射程能达到300米，而且在150米之内都具有很强的杀伤力。而发射弩的扳机也设置得非常精巧，弩的扳机用一套非常灵巧的机械传递，扳机上的牙（挂钩）在放箭瞬间会忽然下沉，所以使用者用很小的力气就能扣动扳机，但扣动扳机所用力气的大小对射击的准确率有很大的影响。秦国人所设计的这种扳机让弩相对于弓来说有了很大的优势。

在兵马俑坑中，考古人员还发现了很多箭头，这些箭头几乎都是三棱形的，拥有三个锋利的棱角。与其他箭头不同的是，秦军的箭头没有翼面，这样的箭头虽然不如带翼面的凶狠，但是却比带翼面的更加精确，因为翼面容易受风影响而使箭头偏离目标。研究人员对秦军所用的箭头分析之后发现，这是一种近乎完美的流线型箭头，它的三个弧面几乎一样。子弹外形的设计是为了降低飞行中的阻力，而秦军所用的箭头轮廓跟子弹几乎一样。以此可以判定，古代的秦国人已经掌握了关于空气阻力的一些规律。

秦国的兵器不仅在设计上非常精巧，在制作上也非常规整。研究者从出土的兵器中发现，不管是弩还是箭头，秦国人都是批量生产的。由于有统一的标准，秦军兵器的部件可以互换。在战场上，士兵所用的兵器某部分如果损坏了，那么他只要换掉坏的部分就可以继续使用了。

研究人员在出土的兵器上发现很多文字，这些文字大都是人名。秦朝宰相吕不韦编撰的《吕氏春秋》上说：物勒工名。所以，这些兵器上的人名应该都是制造者的名字。而巧合的是，兵器上出现最多的人名就是"相邦吕不韦"，所以，当时作为丞相的吕不韦应该是兵工业的最高监管人。据相关研究人员推测，在兵器上刻上制造者的名字也是为了方便找到有质量问题兵器的负责人。

秦军之所以可以一统天下，除了将士本身的英勇善战之外，很大程度上也得益于秦国高超的兵器制造水准。在别国还处于蒙昧无知的状态时，秦国人就以他们的智慧创造出了令后世震惊的兵器。

|井陉之战，多亏背水之军|

在以近距离交锋为主的冷兵器时代，排兵布阵是每个希望有所建树的军事将领的必修课，因为科学的排兵布阵对战争的胜负起着极其重要的作用。井陉之战让韩信千古留名，后世的军事家们争相模仿，但是大部分却只得了战败身死的结局。那么，在井陉之战中，韩信究竟是如何排兵布阵的？

井陉关是太行山北部的重要军事关隘，位于石家庄以西大约40公里的地方，"四方高，中央下，如井之深，如灶之陉"，自古就是军事家们排兵布阵、生死对决的"生死攸关"之地，可谓"一夫当关，万夫莫开"，而韩信带着区区3万新兵要攻克的正是这道被20万赵军把守的险关。

素以"韩信用兵，多多益善"著称的韩信，在面临多于自己好几倍的赵军时，本就压力颇大了，更何况，赵军又守着天险，可谓占据了天时、地利之宜。面对这样实力雄厚的赵军，打持久战显然是不明智的，因为赵军比他们耗得起。所以，韩信选择了速战速决。

井陉关口有两条河，一条南北流向，一条东西流向。这两条河在井陉关前交汇，形成了一片状如半岛的平坦地带，而这块平坦地带的正面正好朝向赵军所在的方向。韩信认为，如果直接攻打赵军，不说人数上的优势，赵军光是依靠地理上的优势就能让韩信失败。所以只有把赵军引到井陉关前的平坦地带，让他们丧失地理上的优势，这样才有获胜的可能。如果把赵军引到半岛地带决战，对韩信来说，还能消除来自侧翼和后方的威胁，这是极为有利的。

还有一个很重要的原因也决定了决战地点必须选在半岛地带，那就是他所带领的是那些没有作战经验，作战能力不强的新兵。他认为指挥这些新兵就像"驱市人而战之"，面对这些"市人"般的新兵，韩信自然忧心忡忡。一旦开始作战，这些士兵的士气如何激发，军心如何安抚，都是非常棘手的问题。而且还有很关键的一点，如果留有退路，这些士兵肯定会因为畏惧而选择逃跑。这样，韩信一方就必败无疑了。

出于对这些问题的考虑，韩信将决战地点定在了半岛地带。为了诱敌下山，他先是将他的主帅身份暴露，等赵军下山之后，又佯装失败，一直后退，直到把敌人引入半岛地带。

就这样，韩信在这场战争的开局，就通过对地形的利用，巧妙地化不利为有利了。陈馀进入半岛地带不久，就意识到了韩信背水之阵的厉害。首先是那些背水之兵，个个都非常拼命，顽强奋战。自己所带的赵军数量虽远远多于背水之军，但是由于战场非常狭长，赵军无法从侧面包围韩信的军队，所以真正能跟韩信一方交锋的战士其实非常少，赵军完全显现不出人数上的优势。意识到自己的军队处于不利的地位，陈馀决定收兵回营，另作计划。但是，出乎他意料的是，韩信事先在抱犊山上埋伏了两千名轻骑兵，早在他带领赵军倾巢出动以后，这些轻骑兵就偷袭占领了赵军位于井陉关的大本营。

陈馀眼见赵军老营遍插汉军军旗，一时无法判断汉军到底有多少人，不知如何应对。而他带领的士兵们此时见前方无法突破背水阵，后方老巢又被占领，觉得大势已去，纷纷四散奔逃。就这样，韩信取得了井陉之战的胜利。

井陉之战充分展现了韩信的军事才能，也为他后来拿下赵国创造了非常好的条件。

王莽真有巨毋霸相助

巨毋霸是汉朝王莽主政时的一位巨人，他不仅力大无比，而且能役使猛兽。关于他，史书上是有一些记载的。尽管如此，长期以来，人们对历史上是否真有巨毋霸这个人却还是抱着怀疑的态度。

据《汉书·王莽传》记载，新莽六年，天下大乱，匈奴扰乱边境，国内又义军四起。值此危难时刻，任夙夜太守的韩博向王莽推荐了一名大将，韩博告诉王莽："有奇士，长丈，大十围，来至臣府，曰欲奋击胡虏。自谓巨毋霸，出于蓬莱东南，五城西北昭如海濒，辒车不能载，三马不能胜。即日以车四马，建虎旗，载霸诣阙。霸卧则枕鼓，以铁箸食，此皇天所以辅新室也。愿陛下作大甲高车，贲育之衣，遣大将一人与虎贲百人迎之于道。京师门户不容者，开高大之，以视百蛮，镇安天下。"

根据韩博的说法，巨毋霸身高一丈，腰围有十围，一般的车子他坐不下，三匹马拉不动他，一般的门他也进不去。这样的身材，简直可以称得上是巨人。汉朝时，一丈约合现在的231毫米，而一围则是用手指围成圈的长度，大约为20厘米。这样说来，巨毋霸的身高大约为2米31，腰围大约为2米，确实是个又高又壮的巨人。这种身材，即便是今天也很少看到。而这也是人们怀疑他是否存在的一个原因。

后来，据《后汉书·光武帝纪》记载，巨毋霸不仅身材高大，而且还能役使猛兽。新莽四年，王莽的政权风雨飘摇，纵观全国，四处都是揭竿而起的义军，其中以绿林军和赤眉军的队伍声势最为浩大。绿林军推举汉朝宗室后裔刘玄为王，并竖起了光复汉朝的旗帜。王莽非常恐慌，害怕不尽快消灭绿林军的话，会有更多人聚集在复辟汉王朝的旗帜下。于是，他组织了一支40万的大军开始向绿林军主力进攻。据记载，这支队伍是以巨毋霸为垒尉的，同时他还赶了虎、豹、犀牛、大象等猛兽来助威。后来司马光编写的《资治通鉴》也引用了这条史料，由此可见，史学家们是承认巨毋霸的存在的。

但是《汉书·王莽传》中关于韩博推举巨毋霸的另外一段描述似乎又否定了他的存在。当时王莽欲独霸天下，他倒行逆施，引起朝野上下的不满，而此时义军四起。这时有很多人对王莽忠言直谏或暗寓相讽，而韩博就是对王莽暗寓相讽的人之一。王莽字巨君，而"巨毋霸"三个字合起来，就是"巨君不要霸占着天下"的意思。也正是因为这层理解，王莽非常厌恶韩博，并下令将他逮捕入狱，后又以"非所宜言"为罪名将他斩首弃市。这一段记载又说巨毋霸是韩博凭空捏造的，实际上并无此人，否认了巨毋霸的存在。

而关于巨毋霸能役使猛兽的说法也颇值得怀疑，当时王莽攻打绿林军的时候，巨毋霸任垒尉之职，那么他的主要职责应是修筑营垒，而驱使野兽冲锋杀敌的工作并不在他的职责之内。

历史上到底有没有巨毋霸其人，他究竟有什么才能，过着什么样的生活？对于这些问题，言之凿凿的正史资料都相互矛盾，我们只能寄希望于未来史学家们的研究了。

｜关羽败走麦城，刘备诸葛亮为何不救｜

东汉建安二十四年（219）七月，驻守荆州的蜀将关羽，因受到刘备取得汉中胜利的鼓励，而意图攻打襄樊，扩大战功。

八月，适逢襄樊两地洪水泛滥，曹操派来增援襄樊的于禁七军被淹，关羽趁机将驻守樊城的魏将曹仁围困在城内。

在此紧要关头，曹操与孙权联合。孙权先是佯装派陆逊前来参战，使得关羽掉以轻心，抽调荆州守军，结果中途陆逊急转至陵夷以防刘备增援，东吴大将吕蒙则趁机直取荆州，策反了蜀将傅士仁和糜芳，并切断汉水，以防关羽由水路逃走。襄樊这边，曹操派出张辽、徐晃增援曹仁，徐晃到前线时设计动摇蜀军军心，大破关羽。曹仁又趁洪水退去的时机出兵切断关羽粮草供应线，战场上的形势出现大逆转。

十月，关羽撤兵西回，率残部驻守麦城。当时军中人心惶惑，孤立无援，关羽只得坚守麦城。孙权派人诱降关羽，关羽假意称降，在麦城城墙上伪造守军森严的假象，自己带领十几个兵士跟随，逃出麦城。

当关羽逃至临沮时，不幸被吴将抓获，并被立即处死。

历史上著名的大将关羽，就这样在一场败仗中结束了自己的一生。后人大多为这位盖世英雄感到唏嘘惋惜，然而仔细思考这场战役的背后，一些不那么英雄、不那么光彩的真相却渐渐浮现了出来。

在建安二十四年七月到十月期间，关羽先是水淹七军，大破魏军，然后又大意失荆州，败走麦城，最后弃城逃跑，半路被杀。长达三个月的时间，却没有看到刘备有任何增援的行动，被派去阻拦刘备的陆逊也没有遇到刘备援军从蜀地前来增援。

那么，是什么原因致使刘备在三个月的时间里都没有派兵增援他的二弟关羽呢？这个问题只要稍微向前追溯一下，就可以找到一些蛛丝马迹。

刘关张三人，自桃园结义之后便同甘苦、共进退，于乱世之中奔走四方，创建功业。然而在刘备借用东吴荆州之前，他们并没有一处足以立足发展的根据地，直到刘备取下汉中，这才有了长足发展的资本。而这时，刘备的首要任务是整顿内部，建立一个比较稳定的政治集团。马超、赵云、黄忠、诸葛亮这些人都好说，本来一开始就是幕僚，现在直接转换为臣属就可以了，而与刘备拜过兄弟的关张二人则不是那么好处理。

张飞还比较好办，虽然是刘备三弟，但是还是很尊敬刘备的，名为兄弟，实为臣属，相比之下，关羽就不那么好定位了。当时关羽镇守的荆州，虽然并不是什么富庶之地，局势也比较复杂，但这是刘备在取得汉中之前的大本营，刘备将如此重要的地方交给关羽驻守，足见关羽在刘备集团内部的地位超群。只是，这种地位，在刘备没有称王之前还是可以存在的，刘备称王之后，其他人都成为臣子，关羽的地位就有些危险了。

这一点，从刘备给关羽的封号就可以看出端倪。

刘备称王之后，拜关羽为前将军、黄忠为后将军、张飞为左将军、马超为右将军。表面看来关羽位于四位将军之首，而实际上，关羽的地位和黄忠、马超是一样的。对此，张飞没有什么异议，关羽却不满意了："大丈夫终不与老兵同列！"

对于关羽的这种不满，刘备并没有妥协，这就说明，在刘备称王之后，暴露了他"家天下"的帝王思想。

所谓帝王思想，就是臣子必须忠诚于君王，天下是君王的天下，臣子不过是君王的家仆而已。在这种思想影响下，刘备手下的这些文臣武将都要服务于刘备这个君主，不可以出现与他地位同等的人。关羽生性骄傲自负，恐怕没有考虑过刘备的这种心理。在刘备称王之后，仍然以为他与刘备的地位平等，这本身就不是人臣该有的想法，而刘备如果顺应了这种想法，给关羽一个高出众将的名衔，则大大不利于他自己的团队建设。因此，不管关羽如何不满，怎么发牢骚，刘备都不会妥协。

另外，刘备称汉中王的时候，已经是年近60岁的人了，对于王位传承的问题也多有考虑，幼主刘禅并无大才，如果刘备死后出现强臣夺权的事件，那么刘家的天下很容易就会易主。出于这个目的，刘备也不可能抬高关羽的地位，为自己儿子将来的统治造成阻碍。

因此，刘备对关羽出兵襄樊的举动并不是很赞成，主要是不希望关羽扩大战功，建立威望。那么在关羽失掉荆州，腹背受敌的时候，袖手旁观，坐等关羽铩羽而归、威名受损也是自然而然的举动。

而作为刘备的臣子，诸葛亮在揣摩到主公的心思之后，自然也就三缄其口，对关羽的危难不闻不问了。

只是，战争一旦开始，总是有很多变数，刘备虽然不希望关羽建立军功，但是还不至于想害死他而自损羽翼，结果关羽被吴军斩获，应该也是出乎刘备意料的吧。

| 淝水之战真的是以少胜多吗 |

五胡十六国时期，前秦统一了北方。南方由司马睿建立起了东晋，盘踞江左一带，南北双方形成了对峙的局面。公元383年，前秦与东晋在淮南淝水展开了一场"规模惊人"的大战，史称淝水之战。在这场战役中，前秦百万兵马居然输给了东晋十万兵马，在历史上颇为罕见。

前秦天王统一了北方各少数民族之后，就开始积极准备南征东晋。公元383年五月，苻坚不顾前秦丞相王猛临终遗言以及群臣的反对，决意攻取东晋。苻坚甚至扬言，以此百万强兵，"投鞭于江，足断其流"。八月，苻坚以苻融、张蚝、慕容垂等步骑25万为前锋南下，苻坚随后率步兵60万、骑兵27万从长安出发，旗鼓相望，前后千里，东西万里，水陆并进。崔鸿于《十六国春秋·前秦录六》中记载："八月戊午，遣……步骑二十五万为前锋。甲子，坚发长安，戎卒六十余万，骑二十七万，前后千里，旌鼓相望。"

面对前秦的凶猛攻势，东晋任命谢石为征讨大都督，谢玄领北府兵为前锋都督，与谢琰、桓伊等人共同率领8万军队抵抗秦军，又另派将领胡彬领5000水军增援寿阳（今安徽寿县）。十一月，谢石、谢玄和刘牢之在谢安的指挥之下，由刘牢之率北府精兵5000人强渡洛涧，袭击梁成军营，临阵斩杀梁成等10员将领，又分兵截断淮河渡口。秦兵步骑一时崩溃，落水而死的就有15000人。缴获了秦军丢弃的大量军资器仗，强渡洛涧取得大胜的晋军乘胜追击，水陆并进，声势大振。全军推至淝水东岸，与秦兵隔河对峙。苻坚在寿阳城上目睹晋军布阵严整，心中暗暗吃惊。又见淝水东面八公山上草木摇动，以为都是埋伏的晋兵，不由连连感叹："此亦劲敌也，何谓少乎？"。当秦晋两军夹淝水布阵之时，为速战速决，谢玄便派人向苻融提议说："两军隔河对峙并非长久之计，不如将军往后退一步，让我军渡过淝水，一决胜负如何？"苻坚认为我众敌寡，如果乘晋军渡江之时，向晋军发动进攻，必能取胜。于是同意了谢玄的提议。但是当秦军下令后退时，全军军心大乱，众多秦军将士都以为是前锋战败，顿时，秦军争相逃命，自相践踏。谢玄、谢琰、桓伊等率领晋军渡河猛攻。晋军一鼓作气，追击秦军至寿阳30里外的青冈。一路逃亡的秦军听到风的吹拂声与鹤的呼叫声，都以为是追兵到了，昼夜不敢停息，最后只有10多万人逃回北方。淝水之战，以少胜多，从此扬名于中国军事史。

但是近年来，史学家们通过对史册的研究，对淝水之战以少胜多提出许多新的疑虑。

1.前秦百万军队是否真的有一百万？史学家认为百万只是一个虚数，实际数量并无百万。第一，虽然苻坚已经统一北方各少数民族，但是从人口总数估计，拥有百万雄师的可能性并不大；第二，假设前秦真的拥有百万军队，也不可能全部派往前线，至少要留一些驻守各地重镇；第三，这年五月，苻坚就派遣儿子苻叡率兵进入襄阳和蜀地以抵抗晋军，苻叡也就带走了前秦的一部分兵力。所以百万之师的说法值得怀疑。

2.真正参加淝水一战的前秦军队有多少人？淝水之战中，结集在淮淝一带的秦军其实就只有苻融率领的30万军队。这30万人还被分布在了郧城至洛涧的500里战线之上。也就是说，真正驻扎在淝水的军队也不过10万人。但是，晋军的8万人几乎都参加了淝水一战，再加上晋军本来就在长江中游地区布置了很雄厚的兵力，因此真正与前秦交战的晋军在人数可能达到十二三万人左右，要比前秦军队的10万人多出很多。所以，历史上所谓的"以少胜多"其实并不可信，应该是"以多胜少"。

真悲催，三征高丽无功而返

公元581年隋建立后，高丽王高汤遣使向隋朝称臣，高汤遂被封为高丽王。8年后，隋灭陈，一统中土。当时的高汤见到中土统一，深知自己将面对自西晋以来第一个统一且强大的隋朝，以后的日子恐难安稳，于是便积极备战整军，广积粮草。

隋文帝闻知极为不满，责问高汤："辽河再广阔，比长江如何？高丽人再多，能比得上陈国吗？我如果心存不义，对付你能费多少力气？之所以告诉你这些，是希望你改过自新，理解我的用心，你自求多福吧。"高汤看到诏书大惧，奉表谢罪后竟然病死了。高汤之子高元即位，心中对隋有着嫉恨，遂率万余靺鞨骑兵攻打辽西，结果被击退。隋文帝大怒，正欲征讨，高元慌忙遣使谢罪，上表自称"辽东粪土臣元"，这才令隋文帝罢兵。

公元604年，隋炀帝杨广即位。为了炫耀武力，隋炀帝修东都洛阳、大运河，南征越南，北巡塞外，派兵突厥。大业七年，炀帝北巡涿郡，命高丽王亲自朝见，但高丽王却没敢来。隋炀帝以高丽不遵臣礼为由，下令全国的士兵次年征讨高丽，紧接着命人督工在东莱海口造战舰300艘。民工昼夜立于水中造船，很多人自腰以下都生满蛆，工匠也因此死掉三分之一。隋炀帝又发江淮以南水手一万人、弩手三万人、岭南排刺手三万人，再令河南、江南造戎车五万乘送高阳，命江南民夫运米至涿郡。一时间船舻千里皆满载兵甲器物，路上几十万人填溢道路，昼夜运输战具、粮食，死者相枕，天下骚动。

大业八年，隋炀帝第一次征伐高丽，左右12军名目纷繁，共113万余人，号称200万，加上隋军役夫近300万。隋炀帝自以为"吊民伐罪，非为功名"，下令诸将不得纵兵、不得擅杀、听候指示、不可擅自做主，以此宣扬天朝大国的威仪仁义。襄公之仁，不料反被高丽所乘。

隋军出征，一开始很顺利，渡过辽河后在东岸歼灭高丽军万余人，直抵辽阳城下。隋朝诸将怕被皇帝责难，每次作战事无巨细都一一禀报，结果导致命令批准迟缓，延误战机。而守城的高丽人在情势危急时总是诈降，等到隋军一停止进攻就马上修补城池，以至于隋军频战频失。另一支由隋将公孙述率领的大军为了赶路，弃粮轻装前进，士兵走到半路就没粮食吃，又饥又寒之下，竟还能一日七胜。隋军自恃骤胜，未等歇息整装，就贸然东渡济水，距平壤城30里依山为营。

可是平壤城坚池深，易守难攻，公孙述的士兵无粮，又冻又饿，只好退师，结果高丽军自后追击，隋军溃不成军。隋军其他各路军也相继败北，隋炀帝一征高丽以惨败告终，隋军损失30余万人。

公元613年，隋炀帝亲征高丽，此次隋军包围辽阳城，昼夜不停地猛攻20余日，辽阳岌岌可危。此时，隋军后方负责督运粮草的杨玄感突然叛乱，本来已经有望征服高丽的隋炀帝不得不撤兵回国平乱。撤军路上，将军资、器械等尽数丢弃。就这样，隋炀帝第二次征高丽只落得一个半途而废，无功而返的结果。

公元614年，隋炀帝三征高丽，隋军在卑沙城大败高丽军。高丽与隋接连三年的战争，国力早已不支，几乎到了山穷水尽的地步，只好向隋炀帝称臣请和，并且送还了逃到高丽的杨玄感叛乱时的叛将斛斯政。隋炀帝也因疲于征服高丽，正愁没有台阶可下，刚好借着高丽的投降举动适时收兵，同时也挽回前两次失败之辱。加之此时隋朝早已因征高丽而怨声载道，天下骚动，"群盗蜂起，不可胜数"。遂罢兵许和。

纵观隋之三伐高丽，本都是胜券在握，却两次惨败，原因就在于隋炀帝好大喜功，急于证明自己的英明，没有耐挫能力，在失败的打击面前乱了方寸，造成近百万生命的损失和帝国巨大财富的浪费，最终把国力消耗得近乎空竭。虽然隋朝损失的人口对本国并没有致命影响，但百万之师所需粮草、运输之人力却耗费繁多，一时间引发了民间耕稼失时、官府侵逼、连年兴兵无尽的兵役、徭役繁重等多重社会矛盾，间接导致隋末之变，乃至亡国。

| 迅猛的瓦岗军为何灭不了隋 |

瓦岗军是隋末农民起义军队中战斗力最强的队伍，曾给隋朝以重创，但最终未能夺取政权，而是军队溃散，降于唐朝。

大业七年，东郡韦城县人翟让因犯罪而入狱，狱吏黄君汉私自释放了他。翟让逃亡瓦岗聚众起义。同郡的单雄信、徐世勣也都纷纷加入，势力逐渐增强。他们在永济渠沿岸劫夺来往船只，以致"资用丰给，附者益众"，起义队伍逐步扩大起来。

大业十二年，贵族出身的李密，在参加杨玄感起兵失败后，投奔瓦岗军。李密较有政治眼光，他建议翟让积极发展势力，扩大影响。翟让重视李密的建议，首先攻取了荥阳。荥阳是中原的战略要地，向东是一片平原，向西是虎牢关。虎牢关以西的巩县有隋的大粮仓洛口仓。取得洛口仓不仅可以得到大量的粮食，而且已逼近东都洛阳。夺取荥阳是瓦岗军发展势力的重要一步。

面临强大的瓦岗军，荥阳太守杨庆无可奈何，隋炀帝特派"号为名将""威震东夏"的张须陀为荥阳通守，镇压瓦岗军。李密认为张须陀勇而无谋，遂建议翟让与张须陀正面对战，佯装败北逃走。李密率精兵埋伏在荥阳以北的大海寺附近，张须陀紧跟翟让十余里，到大海寺以北的林间时，李密伏兵四起，隋军陷入重围。张须陀本来掉以轻心，突如其来的强兵，使他措手不及，战败被杀。此役一败，隋军"昼夜号哭，数日不止"。可见，这次瓦岗军的胜利是对隋炀帝政权的沉重打击。

大业十三年二月，瓦岗军攻取洛口仓，并开仓济贫，大量贫苦农民加入起义军。隋朝在洛阳的越王杨侗派遣虎贲郎将刘长恭率军2.5万人前往镇压瓦岗军。翟让、李密预先侦知了隋军的动向，作了周密的部署。刘长恭对瓦岗军的情况则一无所知，看到瓦岗军表面上人数不多，遂麻痹大意起来。瓦岗军乘隋军初来乍到，饿饥疲惫之时，大举进攻，致使隋军大败，死伤十之五六。刘长恭仓皇逃回东都。瓦岗军缴获大量的辎重器甲，力量壮大，声威大振。

同年四月，瓦岗军逼近东都城郊，攻破回洛仓（在今河南洛阳东北），致使东都粮食缺乏，陷入困境。九月，瓦岗军又攻破黎阳仓，开仓济贫，起义军又增加了20多万。这时，瓦岗军有数十万之众，控制了中原广大地区，达到了鼎盛时期。瓦岗军还公开宣布了隋炀帝的十大罪状，明确表示要推翻隋炀帝政权。

由于李密在屡次作战中所发挥的作用较大，其威望也就越来越高，翟让遂主动把领导权让给了李密。后来，翟让的哥哥翟弘以及王儒信等人又劝翟让夺回领导权。如此一来，瓦岗寨的内部矛盾开始日益激化，以致最后李密不得不杀了翟让。

武德元年六月，宇文化及率江都隋军北上，瓦岗军虽然在应对宇文化及的作战中取得胜利，但也损失惨重。九月，东都隋军乘机发动进攻，瓦岗军全面失败，李密走投无路，于十月奔赴长安，向李唐投降。瓦岗军虽然失败了，但由于它是当时最强大的一支农民军队伍，在中原消灭了大量的隋军，割断了江都与洛阳的联系，迫使隋炀帝陷入江都孤岛，不能控制全国，间接促成隋朝的灭亡。

由此观之，正当瓦岗军日益强大的时候，领导集团内部的矛盾激化，军队被无形分裂，自我力量削弱，最终把自己逼上了末路。

| "陈桥兵变"，黄袍加身便罢兵 |

公元959年，后周世宗柴荣英年早逝。周恭宗即位，年仅七岁。朝中大权落在了殿前都点检、归德军节度使赵匡胤手中。公元960年元旦，传来北汉联合大辽南下攻打后周的消息。慌乱之中，后周符太后与宰相范质决定派赵匡胤出征迎战。赵匡胤率大军出发三日之后，到达开封东北的陈桥驿，并在此驻军休息。当晚赵匡胤醉酒而卧，而有拥立之意的将士却环立待旦。次日黎明，四周叫啸呐喊，声震原野，士兵们高呼："诸军无主，愿策太尉为天子。"部下高德怀把一件皇袍披在了赵匡胤的身上，拥立他为皇帝。赵匡胤在勉为其难中提出了同意当皇帝的几个条件：回开封后，对后周的太后和小皇帝不得惊犯，对后周的公卿不得侵凌，对朝市府库不得侵掠，服从命令者有赏，违反命令者诛族。得到将士们的答复之后，赵匡胤班师回朝。回到开封后，赵匡胤得到守备京城的禁军首领石守信、王审琦的帮助，不费一兵一卒，夺取了后周帝位，建立大宋。

从史书记载来看，赵匡胤在整个陈桥兵变事件之中，一直处于被动的位置，似乎是情非得已才坐上皇帝宝座。但是，经过后人仔细研究发现，陈桥兵变其实是一场由赵氏家族预谋已久的篡权事件。

第一，在后周得知辽国与北汉联军南下攻打后周之时，满朝文武无不慌乱。宰相范质请赵匡胤出征之时，赵匡胤却以兵少将寡为借口推托，最后范质只得把朝廷最高兵权交赵匡胤。所以，陈桥兵变时赵匡胤手中几乎掌握了后周全国兵马。

第二，据《涑水纪闻》等书记载："及将北征，京师喧言：'出师之日，将策点为天子。'故富室或挈家远避于外州，独宫中未之知也。"由此可知，陈桥兵变不是一次偶发事件，而是有预谋的。赵匡胤大军离开后不久，后周京城谣言四起，说赵匡胤才是真命天子。谣言的力量不可小觑。在后周世宗在位之时，赵匡胤就曾利用谣言，使驸马张永德被免去了殿前都点检的职务转而由他接任。这次故技重施，使得后周朝廷文武百官慌作一团。这也是赵匡胤的杰作，就是为了造成朝廷的慌乱，同时也使得自己在军队之中更有声望。

第三，皇袍从何而来？古诗有云："黄袍不是寻常物，谁信军中偶得之。"古代私藏皇袍是死罪，如果不是预先准备好，军中怎会临时有皇袍？

第四，赵匡胤陈桥兵变，黄袍加身之后，就马上班师回朝，可是他此次出征的目的是迎战汉辽联军，怎会如此轻易就回朝呢？"千秋疑案陈桥驿，一着黄袍便罢兵"。史书中既没有记载关于辽兵入侵的任何结果，也没有记载北宋出征的任何情况，这一场所谓的战争奇迹般地消失在史册里。由此可以认定，汉辽入侵的军情有可能是为了配合赵匡胤兵变自立而谎报的。

第五，《宋史·杜太后传》记载，杜太后得知其子黄袍加身后，没有因为这欺君罔上、诛灭九族的大罪而感到惊慌，反而还说："吾子素有大志，今果然。"司马光《涑水纪闻》也记载，杜太后说，"吾儿生平奇异，人皆言当极贵，又何忧也。"这个"大志"，应该就是做皇帝。

第六，以当时的历史条件分析，后周皇帝年幼无知，根本没有能力带领部下一统江山。对于将士们来说，就算拼死拼活立了大功也无人知晓。他们迫切需要推出一个有威望的人，而且是能够真切地体验到他们劳苦的人出来领导他们。赵匡胤显然是具备了条件：他是军人，能够体验将士们的劳苦；他有威望，能够使人信服；他掌握着禁军的领导权，手里有军队。

所以，陈桥兵变的发生并不是偶然，它既是赵匡胤故意为之，又是历史发展的必然。

| 养不起战马的北宋 |

宋太祖赵匡胤建立北宋政权之后，积极地把国家军事的统领之权收归皇帝所有，因而发生了"杯酒释兵权"的事件。"杯酒释兵权"虽然有利于北宋国家政治统一、防止内乱，却也大大削弱了军队战斗力。因此一直以来，人们都把这个原因当成了宋朝军事力量弱小的主因。

但是，仔细分析宋代的历史和环境，会发现宋代不堪一击的背后，还有另外一个重要的原因——宋朝没有大规模饲养战马，也没有组建一支强大的骑兵军团。可想而知，在冷兵器时代，骑兵在机动性和冲击力方面相对于步兵具有天然的优势。南方农耕民族的步兵在面对具有先天军事优势的北方游牧民族的骑兵军团之时，几乎不堪一击。既然骑兵具有如此大的作用，那么强敌环绕，渴望一统天下的宋朝为何不养马呢？

首先，宋朝国境之内，没有适合养马的场地。饲养战马，必须具备三个条件：一是饲养场地必须辽阔，需要大片的牧场供马生长繁衍；二是必须饲养体力较好的成年公马；三是，饲养战马需要比较寒冷的气候。三个条件缺一不可。在古代中国适合养马的主要地区有两个：西北和东北。汉唐两朝都曾在西北大规模饲养战马，因此汉对匈奴、唐对突厥的战役之中，中原王朝都能取得重大的胜利。但是，对于主要领地在黄河以南的宋朝来说，气候湿润温暖，并不适合养马，国土境内已经找不到合适的大片牧场饲养战马。而真正适合养马的西北和东北地区早已被其他少数民族政权所占领。北宋王朝只有先夺回这两片地区才有可能建立大规模养马场。但是，军事实力较弱的北宋王朝，没有骑兵军团的帮助，仅靠步兵又如何能赶走这些强悍的骑兵呢？

其次，生态环境的破坏。相对于汉唐两朝的养马场地来说，宋王朝疆土之内确实没有适合养马的场地。实际上，靠近西北地区的甘肃东部和陕西大部分地区，也是北宋的疆土。汉王朝就曾在这片地区养过马。关中平原这片地区在历史上发挥了巨大的作用，许多王朝都曾在这片地区建都，最为著名的是汉唐长安城。作为一个国家的首都及其辐射之地，关中平原曾经的繁华富庶可想而知。可是繁华背后是以巨大的资源消耗为代价的。生活在这里的达官贵人为了维持生活水平，必然需要消耗大量的粮食、燃料和草料，这就造成了周边地区植被严重破坏。有消耗就有输出，如此密集的人口消耗输出，必然导致生态环境被严重破坏，生态系统自我修复功能也逐渐降低。就像整个东北黑土地被消耗殆尽之后，黑土无法再生一样。关中地区的生态环境破坏之后，恢复也相当困难。而且汉朝曾在这里大规模养马，养活一匹马相当于养活6到7个人。如此大的投入，给关中地区的粮食供应带来巨大压力。这种压力在生态环境上的表现，就是大规模开垦，当地生态环境受到的破坏程度可想而知。经过历代王朝建都的破坏，以及汉代养马的消耗，到宋朝时，关中周边的植被破坏很可能已经达到了无法支持大面积养马的程度。

综上，宋朝之所以不养马，既是由于北宋版图之内没有适合养马的地方，也是由于关中平原的养马潜力早已被历代王朝消耗利用殆尽，生态环境的破坏不再适合养马。

| 辽将萧达凛死得很意外 |

宋真宗景德元年（1004），宋辽两国以举国之力开战。宋朝由宋真宗御驾亲征，辽国由萧太后统帅三军，在澶州等地进行了一场决定两国百年命运的战争。战争的结果是签订了一个历史上著名的盟约"澶渊之盟"。

澶渊之盟的内容主要是：宋朝向辽国缴纳岁币10万两白银，20万匹绢；两国结为兄弟友邦；两国约定在边境各驻守军，各守疆界；两国边境的百姓不得互相侵扰，如果有盗贼在边境流窜，两国军队没有得到对方允许不得越境追捕；两国固有的城池可以仍旧归本国驻守，不可以另建新城，开挖河道。

乍看来，宋朝向辽国缴纳大笔的岁币，澶渊之盟是以宋朝的屈辱让步达成的，但是，仔细思考的话，不难发现，如此大规模的战争，辽国得到的结果仅仅是一些钱财，却要放弃此后百余年入侵宋朝边境、大肆掠夺的权利，似乎并不划算。

但是，宋辽两国由于长期征战，致使国家经济发展受到阻碍，且宋军以步兵列阵为主，善守城，不善奔袭；辽军以轻骑兵为主，善奔袭，不善守城。两军交战，边境城池频繁易主，却并没有什么实质性的土地得失，如此长年累月，就连两边的将领也出现了厌战情绪。

面对这种局面，宋辽两国君主都有一种一劳永逸的想法，因此，这场战争能够使两国君主亲征，出动全国军事主力，就足以说明战争的目的不在于谁把谁灭掉，而在双方有个足够的理由谈判，商量出一个两国相处的方法。

那么，向来觊觎宋朝富庶的辽国，怎么会以如此低的价码答应议和呢？这其中的原因究竟是什么，需要仔细研究探寻。

表面看来，很多人认为是辽国名将萧达凛的阵亡，使得辽军士气低迷，就连萧太后也在回朝之后罢朝五日，以悼念萧达凛的殉国。但是，萧达凛的死亡，真如历史上记载的那样简单、偶然，仅仅因为在其督军作战的时候，被一个宋军中的小兵用床弩射中额头，抬回军营之后不久就气绝身亡了吗？

任何历史的偶然，都有其深层次的必然。萧达凛作为辽军主将，却死得如此轻而易举，实在让人匪夷所思，这其中应该另有原因。

早在澶渊之战发起之前，宋辽两国另一个战场就已经硝烟弥漫了。历史上，任何一场正面战役，都离不开暗中的谍战交锋，宋辽两国的这场战役自然也不例外。

当时，宋朝情报网已经相当完善，暗中截获了大量的辽军作战情报，这从战争开始之前，宋军调动其战略预备队"广锐军"15000余骑前往河北这一举动，就可见其早已获知辽军要南下的战略意图。

当然，辽国也派出了大量的间谍潜入宋朝军队及朝廷各处。但是，辽国的情报头目马珠格勒在战役中被擒，使得辽国情报网被大面积地摧毁。在《续资治通鉴长编》中记载，马珠格勒被擒后，供出了他手下的很多间谍，随后被宋朝方面一一斩杀。

这一事件是宋辽两国谍战势力对比的分水岭，从此以后，辽国间谍网基本上已经不能和宋国谍报机构抗衡了。按照《辽史》中的记载，辽对宋的间谍抓捕行动收效甚微，只是零星地抓获几个不重要的小角色，真正的宋朝大间谍则一直潜伏在辽国内部，甚至就在统治集团内部的小圈子里。

在澶州战役爆发前，曾有这样一件小事。当时的宋真宗近卫军中有一个不在编的小军官张皓，被指派到大将石普手下担任传令官的职务。在赴任途中，张皓被辽军活捉了，不过被俘的张皓并没有受到什么虐待，反而在萧太后的授意下，被很好地招待了一番之后放回宋朝，并让张皓将辽国希望与宋朝议和的信息传达给宋朝官员。

张皓回到宋营，遇到主管宋军西北方面军的内侍周文质。周文质在听到张皓的禀报之后，立即连夜与宋军的指挥官李继隆、秦翰商讨对策，而李继隆等也对此做出了积极的应对，将士兵整军列队，并把强弩手安排在各个军事制高点上。

至此，事情的端倪就露出来了，只是一次小军官被敌军俘虏后放归，传达敌方议和信息的小事件，为什么会受到内侍周文质以及宋军指挥官们的如此重视？是否是这个小军官在敌营被俘期间接到了潜伏在辽国内部的宋军间谍的情报？由于史籍中记录不明，具体情况无法证实，但是，张皓曾对周文质说过辽军要在第二天发兵："言彼谋以迟明来袭。"从这一句话中，可以确定张皓确实是带着辽军的军事情报来找周文质汇报的。

果然，次日辽军对宋营三面合围，轻骑兵由宋军的西北方向突进。要知道，在军事战斗中，主攻方向是非常重要的军事机密，非内部决策人员不得知，而周文质正是负责宋营西北方向防守的官员，这种巧合的偶然性实在是微乎其微。

在辽军主力进攻宋营的时候，萧达凛亲自督战，结果中了宋军埋伏，被一个小小的威虎军头张继用床弩一箭毙命。

一系列的巧合，足以说明事情并非巧合，正是宋军情报网的得力，使得辽国名将萧达凛命丧沙场。正因如此，辽宋两国的和谈得以快速达成共识，澶渊之盟因此签订。

| 如何训练出这样的蒙古骑兵 |

蒙古骑兵向来所向披靡，百战百胜，攻城略地，少有败绩。那么，他们为何能征善战呢？蒙古人打起仗来有许多办法，并且也善用策略，蒙古骑兵服从、骁勇、顽强的精神是他们胜利的最重要因素。蒙古骑兵纪律严明，即使因小事违反军纪，也动辄受笞刑或死刑。所以，蒙古骑兵打起仗来非常勇猛，快速灵活，当然所向披靡。

骑兵的勇敢是从小训练出来的，他们三岁大就被绑在马背上，从此一生几乎都在马背上度过。蒙古马气力、耐力也非常惊人，驮着骑者能日行120公里，而且途中只需要休息一次，喝水进食。这样使得蒙古军队占尽优势，他们能迅速集中兵力，从而可以造成人马众多、声势浩大的假象。

蒙古军队的组织异常严密，而且调动起来灵活迅速。一万名战士分成十个千人队，一个千人队分为十个百人队，这万名战士由大汗的一个亲戚或亲信指挥。两万人可组成一军。另外，大汗会亲选一万名"体格矫健、技能好"的人，组成精锐的"护卫军"，在平时分为四班守卫，战时随大汗出征。

虽然全军的统一命令由快马下达，但是将在外君命有所不受，个别将领在作战时享有极大的自主权力。军队消息非常灵敏，在大军前面有斥候部队，随时将敌情送回军队总部。

而且在斥候部队前面还有大量敌后探子，他们潜入敌城打探情报，扰乱人心。蒙古人特别喜欢结交商人，并招募商人从事谍报工作，可能是大多数商人唯利是图，比较容易收买吧！

此外，蒙古大汗还有一种最有力的武器，就是计划周详、时时刻刻对敌人施行心理战术。如果大汗想攻取的城市不愿意投降，那么，他们最终一定逃不掉屠城的下场。当时最大而兴盛的撒马尔罕和内沙布尔两城，就由于这个原因先后被夷为平地，居民无一幸免。这个消息传开后，别的城市就不敢抵抗。但是有的城市即使投降也不一定能避过厄运。基辅城中的俄罗斯王公投降前虽得到宽大保证，但最后还是被扔在饮酒祝捷的桌下活活压死。阿富汗西北边境赫拉特城的居民在听到赦免消息后走出城外，却被全部杀死，整座城也被夷为平地。

蒙古人虽然有时候不免会杀伤无辜，有时还驱赶老百姓到阵前做挡箭牌，却并不轻视被他们征服的民族，反而热衷于学习。但是最后，他们却逐渐沉溺于养尊处优的生活中，失去了游牧民族的活力。

| 被"豆腐渣工程"害惨的忽必烈 |

忽必烈雄心勃勃，南征北战，想将全世界都踩于脚下。公元1274年，忽必烈想率兵征服日本，但因在海上遇到了强台风，无功而返。回到中国后，不甘心失败的忽必烈于公元1281年，第二次东征日本，没想到这次依然遭遇台风，无法登陆，忽必烈只得再次返回。如此，日本又逃过一劫。

后来，日本民间流传开来这样一个故事，说在元朝时期，蒙古入侵者的船只在"神风"的阻挠下，才没有进入日本。所以日本对神风顶礼膜拜，数百年间，他们一直认为是"神风"救了他们。

但是在英国《新科学家》周刊的一项考古文章中，科学家们却提出，当日阻拦忽必烈的并非是什么"神风"，而是元朝拙劣的造船工艺和设计，令元朝船队在海上行驶时，葬身大海。

忽必烈第一次东征日本时，他命凤州经略使忻都、高丽军民总管洪茶丘，以900艘战船，1.5万名士兵，远征日本。一开始，元军势如破竹，很快占领了对马、壹岐两岛，继而侵入肥前松浦郡。日军节节败退，眼看就要守不住阵地了，但是当日军退到太宰府附近时，元军的军舰却在一次夜间的暴风雨中被海浪打翻了两百余只。

按说军舰应当是由最坚固的材料制成的，暴风雨应当不会对其造成什么影响。但当台风来临，暴雨倾盆的时候，元军将舰队停泊在博多湾口，船只在风雨中飘摇撞击，无法保持平衡，而相互撞击的力度，使得许多船只破损，进而导致了沉没。

那次暴风雨使得元军死亡兵卒达1.35万人。兵力大损的元军不得不退回本土，日本这才逃过一劫。日本将那次战役称为"文水之役"。第二次东征，依然是相同的原因，元军在最后关头功亏一篑。

看似是上天帮助日本，但从后来对打捞上来的蒙古战舰的残骸研究中可以发现，这些战舰做工粗糙，质量十分低劣。很多战舰上的铆钉过于密集，这就说明这些材料是反复利用过的，需要加固才不至于碎裂。

而根据史料记载，这些战舰大部分都是忽必烈命令高丽王朝建造的。高丽王朝并不热衷修建战舰，他们认为修建战舰会增加他们的兵役，因此建造军舰时，并不认真，很多情况下都是敷衍了事，质量自然不能保证。

军舰的粗制滥造，无法抵御海浪的冲击，再加上台风来袭，暴风雨加剧，更让这些本就脆弱的船只无法进行战斗。忽必烈估计一定没有想到，他的雄心壮志最后竟然是破灭在"豆腐渣工程"上的。

抗倭英雄怎奈被历史遗忘

明朝实行海禁制度，禁止海上的一切贸易往来，使得当时东南沿海地区倭寇横行。倭寇出现，必然就有人抵抗倭寇的行为，抗倭英雄就此出现。说到明朝的抗倭英雄，许多人都能想到戚继光、俞大猷等抗倭名将，却很少有人知道在这两个响当当的名字之前，还有一位战功卓著的抗倭英雄胡宗宪。

明嘉靖年间，东南沿海地区最著名的两大倭寇集团是汪直和徐海集团。胡宗宪抗倭的主要功绩就是成功剿灭了这两个倭寇集团，给东南海疆带来了长时间的安宁。

胡宗宪这样一位有功于朝廷的人物，本应该被历史铭记，可令人不解的是，他在历史上的名声远远不及俞大猷、戚继光，这是什么原因呢？

胡宗宪的抗倭经历主要从他担任浙江巡按监察御史开始，后来很快被升为兵部左侍郎兼都察院左佥都御史，取代了浙江总督张经，总督浙江、南直隶和福建等处的军务。在这段时间里，他为明朝抗倭事业做出了重大贡献。胡宗宪的军事才能是值得肯定的，但他却是一个失败的政客。他能在如此短的时间内得到如此大的升迁，是因为与工部右侍郎赵文华关系密切。

赵文华是严嵩的义子，而严嵩是中国历史上继秦桧之后的第二大奸臣。所以在他人眼中，胡宗宪已经属于严党。这就是尽管胡宗宪战功卓著，但仍然遭人诟病的主要原因。

事情是这样的：浙江总督张经因没有投赵文华所好，而被陷害致死，而胡宗宪极力讨好赵文华，得到了升官发财的机会。胡宗宪有没有伙同赵文华共同害死同是抗倭名将的张经，不得而知。但是张经死后，胡宗宪取代了张经的位置，这是世人所共知的。好事不出门，坏事传千里，这就成了胡宗宪人生最大的污点。

伴随胡宗宪抗倭经历的，是他多次遭到弹劾。胡宗宪为了保官保位，多次通过赵文华重金贿赂严嵩，得到严嵩的帮助。被弹劾期间，严嵩多次帮助他化险为夷。善恶到头终有报，嘉靖四十一年（1562），作恶多端的严嵩倒台了。"树倒猢狲散"，胡宗宪再一次遭到政敌的弹劾，失去了官位。皇帝念其战功，留胡宗宪一条生路。对于胡宗宪本人而言，事到如今，能求得一条生路已很不容易，告老还乡、隐居乡野是他最好的选择。可是，"树欲静而风不止"，一封胡宗宪曾经写给严世蕃的贿求信件，又将胡宗宪送进了大牢。这一次，胡宗宪就没有以前那么幸运了，在大臣们反复罗织的罪状面前，胡宗宪不愿再受辱，公元1565年愤然自尽，时年54岁。

胡宗宪遭后人诟病，还有另外一个原因，便是他侵吞军饷、生活奢侈。他出任浙江总督期间，聚敛了数额巨大的钱财。对于老百姓，也额外加赋，竭力搜刮。老百姓早已怨声载道、切齿腐心了。这些从老百姓身上搜刮来的民脂民膏都被他用来挥霍以及贿赂严党了。胡宗宪在民间的声誉极差，这也是他被后人遗忘的原因之一。

为了招降祖大寿，皇太极接受背叛

公元1631年七月，皇太极为实现清军入关、一统中原的愿望，走出了入关战略的重要一步——亲率大军攻大陵河城。大陵河城是战略要地锦州的门户，并由明朝祖大寿率兵1.6万余人守城。

皇太极率兵围城三月，祖大寿弹尽粮绝，为了城中1.6万将士与3万百姓的安危，祖大寿投降了。皇太极对祖大寿极为礼遇，不顾他人的劝阻接受了祖大寿的智取锦州之计，放祖大寿回锦州。就像皇太极所说："朕以诚待他，他必不负朕。即使他负朕，朕在所不惜，要的就是心悦诚服。"

然而，令皇太极始料未及的是，祖大寿失信了。回到锦州城的祖大寿，彻底地断绝了与皇太极的联系，甚至不顾送给后金军作人质的儿子祖可法，以及部将30余人的性命。面对祖大寿"我绝对不做失信之人"的誓言，皇太极却表现出了空前的宽容和耐性，依然厚待祖大寿的儿子和部将。

历史总是在不经意间显示出其戏剧性的一面。十年之后，清军进攻战略要地锦州城，守卫锦州的依然是祖大寿。因为锦州城是山海关最后的屏障，攻下锦州，就好比是一把利剑直抵明朝的咽喉。皇太极从满洲贵族的特殊利益和满族本身的具体历史情况出发，决定屯兵义县，将其作为攻取锦州的前沿阵地和后勤基地。面对"塞上之兵，莫劲于祖大寿之兵"的形势，皇太极悉心采取了《三国志》曹丕的话："坐而降之，其功大于动兵革也。"明朝降将张存礼也为皇太极献上了一计：将明军内部的蒙古兵作为争取对象，里应外合就可轻而易举地夺取锦州城。

皇太极的对手依然是祖大寿，采取的方法依然是围城。这次围困让祖大寿又想起十年前的大凌河之围。与大凌河城一样，锦州城也陷入了孤立无援、弹尽粮绝的境地，而城内还有部分有意归降清军的蒙古将领，可谓内忧外患。崇德七年（1642）农历二月十八日，洪承畴在松山被俘，松山失陷，祖大寿等待明朝援军的希望破灭，又受到已经投降清军的两个兄弟祖大成和祖大乐的劝导，无奈之下，于公元1642年农历三月八日再次投降清军。这一次皇太极依然对祖大寿礼遇有加，祖大寿被皇太极的诚心所感动，真正地投降了清军。如果说第一次投降是祖大寿无奈之下的背叛，那么第二次他就是真心归降了。

但是，在有了祖大寿第一次投降时的背叛，皇太极为何还要再次招降祖大寿呢？

皇太极深知祖大寿在军事上的价值。祖大寿抗清20多年，有多少满洲人都是在"取祖大寿项上首级，夺南朝花花江山"的梦想中长大的，祖大寿是一代满人在军事上的精神目标。而且对皇太极的雄图大业来说，锦州之后的下一个战略目标就是重镇宁远。宁远总兵、辽东提督吴三桂统率关外明军，成为清军的最大阻力。但是，祖大寿却是吴三桂的舅舅，可想而知，祖大寿在对吴三桂的战役中具有举足轻重的作用。皇太极招降祖大寿的真正目的其实就为了吴三桂，就像欧阳修所说的"醉翁之意不在酒"。

对内压制火器发展，对外便要挨打受辱

众所周知，火药是中国发明的。中国火器的研究和使用也一度领先于他国。明朝的时候，中国对火器的生产和应用程度超过了之前的历朝历代。国人更是创制了地雷、喷筒、手铳、水雷、大炮等数十种火器，又于弘治年间自主发明了开花炮弹。然而在清朝时发生了彻底的转变，中国火器不仅没有发展反而大踏步地倒退。为什么会出现这种现象呢？

满人入关后，出于对汉人的防范，开始限制科技的发展，尤其是可以应用于军事的科技。因为当时军队中的汉人数目远远超过八旗军的人数，清朝的统治者为了防止汉人大量拥有先进武器后开始造反，干脆禁止他们接触先进的军事科技。其实早在入关之初多尔衮就立下规定：大炮等当时先进的火器只有八旗军可以使用。按照这一规定，上百万的清王朝军队中，只有一部分能够装备火器，这也是清朝军队的火器装备程度一直处于较低水平的原因。在世界许多国家的军队大踏步地向热兵器迈进的时候，清军始终脱离不了冷兵器时代，清军的火器更是处于世界低端水平。由于清军对火器的需求量极低，无法拉动军火制造业发展，也无法刺激军事科技的进步，这样一来，逐渐形成了一种恶性循环，致使清朝的火器发展越来越落后。接触火器的人少了，的确可以防止汉人造反，但也导致研究发展火器的人随之减少，从而延缓了清朝火器的发展进程。

清朝不仅对军事科技成果的应用严加限制，还对汉人在科技方面有研究成果的人才进行打压，出身于明末火器制造世家的戴梓就是一个受害的典型。他自幼就投身于火器研制，后又加入清军，为清军创制和装备了"威远将军炮"、子母炮，为清朝击败"三藩"和准噶尔势力立下汗马功劳。戴梓还向清朝献上了自己发明的一种与机关枪原理一致的连环铳，一次可发射28颗弹丸，被军器史家认定为世界上最早的机关枪。但是，戴梓不仅没有因此获得荣华富贵，反落得一个悲惨的命运。康熙帝听信谗言，将戴梓发配到辽东，终结了他的武器研制生涯。戴梓在辽东被迫以卖字画为生，一生贫寒，郁郁而终，而他发明的连环铳也没能流传下来。

综上，清朝政府对先进火器使用的限制和对精通火器制造的汉人的打压，是这一时期火器发展大大滞后的主要原因。

|冷兵器战胜热兵器的奇迹|

火药是中国的四大发明之一。早在宋朝，中国人就围绕着火药开发一系列的热兵器——火器。火器威力奇大，因此当时的宋、金、蒙都争先添置。

当时，较为著名的有类似今日炸弹的"震天雷"和如今枪械类武器的始祖"突火枪"。而那时候，西方人尚不知火器为何物。

震天雷出现于北宋末年。从外面看，它与一个普通的大铁球没什么两样，但它的上面插了一根大铁球所没有的引信，而它的里面塞满了火药。震天雷爆炸后，无论是四处飞散的铁片，还是它燃起的火焰，都足以伤人。震天雷可以用投石器投掷，所以引信的长短要看投掷目标的远近。金天兴元年（1232），蒙古人攻打汴京，金守将赤盏合喜，"其守城之具有火炮名'震天雷'者，铁罐盛药，以火点之，炮起火发，其声如雷，闻百里外，所爇围半亩之上，火点着甲铁皆透"。

与震天雷相类似的，是"霹雳炮"。霹雳炮是北宋首都开封的火药制造厂"火药窑子作坊"生产的武器。靖康元年（1126），金人围攻汴梁，宰相李纲坚守不屈，"夜发霹雳炮以击贼，军皆惊呼"。

金朝的女真人和蒙元的蒙古人，都是马背上的民族，他们打仗，多以骑兵为主。若将震天雷、霹雳炮等投入马队、马阵中，胆小的马儿必定给吓得长嘶短叫，四蹄翻飞。因此，无论是赤盏合喜以之对付蒙人的骑兵，还是李纲以之抗击金人骑士的攻城，都收到奇效。

除震天雷外，还有突火枪。突火枪与今天的枪械类武器非常相像，当然，它非常粗糙，不可能像AK-47那样精巧。现在的枪械都是金属制造的，可是突火枪的枪身却是一个巨竹筒。把子窠（类似今天的子弹）装进突火枪内，再通过引信点燃火药，在火药的冲力作用下，子窠就从筒内飞出，打伤、打死敌人。如果火药的量加的合适，突火枪的射程可达150步（230米），比一般的弓箭要强上不少。不过，突火枪的缺点也是非常明显的，因为装火药比引箭上弦费时、费力得多。所以它被采用、上战场的机会非常少。

到了明代，火器有了长足的发展，式样也多了起来。主要的火器，除了突火枪的进化版鸟铳和火铳以外，竟然还出现了威风赫赫、威力无比的远程武器——火炮。

无论是体型还是口径，火炮都远远大于鸟铳。火炮的内部，可以填充石、铅、铁等"实心弹"，也可以填充"爆炸性"的弹丸。鸟铳的射程只有数百步，火炮却可以击中几里以外的目标，对敌人是很大的威胁。一般说来，火炮都是架在城墙上用来守城的，但把它放在车上，也可以用于野战，而把它放在船上，则可以用于海战。火炮的出现，使得很多战争的结果发生了逆转。明朝末年，努尔哈赤统领的八旗军是当时欧亚草原上最强大的骑兵，战无不胜攻无不克。不过当他率领剽掠如飞的八旗军南下攻打明朝时，却被守在山海关的蓟辽督师袁崇焕一炮轰死。这口轰死清太祖的大炮叫作大将军炮，匠人改进工艺，给它的炮管外增加了铁箍，所以它发射起炮弹来，就不会那么容易炸膛了。

明朝人虽然一直实施海禁，却也没有完全与外界断绝联系，他们从国外引进了一种非常厉害的炮类武器——红衣大炮。红衣，其实是"红夷"的谐音。所谓红夷，就是指荷兰人。那时候，西欧已经开始资本主义进程，无论是工业还是科技都爆发出巨大的能量，造出红衣大炮这种可怕的武器并不奇怪。

在此之前，中国人自己也能制造火炮，其原理与红衣大炮毫无差别。但因为我们的火炮多是用质软的铜金属制作的，炮管又薄，很容易在发射炮弹的过程中遇热变形、炸膛。红衣大炮就不同了，它的炮管厚度是旧炮的几倍——从炮口到炮尾逐渐加粗——管身也更长，又配备了可以用来调整射击角度的炮耳和用来瞄准的准星和照门。无论是在设计上还是工艺上，都大大优于我们自己制造的火炮。传说，红衣大炮最远的射程可达十里，在那个时代，这个数字可说是非常惊人的。

论单体攻击力，热兵器要远远强过冷兵器。不过，由于工艺和技术的原因，与冷兵器相比，热兵器的数量还是太少，而且其连射的速率也大大赶不上骑兵的机动性，所以是否用热兵器还不足以决定战争的胜负。宋明两朝虽然有着更加灿烂的文明，也有着"领先于时代"的热兵器，但还是挡不住蒙古人、女真人的来去如风的进攻，最终丢了江山。

| 中原王朝为什么总喜欢用和亲政策 |

恩格斯在谈到中世纪封建主之间的联姻现象时，曾直言不讳地说："结婚是一种政治行为，是借一种新的联姻来扩大自己势力的机会，起决定作用的是家世的利益，而绝不是个人的意愿。"伟大思想家如此精辟的结论，将几千年来世界各国古代和亲政策的实质道了个通透。

和亲，名义上是停止民族、国家战争，彼此捐弃仇怨、和平共处的外交手段。外表看似有着爱情韵味，实则是军事、政治协调策略的灵魂。和亲双方的决策人心中藏的都是叫对方"为我所用"的算计，而牺牲品就是那些没有话语权的女性。

纵观中国历史，早在周襄王（前651～前619）时期，欲讨伐郑国的周襄王怕自己实力不足，遂娶狄女为王后，联合戎狄兵力共同讨伐郑国，继而双方各自得到土地和财富。这是中国史料上可见的最早的和亲事件，很显然，如此和亲不过是双方为了赢得利益的需要。此后，无论汉唐还是宋、明、清，为了缓和边疆紧张的民族关系，和亲成了惯用的手段。也正因为如此，"一去紫台连朔漠，独留青冢向黄昏"的情景，便常浮现于茫茫荒野、枯山之间，化作诗人笔尖的凄美感叹，后人对此想象无限，但却如何能体会个中"梧桐秋雨"的悲凉。

今日我们所熟知的和亲，并不是为政者突发奇想的政策，它受到帝王青睐实则是有历史根源的。当一个国家的综合国力不足以轻松抵御外来者的入侵时，便会采取软化敌人的政策，一则以钱财诱惑对方，只要彼此和平相处，我方会奉上足够的金银珠宝供彼方享受；二则以和亲来表示尊敬、喜爱，我方嫁个公主、郡主给彼方，还把我方的发达技术教给彼方，彼方看在这些好处的薄面上，礼应和和气气地接受。一旦双方达成共识，还可以携起手来打击共同的敌人，将第三方拆吞入腹。

中国数千年里更替的各代王朝，皆居于风水宝地的中原，周边少数民族国家钦羡不已，都想到聚宝盆般的中原捞上一二。一旦中原王朝稍显弱势，例如汉代，采取和亲政策的目的便如上述所言一样，无非是求得周边的安稳。不过，和亲不仅仅是中原王朝的自保手段，在唐朝，它还是"以夷制夷"的手段，也是彰显国威的策略。

唐朝初期通过与突厥的和亲，招揽突厥贵族进入皇族，帝王赐其高官和财富。表面上看似突厥人受到优待，实际上是唐朝政府用"糖衣炮弹"来同化突厥，令其再无反抗之心。再者，有了突厥的支持，一些漠北、漠西的少数民族就不敢再轻举妄动，唐王朝也省去很多力气去应付外患。在当时，有许多弱小的少数民族还主动向唐室请求赐婚，愿做汉家女婿，从中原学习先进的生产技术和科学文化，以增强自身实力。

其实，总结和亲政策仍旧是一句话，攀亲双方无非是希望对方"为我所用"。一旦这种互相利用失去了平衡机制，某一方再无价值可言，和亲便再也成不了和平的手段，战争才是决定最后结局的方法。不过，我们不能否定和亲政策在客观上促进了中华各民族的政治、经济、文化上的交流，在不同时期，它的确保护了人们免受战争的折磨。

第七章

爱恨情仇，他们的绯闻很传奇

|“淫女”文姜的真实形象|

在中国古代历史中，有许多人都行走在风口浪尖之上，而春秋时代齐僖公的次女文姜，就是这样一个饱受争议的人物。

文姜，姓姜，无名，其以才华著称于世，所以被称为“文”。正所谓“一千个人眼里会出现一千个哈姆雷特”，对于这样一个才华绝伦、美艳惊人的女子，史书上也有着不同的记载。例如，在《诗经·有女同车》中，对她的评价是“彼美孟姜，德音不忘”；而在《诗经·南山》中，对她的评价却变成“鲁道有荡，齐子由归”。那么，历史上的文姜到底是一个怎样的人？

齐僖公出任齐国国君时，国力已经变得非常强盛，再加上公主的美艳绝伦，其都城临淄自然就成为诸侯王子必到的相亲之地。在众多的追求者中，能让文姜动心的只有郑国世子姬忽，两国也因此缔结了婚姻。

但是，没过多久，姬忽却听信文姜生性淫荡的传言，以“齐大非偶”为由，单方面撕毁婚约。对于文姜来说，这个消息无异于晴天霹雳。从那时起，她开始变得自怨自艾，以现代医学观点来看，当时的文姜很可能患上严重的抑郁症。

一个人在感情脆弱、心情郁闷的时候，最大的希望就是在别人那里得到心灵的慰藉。这时，文姜同父异母的哥哥姜诸儿乘虚而入，每日对她嘘寒问暖，体贴入微，时间长了，两人之间的兄妹之情竟然逐渐转变为儿女私情。

纸终究包不住火，这段乱伦之恋很快就传到了齐僖公的耳中。虽然在春秋时代，民风自然，对妇女还没有三从四德的束缚，但是，兄妹之间产生私情，在当时还是会受到道德家的谴责，因此这个消息让齐僖公伤透了脑筋。

恰在此时，鲁国国君鲁桓公派人来求亲，齐僖公大喜过望，立刻把文姜嫁到鲁国，并禁止她再回到齐国。

文姜在鲁国过了几年安分的日子，虽然心中对姜诸儿充满了思念，但是父命难违，她只能把无尽的思念深深地埋藏在心中。

到了鲁桓公十八年，文姜终于等来与姜诸儿重逢的机会。四年前，齐僖公早已一命归西，姜诸儿以世子身份即位，史称齐襄公。他邀请鲁桓公到齐国赴会，文姜自然陪同夫君一同回到齐国。

在齐国，文姜和姜诸儿旧情复燃，却被鲁桓公察觉，为防止事情败露，齐襄公派出力士彭生击杀鲁桓公。

得知鲁桓公的死讯后，鲁国宗室虽然怀疑其中必有阴谋，却也不敢出兵攻打齐国。这主要有两个原因：一是他们目前只是怀疑，对于国君的死因查无实据，自然也就出师无名；二是鲁弱齐强，贸然出兵，无疑是鸡蛋碰石头。在万般无奈之下，鲁国只好先稳定国内局势，由世子姬同继位，史称鲁庄公。

丈夫死了，文姜却不愿扶枢回鲁，而是希望暂住在边境地区，日后再返回鲁国。出于孝道，鲁庄公只好派人在祏地建造宫室，供母亲居住。齐襄公听说后，也派人在祏地附近的阜建造离宫，供她来游玩，至于两个人为什么这么做，那自然是醉翁之意不在酒。

然而，两人在一起厮守的日子并没有维持多久，齐襄公十二年，大夫连称、管至父伙同公孙无知将齐襄公杀害，逃亡在外的公子小白返回齐国，被立为国君，史称齐桓公。

政治上发生巨变，心上人也死于非命，文姜不得不返回鲁国，辅助儿子处理国政。这时，她表现出与其他那些被视为"淫女"之流所不同的一面，她在政治上表现出敏锐的洞察力，在外交上显现出左右逢源的智慧，在军事上也表现出过人的才能。正是因为有了文姜这样政治领袖型人物的存在，才使鲁国从一个人见人欺的小国，逐渐变成军事、经济强国，在诸侯战争中屡战屡胜，甚至在长勺之战中，一举击溃了强大的齐国，使齐桓公争霸斗争史上出现了一次少有的挫折。

因此，在人们因为文姜与哥哥的一段乱伦之恋而对其进行唾骂时，却不得不承认，她的确也是一个外秀内慧的奇女子。

|因为一个男人，丢了王朝|

中国历史上出现了不少因为迷恋女色而断送江山的皇帝，例如夏、商、西周、北齐等朝代，都是因为君主迷恋女色而丢了祖宗基业。但有一位帝王丢失政权，却是因为迷上了一个男人。

东晋十六国时期的前秦，就毁在皇帝苻坚和慕容冲之间的情恨纠葛中。

苻坚出身自五胡之一的氐族，是前秦开国君主苻洪的孙子。他性格古怪，从小就早熟，年龄与情商的增长一点也不成比例。在他七岁的时候，他就懂得如何帮助别人摆脱困境；在他八岁的时候，他的言谈举止就十分成人化，在一堆孩子中间，显得格外扎眼与不协调。

苻坚在八岁的时候，居然主动找到自己的爷爷，希望能给自己找一位老师，教自己读书识字。虽然对孙子的要求很诧异，但苻坚的爷爷还是为他找了一位老师。

苻坚很刻苦，很快便学得了一身好本领。在苻坚长大后，统治前秦帝国的是他的堂兄苻生。苻生是一个生性残暴、嗜杀成性的君王，每日上朝的时候，都要把杀人的铁钳、钢锯随身携带，如果哪个大臣说话不中听，或者不听他的话，当下就大开杀戒。这样一个皇帝必然不会受到欢迎，苻生上台不过数月，便成了全民公敌，人人都想得而诛之。在公元357年，苻生和苻坚之间的矛盾日益激化。为了保全自己，苻坚先下手为强，发动了政变，将苻生消灭，自己成为新皇帝，号"大秦天王"，定年号"永兴"。

在东晋十六国的君主中，苻坚是少有的英明皇帝。他曾被著名历史学家陈登原评价为："文学优良，内政修明，大度容人，武功赫赫。"苻坚也的确是有所作为，他在短短的十几年间，便基本统一了北方，令前秦达到了巅峰时期。

随后苻坚便率军进攻前燕，在公元370年的时候，前燕陷入了困境，新皇帝慕容暐年轻气盛，任意妄为，排挤能臣，导致朝中无人，最终在苻坚强大的攻势下，陷入土崩瓦解的困境。当时前燕的皇室许多人都成了前秦的俘虏，除了皇帝慕容暐，被前秦俘虏的还有他的弟弟中山王慕容冲和妹妹清河公主。

前燕建国者是鲜卑族，这个民族的人都有一个共同的特点就是皮肤出奇的白，所以这个民族的人也被称之为"白奴"。其中被苻坚掳走的慕容冲和清河公主虽然当时只有十二三岁，但都算是鲜卑族人里的极品。尤其是慕容冲，虽然是男儿身，但却生得唇红齿白，面如璞玉，令苻坚为之神魂颠倒。

自从见到这姐弟俩，这位战功赫赫的前秦皇帝对后宫六千粉黛便全都不放在眼里了，独独对这掳来的鲜卑族的姐弟俩给予厚爱，将他们一起送进宫里不分白天黑夜地宠幸起来。长安百姓们还对此编了两句歌谣："一雌复一雄，双飞入紫宫。"

从王爷到男宠，对于慕容冲来说这显然是无法磨灭的耻辱。从苻坚强迫他入宫的那天起，慕容冲的心里就埋下了复仇的种子。在苻坚享受着与慕容冲的恩爱时，他所倚重的宰相王猛看不下去了，规劝一番，才使苻坚极其不舍地把慕容冲放出了皇宫，做了平阳太守。苻坚本是爱慕慕容冲的，但慕容冲却将这段经历视为了奇耻大辱。

在14年后，慕容冲卷土重来，于公元385年打到长安城下。慕容冲攻势强悍，苻坚眼看城池守不住了，便拿出二人当年温存的旧衣服派人给慕容冲送去，希望能感动旧情人，结果却遭到了慕容冲的拒绝。

这位多情帝王不得已留下太子苻宏当替死鬼，自己领兵逃到五将山，但不幸被羌族首领姚苌杀死。而慕容冲攻进长安后，在城里大肆屠杀，一洗当日的耻辱。只怕苻坚最终也无法想到，自己是死在当日的一番多情之上。

秦始皇终身未立后，因为有心理阴影

秦始皇是中国古代史上第一个封建主义中央集权的皇帝。他13岁登基，22岁亲政，之后平定六国、一统天下，建立起第一个以早期汉族为主体的强大的多民族统一的封建大帝国——秦朝。但是，这样一个雄才伟略的皇帝，在他一生长达37年的统治中却没有立过一位皇后。

在封建体制之中，古代帝王的正妻被称作皇（王）后，妾被称作妃嫔。皇后只能有一位，妃嫔却可以有很多，正所谓"三宫六院、七十二嫔妃"。皇帝立后也是皇帝政治生活中的重要部分，国家也有相应的立后制度来组织这件事。国家选皇后的标准自然很高，除了端庄贤淑等传统要求之外，更多的是要能肩负起"母仪天下"的神圣使命。

既然皇后的作用如此之大，那么坐拥天下的秦始皇又为什么不立后呢？关于秦始皇这个"千古一帝"少了一个与之对应的"千古一后"的原因，众说纷纭。归纳起来，主要有以下几个方面：

1.秦始皇的母亲对他造成的阴影。

秦始皇是秦庄襄王子楚之子，姓嬴名政，出生于赵国都城邯郸。史料记载，秦始皇的生母赵姬本是吕不韦的宠姬，后来吕不韦把赵姬献给了子楚，并生下了秦始皇。一直以来，人们都对秦始皇的生父抱持着怀疑的态度，很多人认为秦始皇其实是吕不韦的儿子，恐怕连秦始皇自己也分不清谁是自己的生父。嬴政登基为王后，身为太后的赵姬仍然行为不检，先是与吕不韦在宫中重温旧情，再与嫪毐私通，秽乱后宫，并生了两个儿子。《史记》中记载："皇帝益壮，太后淫不止。"母亲行为失检，让秦始皇在心理上受到严重的伤害，恼羞成怒的秦始皇杀死了两个私生弟弟和嫪毐，把吕不韦发配蜀地。同时，秦始皇还把母亲赵姬赶出都城咸阳。极度压抑的秦始皇彻底暴发了，成为一个失去理性的暴君。

秦始皇这种对母亲的怨恨，逐渐发展成为对一切女人的仇视。秦兵马俑博物馆研究人员说："由怨母而仇视女人的心理阴影，使秦始皇长大后在婚姻能力上未能健康发展。宫中众多女人，仅仅是为满足他的生理需要。由母亲行为而形成的心理障碍，是秦始皇迟迟未立后的重要因素之一。"这种心理上对女人的偏执，使得秦始皇极其不愿意娶妻立后。

2.秦始皇的立后要求过高。

秦始皇统一六国，自称为始皇帝，认为自己的功德超过了上古的三皇五帝，自命不凡的秦始皇自然也就对皇后的要求非常高。秦始皇的后宫充斥着东方六国选来的大量佳丽，要从中选出一个高标准的美女也并非难事。但是，问题就在于秦始皇不仅不喜爱这些美女，反而十分鄙视，对她们这种把亡国之辱抛之于脑后的行径，秦始皇十分痛恨，认为她们毫无守贞重节可言。所以，他也不愿从这些后宫佳丽之中选出一个合适的皇后人选。

3.秦始皇沉迷于追求长生不老，对方术、炼丹术等情有独钟。

他曾派徐福率三千童男童女，耗费巨资入东海以寻求长生不老之药。秦始皇这种对长生不老药的孜孜追求，使他无暇顾及后宫之事，把立后之事也抛之脑后，这也是秦始皇一生没有立后的重要原因。

4.志在天下的秦始皇。

公务繁忙，没有多余的时间来考虑立后的事情，更何况他还担心皇后会对他的事业有所掣肘。史料记载，秦始皇每天的工作量很大，必须要批完一石重大概60斤的公文。

秦始皇终身未立皇后是多方面原因共同起作用的结果。

一个刘解忧，顶上十万兵

公元前121年，汉武帝任命霍去病为骠骑将军，率兵进攻匈奴右贤王部，霍去病在陇西一带大败匈奴，匈奴从此远遁大漠。为了进一步巩固战果，汉武帝派遣使者出使西域，以求联络西域各国共同对抗匈奴。当时，西域地区最大的王国是乌孙，与匈奴最近，于是，张骞建议汉王朝下嫁公主，与乌孙联姻，以达到夹击匈奴的目的。

汉武帝接受了张骞的建议，公元前105年，武帝封江都王刘建的女儿刘细君为公主，下嫁乌孙国王昆莫（乌孙王号）猎骄靡。但仅仅过了几年，细君公主便因悲愁过度离世。为了继续保持这种政治联姻，汉武帝经过深思熟虑，决定再选派一位宗室女和亲乌孙。于是，这个重任就落在了楚王刘戊孙女刘解忧的身上。

公元前101年，被封为公主的刘解忧告别了长安，告别了亲友，踏上了和亲之路。来到乌孙后，解忧公主成为军须靡的夫人。为了使自己能够尽快融入这个游牧民族，她努力适应当地的生活习惯，积极学习乌孙语言，以尽快融入乌孙贵族的生活。

几年后，军须靡去世，他的堂兄弟翁归靡即位。按照乌孙国的习俗，新即位的国王要继收上一位国王的夫人做妻子，于是，翁归靡娶解忧公主为妻。

公元前87年，汉武帝刘彻驾崩，刘弗陵继承皇位，即汉昭帝。匈奴这时趁机卷土重来，接连进犯五原、朔方等地，而且还与车师国结盟，在公元前74年出兵乌孙。他们要求翁归靡交出解忧公主，并断绝与汉朝的一切往来。面对匈奴的挑衅，解忧公主毫不惧怕，她毅然上书汉昭帝，建议汉、乌联合出击匈奴。公元前72年，时值汉宣帝在位，汉、乌组成联军20万，东西夹击匈奴，使匈奴元气大伤，从此一蹶不振，汉朝北边的威胁基本消除。

随后，翁归靡为了发展与汉朝的和亲关系，决定立他和解忧公主的长子元贵靡为嗣。公元前64年，翁归靡上书，为元贵靡求亲。汉宣帝答应了他的请求，封解忧公主的侄女相夫为公主，前往乌孙和亲。但是当和亲队伍行进到敦煌时，却突然传来翁归靡去世，军须靡的匈奴夫人所生子泥靡即位的消息，汉宣帝立刻召回了和亲队伍，单方面取消了婚约。

为了遵从乌孙习俗，更为了维护汉朝在乌孙的势力，深明大义的解忧公主做出嫁给泥靡的决定。但是，因为政见不同，泥靡和解忧公主之间的夫妻关系并不融洽，时常剑拔弩张，而且泥靡残暴凶狠，使乌孙子民怨声载道。为了使乌孙重新兴旺，解忧公主与出使乌孙的汉朝使者策划在接风酒宴上刺杀泥靡，可惜行刺武士利剑刺偏，只击中泥靡右膀，受伤的泥靡仓皇逃命，藏匿深山。

经过汉王朝的几经调停，乌孙国最终一分为二：解忧公主的长子元贵靡任大国王；匈奴公主的儿子乌就屠任小国王。

解忧公主在乌孙生活了半个多世纪，共嫁两代三任国王，生育多个子女，除了四子鸱靡九岁夭折外，她的大儿子出任乌孙大国工，次子成为沙车国国王，小儿子当上乌孙大将；大女儿做了龟兹国王后，次女嫁给乌孙侯王，这加强和巩固了汉王朝与西域诸国的关系。

甘露三年，解忧公主回到汉朝，两年后病逝，终年72岁。由于解忧公主成功联合乌孙与汉朝夹击并大败匈奴主力，使匈奴内部发生分裂，所以一部分匈奴人开始谋求与汉朝和亲，于是就有了后来尽人皆知的昭君出塞的故事。

|赵飞燕"轻"松打败班婕妤|

班婕妤，汉成帝的后妃，一个被后人认为是理想女性的楷模。婕妤并不是她的名字，而是汉代后宫嫔妃的称号，因其入宫后曾被封为婕妤，所以后世一直沿用这个称谓。

班婕妤在后宫中的贤德是有口皆碑的。当初汉成帝为她的美艳及风韵所吸引，天天同她形影不离，可谓是集万千宠爱于一身。班婕妤的文学造诣极高，尤其熟悉史事，常常能引经据典，开导汉成帝内心的积郁。班婕妤又擅长音律，常使汉成帝在丝竹声中进入忘我的境界。对汉成帝而言，班婕妤不仅是她的侍妾，她多方面的才情，也使汉成帝将她放在亦师亦友的地位。

鸿嘉三年（前18），成帝在阳阿公主府中见到了体轻如燕、倾国倾城的赵飞燕，很快就被她所吸引，并将她带回宫中。在这个舞女面前，班婕妤的所有才情变得不堪一击，她从前在成帝那里所得到的宠爱，在赵飞燕进宫后，就画上了休止符。能歌善舞的赵飞燕在夺取成帝的宠爱后，又将其同样具有国色天姿的妹妹赵合德引进宫中，两姊妹轮流侍寝，连夕承欢。在汉成帝眼中，其他后宫粉黛全无颜色，即便是他往日最心爱的班婕妤，也被抛到九霄云外。从此，成帝的后宫便成了赵家姐妹的天下。

冰雪聪明的班婕妤知道，只要赵氏姐妹在，她就永无出头之日，所以她自请去长信宫侍奉太后，悄然隐退在淡柳丽花之中。

按理说，在颇重礼教的封建社会中，谁都会为拥有像班婕妤这样品貌兼具的女子而感到万分庆幸，那么，成帝为什么反其道而行，逐渐冷落她呢？

先看一看当时的政治形势，汉成帝登基后，虽然名为一国之君，但实际掌权的却是皇太后王政君和她背后强大的王氏大家族，汉成帝只能算是一个傀儡。没有实权的成帝自然万分苦闷，可他却无法改变这一局面，因此只能把全部精力放在女人身上，以期望能在声色犬马中释放自己的郁闷。

颇具才华的班婕妤没有看透这一点，她一心希望成帝能够成为一个有道明君。她并没有努力帮助皇帝夺回属于自己的权力，而是以身修德，劝诫皇上把心思放在政事上。在这种外戚当权的政治环境中，成帝想成为一个明君，当然难上加难。

所以，尽管班婕妤才华横溢、庄重自持，却是既不能帮成帝夺回皇权，又不能陪成帝纵情享乐，失宠也就成为必然的结果。

在长信宫的岁月里，班婕妤仍然对成帝念念不忘，因此她发挥自己的才情，写下著名的《团扇诗》。成帝死后，她自请守墓，在守护汉成帝陵园中冷冷清清地度过了她孤单落寞的晚年。

| 这样的红颜怎能不祸国 |

南北朝时期，北齐后主高纬有一贵妃名叫冯小怜。

冯小怜本是穆皇后身边的一名侍女，由于高纬宠爱弹得一手好琵琶的曹昭仪，穆皇后心生嫉妒，便将冯小怜送给高纬，以期转移高纬的感情。但是穆皇后万万没想到，高纬被冯小怜迷得神魂颠倒，最后居然因为她而身死国灭。史书记载，冯小怜因为在军中干了五件事，导致北齐灭亡，让后主高纬做了亡国之君。

第一件事：当敌军北周的军队猛攻晋州的时候，北齐后主正在附近打猎，得到探子来报，本想调动军队给予增援。但是这个时候，冯小怜却玩兴正浓，于是和后主撒娇说："再杀一围。"于是后主就再杀了一围，等到这一圈游猎结束，晋州早已被北周攻破。

第二件事：冯小怜认为战争和狩猎一样好玩，看打猎还不如看打仗，于是她怂恿后主高纬亲自带兵反攻平阳。后主果然满足她的要求，并让冯小怜也戎装随行。平阳原来是北齐的地盘，北齐为收复失地出兵，于是将士个个奋勇，人人争先。等到齐军到平阳城，人马乘胜欲进城之际，后主忽然传旨暂停，请冯小怜观战。冯小怜对镜梳妆打扮，磨磨蹭蹭，等她到来时北周军已经修好塌垮的城墙，坚固无比，结果齐军功亏一篑。

第三件事：留守平阳的北周大将梁士彦虽然率士兵拼死守城，但在北齐军队奋不顾身的冲锋下已岌岌可危。眼看胜利在望，平阳即将重返北齐手里的时候，冯小怜却认为天色已晚，她无法看到攻城之战的盛大场面，要求在第二天天明以后再行攻城。第二天天昏地暗，北风怒吼，初雪飘落，大地渐渐一片银白，冯小怜又认为气候不佳，看不清楚，要求暂停攻城。殊不知夜暗之际或天气不佳正是突袭、强攻的最佳时机，囿于妇人之见，北齐大军竟然平白无故地丧失了两次大好时机。等到雪化天晴，北周武帝已亲率大军赶到平阳，齐军大败退入晋阳。北周占领平阳，后主居然说："只要小怜无恙，战败又有何妨！"

第四件事：平阳之战结束后，北周武帝准备乘胜追击，攻下北齐重镇晋阳。于是后主高纬命人在城中建了座高耸入云的天桥，时常与冯小怜登桥遥望，不是分析敌军情况，而是在消遣。下得桥来，冯小怜为高纬献上脱衣舞，让高纬欣赏她的舞蹈，以消愁解闷。高纬居然厚颜无耻地说："看了能够头脑清醒，精神百倍。"有一天，木架搭成的天桥忽然垮了下来，冯小怜认为这是不祥之兆，一再要求后主放弃晋阳返回邺城。高纬就真的听了冯小怜的劝告，回到邺城，于是北周轻而易举地夺得北齐重镇晋阳。

第五件事：北周越战越勇，于是北周武帝决定直扑邺城。其实高纬退守邺城后，还有精兵十万，是可以奋力抵抗，甚至卷土重来逆转局势的。但是两军相交正激烈时，冯小怜忽然害怕起来，大叫"军队败了！"这位不爱江山爱美人的皇帝居然"病急乱投医"，一面祈求菩萨保佑，一面将皇位传给太子高恒，自己则带着冯小怜逃跑了，于是北周顺利地取得邺城。然而后主高纬和冯小怜都没能逃走，最后被擒获，于是北齐灭亡。

可笑的是，后主高纬在国破家亡之后，向周武帝提出的唯一要求就是"乞还冯小怜"。可怜的高纬最后既没有要回心爱的女人，连自己的性命也赔进去了。有此帝王，国不亡，又当如何？

上官婉儿为何甘心侍奉灭族仇人武则天

上官婉儿，唐代名臣上官仪的孙女。在其出生时，武则天以谋反的罪名，将其祖父上官仪和父亲上官庭芝处死。因其母亲郑氏是太常少卿郑休远的姐姐，母女才得以免死，被配入皇宫内庭。上官婉儿与武则天有灭族之仇，但她后来却成为武则天的心腹笔杆，终生听命、侍奉一代女皇。那么，上官婉儿为何不嫉恨武则天呢？

初入宫时，上官婉儿还在襁褓之中，出身名门的郑氏自然不希望女儿从此为奴，荒废一生，因此上官婉儿逐渐长大后，便让她进入宫学馆接受宫廷教习。在母亲的严格要求下，上官婉儿在十三四岁时，便能博古通今，才华出众，而且性情聪敏灵动，在宫中名声大噪。

武则天非常爱惜人才，史料记载她"政由己出，明察善断，当时英贤竞为之用"，因此，当上官婉儿的才名传到武则天的耳中时，武则天马上召见了她。对武则天提出的问题，上官婉儿一一作答，且不卑不亢、态度从容、谈吐儒雅。虽然上官婉儿在一首七言诗中透着对武则天的愤恨，但武则天并不计较，反而赞赏这首诗文辞优美，情真意切。永昌二年，武则天正式登基，她把起草诏书和批阅奏章等事务全都交给上官婉儿处理。这时，上官婉儿实际上已经成为武则天的首席秘书。

上官婉儿精心地侍奉武则天，曲意迎合，深得她的欢心。对于上官婉儿的这种做法，有的史学家认为她始终怀有为父祖报仇之心，因此才在武则天身边忍辱负重，并多次伺机刺杀武则天，但武则天每次都将她饶恕。她对武则天的不杀之恩心存感激，所以甘愿一生听命。但这种说法并不可信，虽然武则天爱惜人才，但是她更加爱惜自己。假如上官婉儿真的多次刺杀她，她一定不会宽恕上官婉儿，这一点从骆宾王的事件中就能看到。

从圣历元年（698）开始，武则天又开始让上官婉儿帮助自己处理百司奏表，参决政务，上官婉儿这时权势日盛，武则天对她的信任和依赖程度，远非一般王公大臣能够相比的。

从一个罪臣孤女成长为一代女皇的贴身秘书，从一无所有到享受不尽的荣华富贵，这一切都是武则天赐予上官婉儿的。而且武则天政绩显著，深得当时民众的拥戴，上官婉儿对武则天的仇视也就慢慢消除，进而死心塌地拥护这位能够真正懂她的伯乐。

武则天死后，李显即位，史称唐中宗，上官婉儿更是被重用。中宗不仅将她册封为昭容，还让她继续起草诏令，并代朝廷评品天下诗文。

公元710年，临淄王李隆基发动政变，起兵声讨韦皇后及其党羽，上官婉儿因为受到牵连被杀，一代才女从此香消玉殒。

在唐朝的政治舞台上，上官婉儿虽然没有丞相之名，但却有丞相之实，并且一度享尽荣华与权力，但她最终还是成了皇权争斗的牺牲品，其中甘苦恐怕只有她自己知道了。

| 帝王们也玩跨国恋 |

跨国恋情并不是现代才有的，早在古代，不少帝王就已经过了一把"中西合璧"的瘾。

以风流著称的唐玄宗李隆基就在后宫姬妾中，有过"洋贵妃"。著名的文史专家、《文物》杂志总编辑葛承雍先生曾提出，唐玄宗有过一个胡旋女，还有一个来自中亚的妃子。唐玄宗记录在案的后宫嫔妃有刘华妃、赵丽妃、钱妃、皇甫德仪、武惠妃、柳婕好等20人，还有一些嫔妃的档案遗失，但根据其他的线索，可以得知，唐玄宗确实有过洋妃子。

在《新唐书》的《诸帝公主传》中记载："寿安公主，曹野那姬所生。"在隋唐时代，"姬"是人们用来称呼年轻貌美女性的，而所谓的"野那"是外来的意思，曹作为一个姓氏是出身中亚曹国的粟特人入华后改用汉姓时常用的姓氏。

那么这名姬妾是否是来自中亚的曹国人呢？学界长期无考。只能依据当时的风俗文化来进行推断，那时随着丝绸之路的开通，东西方文化的交流日渐平常，西方人来到中国也不是难事，那么，唐玄宗娶中亚女子为妃也是稀松平常的事情。那么这名外国女子是如何来到中国，又如何接近唐玄宗的呢？

根据历史文献的线索和学者们对粟特文化的深入研究，他们认为入华的中亚女性的来源主要有三种：一是靠胡婢的贩卖；二是中亚人不断迁徙中原；三是来源于中亚粟特人进贡的女人。

不管怎么说，唐玄宗作为一代风流帝王，而且"善歌舞，晓音律"，给了能歌善舞、仪态万千的漂亮异族女子很大机会。所以，曹野那应该是开元年间曹国进贡的胡旋女，因为才艺色德兼备而得到了玄宗的喜爱。

另一位与异域女子有过情爱纠葛的就是朱棣。明成祖朱棣是大明王朝第三代皇帝，明太祖朱元璋第四子，发动政变后，登基做了皇帝。这位帝王凶残暴虐，但同时也文韬武略，是一个难得的治世之才。但鲜为人知的是他与朝鲜女子的一段恋情。

来自朝鲜的女子权妃，是朝鲜工曹典书权永钧的女儿，出身名门望族，漂亮聪明，是难得一见的有才又有貌的女子。从元朝开始，朝鲜就被迫向中国朝廷进献美女。明初也是如此，朱元璋的后宫里就有不少朝鲜的妃嫔，据史料记载，成祖朱棣便是朝鲜人硕妃所生。

大概是为了能从朝鲜美女身上看到自己母亲的身影，朱棣的后宫里也有不少朝鲜妃嫔，权妃最为成祖朱棣宠爱。第一次见到她的时候，朱棣便被权妃的清丽吸引，更为权妃的箫声折服。从此，权妃不仅宠冠后宫，而且很少离开成祖身边。

后来朱棣北征蒙古，他带着权妃随行，在大军走到山东临城时，权妃不幸身患重病，最后不治身亡。朱棣为此十分悲痛，甚至还听信谣言，认为权妃死于毒害，便屠杀了后宫几千人，酿成了一起大冤案。但也足以看出，朱棣对权妃的爱有多深。

还有一件跨国恋是韩国明成王后与袁世凯的一段感情。公元1882年，袁世凯随淮军将领吴长庆进驻朝鲜。那时，23岁的袁世凯正是年富力强的时候，入驻朝鲜三年后，他升任为大清国驻朝鲜总理交涉通商事宜的全权代表。

袁世凯由于帮助韩王和王妃明成王后——也就是闵氏除掉政敌大院君，而得到了韩王的赏识，当时真正的执政者闵妃对袁世凯更是欣赏有加。她听从袁世凯的建议，组建义勇团，并任用袁世凯为练兵大使，建成了一支重要的军力。

闵妃仰慕袁世凯，而袁世凯也难敌王妃的美貌，二人便私通了。为了不引起旁人的怀疑，闵妃便将自己的妹妹碧蝉介绍、许配给了袁世凯。这样她便成了袁世凯的亲戚，便不会有人怀疑他们的亲密关系了。

袁世凯成婚后，闵妃几乎每天都借探望妹妹之名来袁世凯家。二人这段私情很快便被妹妹发现，妹妹碧蝉十分气恼，她向袁世凯说出这其中的利害关系。袁世凯也担心自己私通一国之母被发现后会遭殃，便从河南带来了自己的一房姨太太，谎称正室，后来渐渐疏远闵妃。闵妃对此事十分不满。

但后来日军攻入朝鲜后，袁世凯便回国了，他和闵妃的这段跨国恋也无疾而终。

| 一代才女为谁终身不嫁 |

唐代出诗人，例如李白、杜甫……但是，要说起唐代著名的女诗人，首先跳入人们视线的必然是才女薛涛。

薛涛，字洪度，祖籍长安，"安史之乱"后举家迁居成都。她从小就受到良好的教育，幼年时就通晓音律，八岁便能吟诗作对。

在薛涛14岁时，她的父亲去世，只留下她与母亲相依为命。迫于生计，她只好凭着自己的国色天姿和通晓诗文、擅长音律的才情，在风月场所侍酒赋诗、弹唱娱客。没过多久，她就成为一个名动一时的歌妓。

唐德宗时，剑南节度使韦皋听说薛涛诗才出众，便有心验证。他让薛涛当众赋诗一首，薛涛略作思索，便写下《谒巫山庙》这首诗。韦皋读后大加赞赏，甚至要奏请朝廷让薛涛担任校书郎。这个官职虽然没有什么实权，但却是文人墨客非常向往的职位。在男尊女卑的封建社会，从来没有女性担任校书郎这一官职，但韦皋竟然想开此先例，由此可见薛涛当时的盛名和影响力。虽然韦皋的愿望后来没有实现，但"女校书"之名已经不胫而走。

当时，与薛涛交往的名流才子甚多，如白居易、牛僧孺、杜牧、刘禹锡等，这些人都与薛涛有过诗文酬唱，并且无一例外地对她十分青睐和敬重。然而，薛涛虽然周旋于蜂蝶之中，却一直洁身自好。

在薛涛42岁那年，她迎来了生命中的春天。时年31岁的监察御史元稹，奉圣命出使蜀地，并与薛涛相识。虽然薛涛要比元稹年长10多岁，但是两人却一见钟情，这一次，薛涛放弃了自己的原则，与元稹见面的当天夜里，她就把自己毫无保留地献给了心爱的人；此后郎情妾意，两人在蜀地如胶似漆地共度了一年时光。后来，元稹离蜀返京，两人天涯两分，而这段缠绵缱绻的情感，最终也成一场幻影。

元稹离开后，薛涛对他的思念却是刻骨铭心的，她始终坚信元稹会信守离开时所做的承诺，他会回成都看自己。但是，元稹何曾想过要与薛涛携手一生。返回京城后，元稹又出任浙东观察使，在越州，他遇到了江南女艺人刘采春。虽然采春的诗咏不及薛涛，但是年轻貌美，而且嗓音婉转动人，因此深得元稹赏识。于是，元稹很快就把薛涛抛到九霄云外，可怜的薛涛，竟一直对元稹念念不忘，空等10年。

薛涛终生未嫁。晚年时，她已经看透人情冷暖，尝遍世味辛酸，因此时常感到孤鸿只雁，身世凄凉。唐文宗太和五年（831），薛涛抱恨而逝，时年62岁。薛涛一生都没放弃对真挚爱情的追求和幸福生活的向往，但由于她遇人不淑，导致她的种种理想，终归幻灭。

薛涛这一生未得到宝贵的爱情，但是在男权主导的封建社会中，她却有着一般女性无法拥有的地位和价值，这是她的不幸，又是她的幸运。

| 宋徽宗与李师师的惊世之恋 |

春秋时期齐桓公称霸后，管仲设"女闾"700人，是中国官妓的开端。在男权统治下的古代社会，娼妓制度一直沿袭下来。妓女作为社会中的特殊群体，与社会各阶层的人都有来往，下至贩夫走卒，上至达官贵族，甚至皇帝。自秦汉以来，皇帝与妓女往来并不稀罕，但是这种交往多数是为了色情和肉欲的需要。但是，皇帝和妓女真心交往的事也真的存在，比如宋徽宗赵佶和名妓李师师。

李师师是宋徽宗时的名妓，自幼家贫，四岁丧父，无依无靠的李师师由李媪扶养，学习女工和琴棋书画。李师师还师从著名音乐家周邦，因此歌曲也唱得很好。李师师慢慢成长为一个拥有迷人资色和高雅才艺的一代名妓，轰动京城。

李师师的名声日高，多少王公贵族都不得见。位于深宫内苑，讲求奢华、追慕风雅而又极尽声色犬马之乐的徽宗赵佶也听说了李师师的艳名。关于宋徽宗第一次见李师师时的情形有两种说法。一种是宋徽宗由高俅、杨戬陪伴，通过早已与李师师相识的高俅引见。宋徽宗见到了李师师，被李师师的美貌和才艺吸引，从此开始了与李师师长达数十年的情缘。另外一种说法是，当时宋徽宗身边有个叫张迪的宦官。张迪未入宫之前就常流连于汴京青楼妓馆，当然也知道李师师的艳名。于是在张迪的带领之下，宋徽宗趁天黑之时，乔装来到镇安坊，见到了李师师。

不论宋徽宗是如何见到李师师的，有一点可以肯定，初次见面，宋徽宗就十分喜爱李师师，而且李师师当时并不知道自己面前这个男子的真实身份。李师师有一种怪癖，凡是到她这里来的人，只要略通文墨，便得留诗词一首。宋徽宗正好又是一个多才多艺的风流皇帝，自然不会推辞。于是宋徽宗欣然提笔，用他那独一无二的"瘦金体"书法写道："浅酒人前共，软玉灯边拥，回眸入抱总含情。痛痛痛，轻把郎推，渐闻声颤，微惊红涌。试与更番纵，全没些儿缝，这回风味忒颠犯。动动动，臂儿相兜，唇儿相凑，舌儿相弄。"

宋徽宗与李师师再次见面是四个月之后。宋徽宗由王黼陪伴再一次来到镇安坊。王黼也是李师师的旧交，她自然知道王黼位高权重。李师师见到这位公子一次由高俅陪伴，一次由王黼陪伴，并且两人都对他礼遇有加，心里大概也明白了几分。于是更加承欢，宋徽宗也更加喜爱李师师。从此以后，宋徽宗就常常趁夜偷偷出宫来见李师师。

张迪看到宋徽宗对李师师的眷恋，加上对皇帝夜行安危的考虑，于是就给宋徽宗出了个主意，从宫中向东挖了一个二三里的地道，直接通到镇安坊。徽宗此后经常通过地道，临幸醉杏楼，和李师师在一起。

自从李师师与宋徽宗在一起之后，李师师的院子就大兴土木，建得美轮美奂。宋徽宗还亲自题名"醉杏楼"。李师师与宋徽宗深交，引起了朝廷大臣的反对，就连皇后也说："皇帝行娼，自古所无，再加上昏夜出行，保卫工作也不周全。"但是深深迷恋李师师的宋徽宗又怎么能听得进去。多年来，宋徽宗赏赐给李师师的金银财宝，竟有十万两之多。

金兵的铁蹄踏破了大宋的歌舞升平。靖康之难后，宋徽宗被金军俘虏。当金兵包围汴京之时，李师师把多年来积聚下来的价值九万多元的财货全部奉献给朝廷作为抗金的军费。李师师独自逃到了慈云观作了女道士，后来被金军找到，因李师师不愿意侍奉金主，就乘人不备的时候吞金自杀了。一代名妓李师师，这位被徽宗宠爱的宫外美人，就这样悲壮不屈地死去了。

| 永乐大帝失败的求婚史 |

历代妃子为争夺皇后之位，往往斗得你死我活，被万人之上的九五之尊选为皇后更是莫大的荣耀。但是有人居然不愿意当皇后，还敢对皇上说："我不做你的皇后！"也许很多人会觉得这是小说里胡编乱造的，但是历史上的确存在这样一位美女，她就是徐妙锦。

妙锦是开国元勋徐达的三女儿，才华出众，美丽动人，其才貌超过了她的姐姐仁孝皇后。正因为她锦心玉貌，所以仁孝皇后于永乐五年去世后，朱棣便对新皇后不作第二人选，一心要把徐妙锦迎进宫去，填补她姐姐留下的那个空位，从此母仪天下。

此时徐达早已过世，徐妙锦的母亲、徐达的继妻谢夫人婉拒道："我的女儿，只怕是配不上皇上吧。"朱棣听了冷笑道："夫人的女儿不愿嫁给朕，还想要选择什么样的女婿呢？"

于是，徐妙锦递上一封情词哀恳的书信，婉言谢绝了朱棣的"美意"。徐妙锦熟读史书，深知暴君如虎，一旦被激怒，便会六亲不认，大开杀戒。因此她巧妙设辞，反复强调自己从小生长于豪门大户，性甘淡泊，而且一心向佛，宁愿远离红尘俗世，长伴古佛青灯，以此了却余生。清词丽句中透着淡然的悲切，谦辞敬语中带着傲然的尊严。

徐妙锦不肯与君王同眠，一生姻缘就此断送，谁敢娶皇帝看上的女人呢？为防成祖的再次逼迫，徐妙锦削发为尼。而朱棣也是一个奇皇帝，小姨子表示不愿意后，他不但没有强迫，反而决定从此不再册立新皇后。

据说，徐妙锦死后，朱棣命人按照皇后的礼节把她安葬在皇家墓地长陵。徐妙锦当年出家的尼姑庵就是南京人俗称的皇姑庵，地点在今天雨花台后山上，现已无迹。

在古代社会，当皇后可以说是很多女子梦寐以求的愿望，更何况是皇帝亲自求婚，但是徐妙锦宁愿出家当尼姑也不愿意当皇后，甚至还让永乐帝朱棣自此再也没有册立新皇后，这多少有点令人意外。

| 当朝公主竟被无赖骗婚 |

明代的皇室有一个奇怪的规定，便是公主婚配，所选取的夫婿必须是民间优秀的男子，不许和文武大臣的子弟结成夫妻。原因很简单，依据前朝之鉴，明朝皇帝害怕外戚干政，为免自己的江山落入异姓之手，便要堵死"强强联姻"这条路，来断绝大臣们干涉朝政的可能。

这个规定令明朝出现许多平民驸马爷，倒是杜绝了外戚干政的威胁，却埋下了另外一个隐患。因为公主虽然只能"下嫁"给老百姓，但毕竟是金枝玉叶，皇家的血脉，所选的夫婿一定要德才兼备，品行端正才行。可是皇帝总深处宫中，无法亲自到民间去挑选乘龙快婿，为公主选女婿这件事情，就只能交给下人去办，而最得力的助手就是宦官。托人办事总是不太稳妥的，其中多少会有些差池。遇到心地良善的宦官，自然会尽心尽力为公主挑选一个称心如意的驸马爷。但如果遇到一个唯利是图、贪图便宜的宦官，那他就会以权谋私，从中收受贿赂，看谁给的钱多，便帮谁说好话。这样就给民间男子通过贿赂宦官，向皇室骗婚提供了可乘之机。出点小钱，将来娶了公主可就能一辈子大富大贵了，这笔买卖在当时看来十分划算。于是，许多民间骗婚之辈便打着挂羊头卖狗肉的旗帜通过贿赂宦官，诈娶公主，谋求富贵。这种事情在明朝居然屡禁不止，堪称奇闻。

明弘治八年（1495），民间有个大款叫作袁相，他想成为皇亲国戚，便贿赂当时负责公主婚嫁的太监李广，请他帮自己说说好话。李广收了钱，自然就在弘治皇帝面前大说袁相的好话。弘治皇帝没有怀疑李广的话，便同意招袁相为女婿，将德清公主嫁给他。

正当袁相欢欣雀跃的时候，有人向皇帝告发了袁相和李广之间的事情，上当的弘治皇帝立刻找人调查，果然发现这个袁相并没有李广说的那么好。骗皇帝的女儿当老婆，这犯的可是欺君之罪。当下恍然大悟的弘治皇帝恼羞成怒，他严惩了这两个欺骗他的人，但公主的婚期已经说定，就算不嫁给袁相，也要另选新驸马才行。

于是，弘治皇帝又赶紧在全国范围内替公主另外寻觅了一个德才兼备的驸马，这才了结了一场闹剧。这次皇室被骗案及时告破，也算是有惊无险了，但之后的嘉靖皇帝就没有这么幸运了。

嘉靖六年（1527），永淳公主要招选驸马，经过太监们的一致推荐，皇室选中了一个名叫陈钊的民间男子。就在永淳公主即将"下嫁"的前几天，嘉靖忽然得到了一个消息说，陈钊的母亲是二婚，而且还是别人的小妾。

让堂堂的大明公主嫁给一个小妾的儿子实在是有失体统，于是嘉靖二话不说马上悔掉了这门亲事。但公主的婚期已经昭告全国了，皇帝一言九鼎，说出口的话就不能反悔了，想推迟婚期总要给老百姓一个理由，如果说皇帝被一个小妾的儿子骗了，那岂不是滑天下之大稽吗？

为了挽回皇室的尊严，嘉靖效仿弘治皇帝，开始进行全国海选，想要挑选一位如意驸马，一番千挑万选之后，终于挑中了一个叫谢昭的男子。这次，嘉靖皇帝亲自接见他，谁知这个谢昭居然是个秃顶的丑八怪，不知道他对多少太监进行了贿赂，才能被推荐过来。

但婚期不等人，再去民间选驸马已经来不及了，迫于无奈，嘉靖只得将女儿嫁给了这个谢昭。这桩婚事，举国震动，当时的老百姓编造了一曲民谣，专门列举了当时十件好笑的事情，最后一句便是嘲弄皇室招驸马："十好笑，驸马换个现世报。"

戚继光为何遭到发妻"休弃"

民族英雄戚继光有一位极其贤惠的妻子，她与戚继光在穷困中相扶相伴，但却在戚继光抗倭成功、名利双收之后，毅然决然地"休掉"了在一起很多年的丈夫。到底是什么样的原因让她这样一个公认的贤惠妻子居然做出"休夫"这样在当时人看来不可思议的举动？

这要从两人的婚姻说起。戚继光的妻子王氏是万户南溪王将军之女。她13岁和戚继光定亲，18岁的时候被戚继光迎娶进门。进门以后，她非常贤惠，无微不至地照顾着戚继光的生活。当时他们的生活十分穷困，为了招待客人，王氏甚至不惜卖掉自己的首饰，遇到好吃的东西，她也总是留给戚继光。相传有一次吃鱼，王氏把肥美的鱼身给了戚继光，她自己只吃了鱼头和鱼尾，戚继光当然非常感动。这样的妻子是每个男人一生最应该珍惜的宝贵财富。但就是这样一位妻子，最终却"休掉"了自己的丈夫，是戚继光对她不够好吗，还是有什么其他的原因让她觉得不可忍受？

原来，王氏有一个在当时看来十分严重的缺陷：不能生育。在那个时代，传宗接代，延续香火对一个女人来说是非常重要的一件事情。36岁的时候，戚继光为自己纳了一个小妾，这时候王氏虽然非常伤心，但是也很快接受了这个现实。要顾全大局，毕竟自己不能生育，不能完成为戚家传宗接代的使命，再怎么说也不能让戚家断了烟火，所以就接受了戚继光纳妾的事实。要是事情到此为止，那么王氏还会像以前一样全心全意地爱着戚继光。但是戚继光非但没有到此为止，反而一发不可收拾。在纳了第一个妾之后不到一年，他又纳了第二个妾，然后又在48岁那年因为贪图美色，而纳了第三个。这严重伤害了结发妻子王氏的感情，王氏一时心灰意冷。

性情刚烈的王氏终于不能再忍受丈夫的不忠。后来，对丈夫绝望的她终于收拾自己的东西，回了娘家。"囊括其所蓄，辇而归诸王"，主动毁了婚书。在那样保守的时代，"离婚"对于一个女人来说，需要多大的勇气我们可想而知。

虽然对丈夫的照顾无微不至，但王氏却并不是一个小女人，她相当有勇有谋。据传，戚继光率领部队抗倭的时候，戚家家眷所在的新河城守军很少。有一天，大批倭寇突袭新河城，将新河城团团围住，城内的居民都非常惊恐，一时不知如何应对。这时，王氏献上一计，她说服守城官兵，让城中所有老幼妇孺都穿上戚家军的军服，站在城上，做出戚家军主力部队在此的假象。城外的倭寇果真上了她的当，他们看到城墙上密密麻麻到处都是军人，以为戚家军就驻守在城中，当然不敢进攻。倭寇全体后撤，新河城恢复了安宁。

后来，戚继光带着自己的部队回来的时候，看到倭寇居然早已退去，非常震惊。当得知不费一兵一卒就使倭寇退兵的是自己的妻子时，这位身经百战的骁勇将军也不得不为妻子的胆识和智谋所折服。

在生活上尽心尽力地照顾丈夫，在事业上全心全意地辅佐丈夫。戚继光的这位发妻在他的成功之路上给予了他巨大的帮助。后来，戚继光彻底打败倭寇，被朝廷封为大将军，并被调到蓟北，镇守长城要塞，可谓名利双收。

但名利双收之后，他就开始肆意伤害跟他从困苦中一路走来的妻子。三番两次地纳妾，让发妻对他越来越失望。最终，不愿意在已死的婚姻中沉沦、挣扎的王氏，义无反顾地"休掉"了这个她爱了一生的男人，这个被万千光环所笼罩，却再也不复当初的男人。

从一开始她就不是一个"安分"的小女人。在爱情里，她希望丈夫能够像她一样忠贞。如果没有这样的忠贞，她宁愿放弃这不完美的爱情，也不要苦苦挣扎。她在历史上留下的"敢爱敢恨"四个大字，展示了一个内心强大的女人对爱的希冀和绝望。

|崇祯皇帝看不上陈圆圆|

在中国漫长的五千年文明中，因美色而亡国的事例不在少数。夏桀之于妹喜，商纣之于妲己，周幽王之于褒姒，夫差之于西施，唐玄宗之于杨贵妃，这些被扣了亡国罪名的美女有了一个专用词——"红颜祸水"。但是，这些人的影响力都没有明朝末年陈圆圆的大。究其原因，是因为陈圆圆不仅使得闯王李自成历尽千辛万苦建立起来的"大顺王朝"顷刻之间化为灰烬，还使得吴三桂冲冠一怒为红颜，帮助清朝入主中原。

历来人们的注意力都集中在了陈圆圆与吴三桂之间的传奇爱情之上，却没有想过，陈圆圆也曾经有机会成为明崇祯皇帝的皇后。这又是怎么一回事？

陈圆圆是秦淮八艳之一，其外貌当世绝伦，"蕙心纨质，澹秀天然"。让陈圆圆名震江南的更重要的原因是她歌舞琴画样样精通，当时的人们称赞她"声甲天下之声，色甲天下之色"。天赋颖慧的陈圆圆可谓是众星捧月，迷倒了无数王孙公子。

江南四大公子之一的冒襄也是陈圆圆的裙下之臣。外表潇洒俊逸、风流倜傥、彬彬有礼的冒襄很快就赢得了佳人芳心，只盼佳期到来。然而世事弄人，当陈圆圆欲与之终身相托之时，冒襄因其父在朝廷惹下祸事，于是"坚谢"了陈圆圆的好意。他许诺陈圆圆，等他处理完老父亲的事后就娶她为妻。只是当处理完家事的冒襄准备践约谢答陈圆圆之时，陈圆圆早已被田弘遇强抢而去，准备进献给崇祯皇帝。

田弘遇是当朝国丈，其女田贵妃也有倾国之资，深受崇祯皇帝喜爱，田弘遇也因为女儿的关系得以加官晋爵，"窃弄威权"。不过田贵妃因为与周皇后之间的冲突，渐失圣宠。《思陵典礼记》记载："当时的大太监曹化淳从南方掠来不少美女，供崇祯玩乐。崇祯被女色迷住，竟累月未与（田）妃相见。"田贵妃的处境堪忧，田弘遇为了帮女儿夺回恩宠，保住自己的乌纱帽，打算找一位才貌迷人的美女安插到皇帝身边，作为与周皇后一争高低的棋子。于是田弘遇打着皇帝的旗号，下江南寻觅各类美女。正值二八佳龄，歌舞出色，诗画俱佳的当红歌妓陈圆圆也被强掳走。

最后陈圆圆被送进了皇宫，但是陈圆圆这样一个美女却自始至终都没有得到崇祯皇帝的宠幸。陈圆圆美则美矣，但是当时正值明朝末年，内有起义军风起云涌，外有满人虎视眈眈，弄得大明王朝摇摇欲坠，崇祯皇帝更是心神俱疲。面对国破家亡的威胁，焦头烂额的万岁爷眼里只有敌人，根本容不下美人，也没有精力和心情顾及美色。因此，即便是崇祯皇帝对陈圆圆有几分喜爱之心，也无心纳妃。田弘遇在错误的时间、错误的地点找到了正确的人，如意算盘也落空了。

失去利用价值的陈圆圆被遣回田府，地位一落千丈。因缘际会，得到了手握兵权的吴三桂的喜爱，因此又被田弘遇作为巴结吴三桂的礼物送给了吴三桂。后来，也是因为陈圆圆的原因，使得吴三桂冲冠一怒为红颜，投降清军，使得清军入主中原，改变了整个中国的历史。

蒲松龄恋上朋友小妾，是真是假

"吟声仿佛耳中存，无复笙歌望墓门。燕子樱中遗剩粉，牡丹亭下吊香魂。"这是蒲松龄为一位女子写的悼亡诗。蒲松龄很少写悼亡诗，甚至连曾向考官写信推荐他的孙蕙去世时，他都没有写悼亡诗，但却给一位不是妻子的女子写出如此情深意切的诗句。这首诗语言直白，蒲松龄对这位女子的倾慕之情跃然纸上。

那么，这位让蒲松龄如此深切爱恋的女子到底是谁？

原来，她就是那位曾经提携过蒲松龄的孙蕙的侍妾顾青霞。孙蕙不仅提携过蒲松龄，两人还是非常好的朋友。俗话说，"朋友妻，不可欺"，像蒲松龄这样的正人君子当然不会做什么越轨之事，他对顾青霞的倾慕，纯粹而强烈。

认识顾青霞是在康熙十年（1671），当时蒲松龄应孙蕙的邀请到孙蕙任县官的宝应县做幕宾。孙蕙经常带着顾青霞参加朋友聚会，蒲松龄因此认识并爱上了顾青霞。从此，顾青霞就开始频繁地出现在蒲松龄的诗作之中。仅康熙十年，蒲松龄就写了好几首关于顾青霞的诗。其中《为青霞选唐诗绝句百首》："为选香奁诗百首，篇篇音调麝兰馨。驾吭唱出真双绝，喜付可儿吟与听。"在这首诗里，蒲松龄甚至亲切地称顾青霞为"可儿"。"可儿"的意思是让人称心满意的人儿。蒲松龄在这首诗的题目中称顾青霞为青霞，诗中又叫她"可儿"，从这样露骨的叫法，也可以看出蒲松龄对这位江南佳丽有多喜爱。

他在《听青霞吟诗》中说顾青霞吟诗是"曼声发娇吟，入耳沁心脾。如披三月柳，斗酒听黄鹂"。之后又做了一首名为《又长句》的诗描写青霞吟诗："旗亭画壁较低昂，雅什犹沾粉黛香。宁料千秋有知己，爱歌树色隐昭阳。"足见他经常听青霞吟诗，并且非常喜欢。同一年有如此多的诗都是在写同一位女性，如果说蒲松龄对她的倾慕之情不深，自然不能令人信服。

孙蕙不是个安分之人，虽然有很多姬妾，但他仍喜欢四处寻花问柳。他在外面风流快活，诸多姬妾却只能在家里独守空房；而且由于姬妾太多，她们之间也经常争风吃醋。蒲松龄曾在他的诗《树百家宴戏呈》中对这种局面做过描述："誃諆起帏房，开樽饮不痛。赵燕彼何人，容尔眼波送。"家宴喝酒的时候，只要孙蕙多看哪个女人一言，其他女人就会大吵大闹，大家喝酒都喝不痛快。

蒲松龄眼见自己深爱的女子生活在这样的环境中，怎能不心痛？但是，"罗敷自有夫"，又岂容他染指？所以，蒲松龄只好把自己对顾青霞的爱恋深深地埋在心底，只偶尔在诗中有所流露。蒲松龄一生为顾青霞写了数十首诗，顾青霞是在他诗中出现最多的女人，甚至超过了他的结发妻子。如果顾青霞在他心中没有占据那么重要的位置，他不是真心怜爱顾青霞，又哪儿会有那么多的深情可抒发？

后来，孙蕙到皇帝身边做言官给事中，蒲松龄写了《闺情呈孙给谏》给他，诗中有很多句子，例如，"千里萧郎去未旋"，"薄幸不来春又暮"，"泪中为写相思字"……明显是替孙蕙没有带在身边的顾青霞写的。看到青霞被冷落，蒲松龄肯定也非常痛心，为了自己爱的人能够生活得快乐，他甚至亲自出马，替顾青霞写诗给孙蕙。如果不是对她的爱深到了一定程度，顾青霞受夫君冷落，抑郁不乐又哪里会与他扯上半分关系？

康熙二十六年（1687），由于长期抑郁，34岁的顾青霞去世。极度伤心的蒲松龄作了我们开头所提到的那首《伤顾青霞》，来悼念这个让自己倾慕了一生的女人。今生没能与青霞相依相伴，他希望来世可以与她结为夫妻。

蒲松龄对顾青霞怀有的是柏拉图式的倾慕，纯粹而执着，这是真正的爱情。虽然没有得到自己深爱的人，但是这份感情却强烈而持久地埋藏在蒲松龄心中，甚至影响了他后来的创作。

光绪大婚不肯入洞房

清朝从建立之初就十分注重政治联姻和家族婚姻。政治联姻主要是满蒙之间的联姻，如努尔哈赤、皇太极、顺治等都娶了蒙古贵族女子为妻妾。家族婚姻其实是政治联姻的延伸，就是有亲戚关系的两贵族子女成婚，诸如姑表亲婚、婚姻不拘行辈等。比如皇太极，莽古思一门姑侄三人共同嫁给了皇太极为妃，顺治皇帝就娶了母亲孝庄皇太后的哥哥的女儿为后，顺治皇帝和皇后就是表兄妹的关系。这也是满洲落后的婚姻习俗的表现。

光绪年间，光绪皇帝娶了自己的表姐为皇后，也就是后来的隆裕皇后。慈禧把隆裕嫁给光绪，也主要是效仿孝庄太后。隆裕是慈禧亲哥哥桂祥之女，从娘家算是慈禧的内侄女。而光绪并非慈禧亲生，是慈禧的亲妹妹叶赫那拉氏之子，从娘家这方来说，光绪又是慈禧的内侄子。所以如果从慈禧娘家这方算来，光绪和隆裕就是表亲的关系。隆裕比光绪年长，隆裕应当就是光绪的表姐。慈禧把自己的侄女嫁给自己的侄子，也算是亲上加亲。

光绪这个皇帝做得有点窝囊，虽然身为皇帝，可是面对专权的慈禧，也只好认命，光绪对慈禧是言听计从的。光绪与表姐隆裕成婚前的关系一直不错，隆裕作为姐姐，对光绪特别照顾，就像对待自己的亲弟弟一样，两人的关系十分融洽。可是突然之间，慈禧把自己的姐姐指给了自己做皇后，光绪实难接受。但为了服从慈禧，也为了讨好慈禧，光绪不得不这么做。

慈禧把隆裕嫁给光绪做皇后的同时，还选了他他拉氏的瑾妃和珍妃两个给光绪做妃子。光绪帝一生也就只有这一后二妃，是清朝皇帝中后妃最少的皇帝，也是最晚成婚的皇帝。慈禧的做法也是出于其政治上的考虑，目的就是要把朝政交给光绪后，慈禧还能够利用皇后来操纵光绪，最起码可以监视和掌握皇帝的一举一动。

因此，光绪的心里也十分郁闷，大婚的当晚甚至还扑倒在隆裕皇后的怀里大哭说："姐姐，我永远敬重你，可是你看，我多为难啊。"更何况少年天子光绪，自是希望自己的皇后能漂亮点，但是隆裕的长相丑陋，身材瘦弱，还有些驼背，这也十分不合光绪的意。心里不痛快的光绪自然就不肯与皇后同床了。后来光绪发现珍妃不仅聪明漂亮，而且有政治远见，非常符合他的一些想法，光绪就非常喜欢珍妃，就不肯与隆裕在一起了。

| 皇帝的妃子要离婚 |

"我要离婚。"有个女人轻轻地说出这句话，声音不大，却把中国最后一位封建皇帝溥仪吓了一跳，也顺便给了当时名存实亡的清朝皇室一记难堪的耳光。

这个要和皇帝离婚的女人叫文绣，是满族鄂尔德特氏端恭之女。1922年，溥仪随手画的一个圈彻底改变了她的命运，当时尚不满13岁的文绣大概想不到，自己的大半生都将被圈在里面。

1921年，已经退位但仍然保留帝号的溥仪要选皇后，亡国之君自然不能再像盛世之时的祖上一样在全国"选美"，但是溥仪选后的消息还是让很多人异常兴奋，毕竟，皇后那顶华丽的皇冠还是很有吸引力的。文绣的父母和五叔决定将她的照片送入宫中应选，起初文绣抵死不从，但最终也只好无奈地接受了这个事实。

溥仪圈中的人正是文绣，但由于当时文绣的家族已经衰落，光绪帝的遗孀坚决反对立她为后。最后，满洲正白旗郭布罗氏荣源家的女儿被立为皇后，也就是婉容。由于"皇上已经圈过文绣，她是不可能再嫁给臣民了"，所以文绣被立为"淑妃"，和婉容一起进了宫。

就这样，13岁的文绣嫁给16岁的溥仪，成为末代皇帝的妃子。

表面看上去，家境贫寒的文绣就像是幸运地得到了水晶鞋的灰姑娘。可惜，她所嫁的并不是骑着白马的王子，而是爱抽大烟的溥仪。这位年轻的亡国之君，既无力逆转历史的走向，心里又充满穷途之哀，只能日复一日注视着大清王朝与天际的夕阳一起陨落。

文绣入宫之初，溥仪对她十分眷恋。但对于帝王而言，女人往往只是工具或者玩物而已，他们需要的是那种俯首帖耳、唯命是从的女子，连有名无实的皇帝溥仪也不能例外。然而，文绣却偏偏不是这种女人。从进宫的第一天起，她心里就对这莫名其妙的命运充满了抵抗情绪。她的不安与反抗逐渐表现出来，甚至偶尔会流露出要求自由与平等的"非分之想"。溥仪渐渐疏远了文绣，以至于后来她与皇后婉容发生矛盾时，溥仪也明显偏袒婉容。

1924年11月5日，冯玉祥发动"首都革命"，溥仪被赶出了故宫。几个月之后，文绣随溥仪搬到天津，并在静园中郁闷地过了六年多。这段时间，脱离了皇宫里无形的封建纲常的压制，文绣很想改变原来在宫中的生活，甚至希望能与溥仪保持平等的身份。这些想法不仅没能改善她与溥仪以及婉容的关系，反而使溥仪对她的态度从冷淡变成了反感。据说当时溥仪与婉容住在二楼，文绣住在一楼，平日里甚至不相往来，形同陌路。对于溥仪与婉容来说，文绣就像是局外人一样。文绣后来曾将自己形容为"哀苑鹿"，称"鹿在苑内，不得其自由，犹狱内之妃，非遇赦不得而出也"。

1931年，在一次与溥仪争吵之后，文绣心中的委屈与愤怒终于爆发了，她离开了静园，并向溥仪提出了离婚。皇帝的妃子要离婚！这在当时引发了极大的轰动，少数思想开化者对这场"妃子革命"表示支持，但大多数守旧者发疯般的围攻"淑妃"，指责她大逆不道。

　　事态愈演愈烈，多番沟通后，溥仪自知再也无法劝回文绣，又不想把帝王的家事闹上法庭，只好同意离婚并签订了和解议案。文绣终于把婚离了，但离婚的议案中却有一道符咒：文绣必须承诺"永不再嫁"。

　　为了挽回体面，1931年9月，溥仪在京津沪的报纸上刊登了"上谕"："淑妃擅离行园，显违祖制，撤去原封位号，废为庶人，钦此。"离婚的事实被冠以"废妃"的名号，清朝皇室的体统与尊贵似乎得到了保全，但在今人看来，这样局促的窘态似乎更加可笑。

　　比文绣更加悲惨的是，皇后婉容最终落了个疯癫的下场。作为中国封建社会的最后一代皇后和皇妃，她们既是帝制时代的牺牲品，也是近代社会巨变的缩影。

第八章

被误读的历史新证，刷新你的认知

华歆真的是利欲熏心之人吗

说到华歆，大家可能都知道，他因为一则"管宁割席"的故事，再加上京剧《受禅台》（又名《献帝让位》）中的精彩片段，给世人留下了贪慕虚荣、为虎作伥的奸臣形象。然华歆真是为虎作伥的奸臣贼子吗？

《世说新语·德行》中记载："管宁、华歆共园中锄菜，见地有片金，管挥锄与瓦石不异，华捉而掷去之。又尝同席读书，有乘轩冕者过门，宁读如故，歆废书出看。宁割席分坐，曰：'子非吾友也！'"然而人活于世，德行高低的标准本就难以定论，见到片金拾起，遇到热闹观望，在今天看来可谓人之常情，实难因此而说华歆贪慕虚荣。

京剧《受禅台》中，献帝刘协，挂白须，着素衣，手捧玉玺，满怀亡国之痛，唱腔凄惨；太尉华歆，金冠玉带，翎羽高挑，按剑逼帝，挥来使去，一副奸臣模样。正是这副"盛气凌人、气焰嚣张"的奸邪模样，使得华歆被世人认定为助魏篡汉、助纣为虐的千古罪人。翻查正史，却并未找到关于华歆如何逼献帝让位的记载，而是在《三国演义》中有"华歆谄事魏，故草次诏，威逼献帝降之"的描述。舞台形象取材于此，岂不冤哉。

事实上，《三国志》注引华峤《谱叙》时说，华歆在曹丕受献帝禅位时，并非气焰嚣张，而是面露忧色。曹丕对此不满，问尚书陈群："我应天受禅，诸侯群后，无不人人喜悦，其形尽现于声色，唯独相国（指华歆）和你脸有不豫，这是为了什么呢？"陈群答曰："臣与相国曾为汉朝之臣，内心虽为陛下感到喜悦，但在义理上，臣等的神色实应畏惧，甚至憎恨陛下才对。"曹丕遂打消疑虑。

华歆归附曹操后，曾任议郎、尚书、侍中、尚书令，赤壁之战时任军师，于曹丕即位后拜相国，一路官运亨通，并非趋炎附势，而是乱世之中不可多得的治世之才。他主张重农非战，重视文教德化。太和初年（227），魏明帝派兵攻打蜀汉，华歆上疏坚决反对，并指出："为国者以民为基，民以衣食为本"，应先治理好本国事务，"以征伐为后事"，"兵不得已而用之"，切不能舍本逐末。时值秋雨连绵，不利于战，明帝采纳了他的建议。

华歆位极人臣，却始终廉洁自奉。当年他受曹操征召将行，"宾客旧人送之者千余人，赠遗数百金"。华歆推辞不过，就暗自在礼品上做记号，事后一一送还。魏文帝时，华歆官拜相国，但"歆素清贫，禄赐以振施亲戚故人，家无担石之储"。

华歆无论在做人还是做官方面，都并非大奸大恶，一切骂名皆因参与了汉禅位于魏的改朝换代并易其主。史书《三国志·武帝纪》注引《曹瞒传》中记载，皇后伏氏曾写信给父亲伏完，言及曹操"残逼之状"，并"令密图之"。此事泄露，曹操大怒，派华歆"勒兵入宫"。华歆"坏户发壁，牵后出"。华歆因此遭世人非议。

身逢乱世，帝王之位有能者居之，治世之才如良禽择木而栖。若有才不为国家所用，有力不救民于水火，只顾清高，明哲保身，又岂能为世人敬仰、万代流芳？华歆本是一代名相，结果却落下一世骂名，实在是冤枉。

| 建成太子是无能之辈吗 |

史书记载中，大唐太子李建成是一个不光彩的失败者，而我们对建成太子的印象则建立于《贞观政要》《旧唐书》《新唐书》这类书的基础上。相反，李世民却是一个顶着历史光环的贤明君主。可是这个所谓"贤明"君王的英明之处，不在施政方面，而在于他修改了历史史实。据记载，李世民曾经先后三次要求亲自观看高祖李渊和他本人的《实录》。然而，粉饰的历史终究掩盖不了真相。翻开各类史料，从各种自相矛盾的记载中，我们清楚地看到，建成太子并非史书所说的那番不堪。

从人品修养上来讲，史书将李建成丑化成"喜酒色游猎"之徒，无疑是为了粉饰李世民夺位的合理性。事实是怎样的呢？《资治通鉴》里说，李建成"性仁厚"，这一点倒是平实可靠。其实，若真提到好酒色、游猎，李世民倒是有些这类事迹。据史书所载，有一次，李世民随李渊到齐王府，李元吉暗伏刺客欲于席间击杀李世民。反而是李建成心地仁厚，怕因此而惊动了李渊，及时制止了他的行动。事后李元吉埋怨说："我不过是为大哥你着想罢了，这对我又有什么好处？"这一句话很妙，从上文的语气来猜测，此时李元吉为自己的行为辩护时说的，完全是一派"此地无银三百两"的情景。这就令人不得不疑心他深层次的动机。而在玄武门事变前夕，又是李元吉向李渊进言，要求诛杀李世民。而李建成的反应，史书却没有记载，若他有比李元吉更激烈的主张，史书一定会大书特书，以显示他是何等不念兄弟之情，但书中并未出现李建成欲杀李世民之事。这只能说明，李建成远不像李元吉那样，急于要置李世民于死地。因此，说李建成是个宅心仁厚的太子可谓有理有据。

说到军事才能，用史学者何木风的话说："作为李渊的长子，李建成在唐帝国未建时所立功勋是卓著的。可以这样讲，如果李渊没有李建成，就很难成为唐高祖。也就是说，有了李建成才有了后来的唐帝国。"建唐初期，晋阳起兵，定西河、下绛县、驻永丰、入长安等军事活动中，李建成冲锋陷阵，战功卓著。攻破长安也是李建成所为，这奠定了唐朝号令天下的军事基础。

除了在军事上卓有成绩外，李建成也擅长玩政治，且不逊色于李世民。李建成招贤纳士，一度网罗了魏征、王珪等人才，这些人后来也成了贞观年间的一代名臣。他在第二次对刘黑闼作战中，采纳魏征的建议，以怀柔为主，武力为辅，更显示出他政治和军事完美结合的才能。李建成当上太子之后辅佐李渊处理政务，可谓有条不紊，也表明他有较强的处理政务的能力。

与李世民相比，李建成并非如史书所说的那样不堪，他与李世民都是人中之龙，都有经天纬地之才，而李建成更是名正言顺的开国太子。只是，谁够狠谁就可以活到最后，李世民先下手为强，以下犯上，以臣逼君，最终杀了亲哥亲弟，登上皇位。假若没有李世民，李建成可能同样会给唐王朝铸造一个盛世，甚至不会比李世民差，然成王败寇就在一念之间，李世民胜在占了先机，李建成则败在不知防人。

| "潘仁美"的历史原型 |

说起潘美，也许不太有人知道，但说起《杨家将》里的潘仁美，估计就耳熟能详了。这是一个在文学艺术里塑造得相当成功的大奸大恶之人，其陷害忠良、

卖国求荣的恶行，令世人发指。然而在真实的历史中，"潘仁美"的原形，却是北宋开国功臣潘美，绝非奸佞之臣。

潘美字仲询，大名（今河北大名东北）人。初事周世宗柴荣，补供奉官。因与赵匡胤交情匪浅，当赵匡胤在陈桥驿发动兵变时，拥立其称帝。宋朝建立后，为了巩固统治地位，宋太祖赵匡胤"杯酒释兵权"，解除了开国诸将的兵权，唯独潘美例外。可见，赵匡胤对潘美信任非常。其后，潘美率兵南征北战，先灭南汉，再灭南唐，后伐辽国，屡立奇功，对北宋的统一战争做出了巨大贡献，颇受赵匡胤的赏识与器重。

潘美不仅战功赫赫，而且宅心仁厚。宋人王铚在《默记》中有记载，某日，赵匡胤看见太监带来周世宗柴荣的两个儿子，便命左右拉去斩首。当时潘美手掐殿柱，低头不语。赵匡胤看出其心事，便问："汝以为非也？"潘美回答说："臣岂敢，但于理未安。"赵匡胤便放还二子，并把其中的一个赐给潘美，即潘美的养子潘维正。可见潘美的确具有仁爱之心，品格忠厚。

如此一位开国功臣、大宋良将，为何在《杨家将》中竟成了卖国求荣的奸臣了呢？恐怕还得从宋辽之战说起。

宋太宗雍熙三年（986），辽军以十余万兵力大举入侵北宋。宋廷兵分东西两路迎击敌人，东路军由曹彬统帅，战败于涿州。西路军由潘美统帅，杨业为副帅，与辽兵接战于朔州。杨业便是《杨家将》中佘太君的丈夫，杨继业。宋辽之战，辽兵实力强大，杨业深知硬攻不可取，但随军监军王侁、刘文裕等邀功心切，主张强取，更下令逼杨业出战。杨业就是在力谏不成，被逼强攻而后援接应失误的情况下，兵败被捕，绝食身亡的。

史实如此，是否应该说是王侁害死杨业？可为何陷害忠良的罪名最终却落在了潘美头上？仔细推敲，身为统帅的潘美，历经数年征战，对其时的敌我形势应该心中有数，竟然眼看着副帅杨业被逼出战而不力保之，这恐怕就是潘美被后人非议，甚至被塑造成反面人物的根源所在吧。但潘美是故意任杨业送死而不顾，还是因有心无力、有所顾忌，仍未可知。

之所以说潘美有心无力、有所顾忌，是因为王侁的监军身份。太宗皇帝在兵制上采取了收权的措施，在军中设监军，往往由其亲自指派的宦官担任，对在外将领进行监督，负责将士的功过赏罚，甚至有权处死意图不轨的将帅。后来竟演变为监军有权处理军机，并且能使将帅服从命令。这就造成了精通军事的将帅无权，而不懂用兵的宦官发令的混乱局面。王侁恰恰就是一个刚愎自用但又深得皇帝信任的监军，也难怪潘美可能会心存自保之念而不敢与之作对，唯有眼看着副帅杨业"英雄一去不复还"了。

岁月沧桑，终不能磨灭潘美在北宋王朝建立初期的丰功伟绩。然而人言可畏，世代相传的文艺作品，致使多少历代忠臣良将被淹没在历史的长河之中，被世人唾骂？这恐怕比杨业之死，还要令人心痛吧。

吴三桂降清的历史真相

吴三桂归降清朝，使清军不费一兵一卒占领山海关，改变了整个中国历史的进程。吴三桂忠明叛明，联李破李，降清叛清，因此吴三桂是大汉奸的盖棺定论，得到了大多数人的认同。但是，学术界对吴三桂降清还有颇多争议。

公元1644年，李自成攻破北京，崇祯自杀，吴三桂放弃山海关，引清兵入关击退李自成。清政府成立之后，吴三桂被封平西王，管理云南贵州地区。吴三桂因此也被贴上了叛臣贼子的标签。

近年来，经史学家考证，当年李自成十万大军到达山海关下，吴三桂确有向清朝求援的举动，但是吴三桂是否降清，还有待商榷。

广为传诵的"冲冠一怒为红颜"的故事，历来被人们认为是吴三桂降清的主因。其实，吴三桂降清与否的疑点还是颇多的。大多数人认为吴三桂主动投降清朝，依据主要在于：清政府成立之后，给了吴三桂王爵。吴三桂作为明将，为何会被清政府封为平西王呢？极有可能是因为吴三桂投降，献出山海关，让清军能顺利通过山海关，入主中原。吴三桂的投降对清朝统一天下作出了重要的贡献，因此清政府以封王来奖励吴三桂。此外，明朝灭亡以后，南明政权曾多次要拉拢吴三桂反清复明，吴三桂却采取了追杀南明永历帝的举动，这无疑成为吴三桂背叛明朝的铁证。

但是，也有不少人持相反的观点，认为吴三桂并未降清，而是形势所迫。吴三桂的确向清政府借过兵马以攻打李自成。关键在于他所借兵马的人数——一万人。为何只是区区一万人呢？难道吴三桂因为多了这一万清兵就能打败李自成？这显然是不可能的。战场何等残酷，并不是区区一万人就能改变形势的。况且，李自成十万大军兵临山海关下，虽然吴三桂只有五万兵马驻守山海关，但是这并不代表吴三桂怕了李自成。因为吴三桂这五万兵马都是长年南征北讨而组成的精锐之师，李自成虽然在人数上占优势，可是他的大军战斗力并不强。所以，从战斗力上来说，吴三桂的大军并不输给李自成。既然吴三桂并不害怕李自成，那么他为什么还要向清军借兵呢？他又是如何借的兵呢？这就涉及与吴三桂、清朝都有密切关系的两个人，即降清明将洪承畴和祖大寿。洪承畴是吴三桂的老上司，祖大寿则是吴三桂的舅舅。当初洪承畴降清时，被俘明军有3000人，而祖大寿降清时，被俘明军有7000多人，两组人数相加正好是一万人。与吴三桂借兵一万正好吻合。在祖大寿与洪承畴的配合之下，吴三桂想要借得这一万人马也极有可能。然而，吴三桂真正的目的并不是借兵，而是要收回这一万兵马，并借此摆脱清军的威胁。吴三桂能想到的，多尔衮当然也能想到。即使如此，多尔衮还是必须要拉拢吴三桂。吴三桂与多尔衮商定，清军由中协入关，与吴军配合，两面夹击李自成。当战役开打之时，清军14万援军却直扑山海关而来。形势对吴三桂极为不利，吴三桂不得不让出山海关。换一个角度，如果吴三桂一开始就有意降清，那么他也没有必要向清军借兵，甚至发动对李自成的战役，最后还让本来已经落入自己圈套的李自成逃走，而害死了自己的亲人。

其次，吴三桂打退李自成的大顺农民军之后，南明小朝廷曾经为了表彰吴三桂打退李自成的功绩，特封吴三桂为蓟辽王。如果吴三桂降清，南明朝廷也不可能封赏一个卖主求荣的叛将。这也说明吴三桂当年并未降清。

从吴三桂刚直的性情来说，他也不可能降清。山海关之战，多尔衮背弃了与吴三桂的信约，让14万大军直扑山海关而来，吴三桂与多尔衮双方已经失去信任的基础。因此，在多尔衮执政期间，吴三桂根本不可能降清。吴三桂真正降清也应该是在多尔衮去世之后。

| 收复台湾的施琅是叛将还是忠臣 |

施琅，福建晋江衙口人，祖籍河南省固始县方集镇，字尊候，号琢公，生于天启元年（1621），卒于康熙三十五年（1696）。施琅是一个颇有争议的历史人物，人们对他的看法往往存在这样的分歧：施琅是收复宝岛台湾，促进祖国统一大业的爱国将领；他是背弃明朝，投靠清朝的叛臣。

从小生长在海边的施琅，拥有一身技冠群雄的武功。顺治三年（1646），施琅加入郑成功的抗清队伍，不久成为郑成功旗下最为得力的骁将。

早年的施琅，性格十分要强，常与郑成功擦出不和的火花。顺治八年（1651），施琅对郑成功"舍水就陆"、掠夺军饷的举动提出了异议，引发了彼此间强烈的不满。之后，施琅的部下曾德因犯罪而逃至郑成功处，并在郑军中得以重用。施琅不顾郑成功的意愿，杀了曾德，因而再次得罪郑成功，形成不可调和的矛盾。郑成功下令将施琅父子三人（施琅及父亲施大宣、弟弟施显）逮捕起来，投入大牢。施琅用计逃到大陆，可是其父和弟弟却惨遭杀害，施琅被迫降清，任福建水师提督，与郑成功为敌。

康熙二十二年（1682），施琅率领清军东征，攻克澎湖。当时，经过多次的谈判都无法达成一致的意见。而施琅对完成清朝的统一起了重要的作用，也为清奠定现代中国版图，巩固和发展多民族国家做出了贡献。

在清军入澎湖之时，有人认为施琅可以借此机会为亲人报仇，施琅却以其宽广的胸襟告之："我们的作战是为国为民，而非私事。"他还示意他的手下，不能公报私仇。

收复台湾后，朝廷内部对是否留台的问题产生了争论，在施琅等少数大臣的力争下，康熙转变了之前"弃台"的观点，认识到其战略地位的重要性，采纳了施琅的意见，决定治理台湾。

忠，自古就是中华民族的优良传统，即要尽心尽力，真心实意，没有二心。而对辗转于明清的施琅，人们的看法可谓是仁者见仁，智者见智。有人视施琅为"叛徒"，作为臣子，他必定要忠于其主。本是明朝将士的施琅，就得臣服于明朝，臣服于郑氏，乃至献出生命也在所不惜。台湾本是他的故土，而他却引狼入室，带领着清廷军队攻打台湾，这是对国家的不忠；明清之争乃满汉之争，施琅投身强大的清政府而欺凌弱小的台湾，是对民族的不仁；施琅进攻台湾，背叛了曾经的君主，是对君主的不义，由此可见是个十足的"汉奸"。

但也有人认为郑成功杀害施琅的父亲和弟弟，是不义在先，那么施琅的降清也就不是不忠。而此时清朝的建立和强大已是不可逆转的趋势，郑氏坚守的台湾与清朝政府不再是两个民族、两个帝国之间的斗争，而是关乎国家统一和领土完整的问题。不管是满族还是汉族都是中华民族的一分子，他收复台湾，是从大局出发，从整体利益出发的。他维护了中国大一统的版图，维护了整个中华民族的利益，所以说施琅是个忠国忠民的有功之士。也有人认为，评价施琅，不能够因为他投靠清军，就给他背上"叛臣"的罪名，而否定其作出的贡献，也不可因为收复台湾而一味将其尊奉为"忠义"的圣贤，忽视他易主的事实。

历史已然逝去，对于施琅的评价，不同的人从不同的角度会得出不同的结论，而施琅到底是不是忠臣，也自有后世来评说。

柳下惠并未"坐怀不乱"

古人以"坐怀不乱"一词，形容男子在两性关系方面作风正派。所谓的"坐怀不乱"者，指的便是春秋时期鲁孝公之子公子展的后裔柳下惠。事实上，"柳下"是他的食邑，"惠"则是他的谥号，所以后人称他"柳下惠"。

柳下惠曾被孟子尊称为"和圣"，因其道德学问深厚，名满天下，在当时受到很多名门贵族的推崇。有一段时间，柳下惠任鲁国大夫，后来遭人排挤，仕途蹭蹬，遂隐遁成为"逸民"。有许多贵族招揽他，但都被他拒绝。《孔子》曾记载过他不再出仕的理由："直道而事人，焉往而不三黜？枉道而事人，何必去父母之邦。"言下之意是说，自己在鲁国之所以屡被黜免，是因为坚持了做人的原则，如果不改原则，到了哪里都会遭到黜免。倘若真的可以委曲求全，何必舍近求远，在鲁国就能够得到荣华富贵。

柳下惠如此德行，自然深受诸子推崇，也正因为其品德谦厚，对礼学深有研究，于是在《诗经·小雅·巷伯》的西汉毛亨传本里，记载了这样一段与柳下惠有关的故事：

鲁国有男子名为颜叔子，独居一室，邻居独居一寡妇。一天夜里，暴风雨大作，寡妇的房子被摧毁，遂来到颜叔子这里请求庇护。颜叔子不让妇人进门，妇人问何故？颜叔子说："我听说男女不到六十岁不能同居一室。如今我年纪轻轻，你亦如此，我怎可放你进来。"妇人说："你为何不像柳下惠那样，用身体温暖来不及入门避寒的女子，而别人也不认为他有非礼行为。"男子说："柳下惠可以开门，我不能开门。所以我要以'不开门'来效仿柳下惠的'开门'"。

看罢该则典故，人们应当发现，柳下惠"坐怀不乱"是从西汉学者毛亨传《诗经》的本子中提及的，且"坐怀不乱"典故出于颜叔子之口，而春秋时期并没有关于柳下惠"坐怀不乱"的真实记载。直到元代时的胡炳文（1250~1333）在《纯正蒙求》卷上才记录道："鲁柳下惠，姓展名禽，远行夜宿都门外。时大寒，忽有女子来托宿，柳下惠恐其冻死，乃坐之于怀，以衣覆之，至晓不为乱。"

从春秋到元代，时隔一千多年的时光，纵观整个春秋史，根本没有柳下惠"坐怀不乱"之说。此乃西汉始有提及，元代方才形成真正的故事。原来人们对柳下惠在男女关系上正派的想法竟是一个天大的误会。

那么，究竟是谁杜撰了柳下惠"坐怀不乱"的故事呢？有人认为，元人应当是受了宋代程朱理学"存天理，灭人欲"的影响，为了彰显儒家传统道德，教育世人洁身自好，所以借古人引话题。而柳下惠因为是古代著名的道德学者，素有"以礼治邦""执法以平""治国以德"的美名，再加上西汉毛亨传《诗经》本中提到了柳下惠的有关内容，自然就被元人拿来大大地称赞一番。不过，西汉的毛亨作为著名的训诂学者，为何也会讲柳下惠"坐怀不乱"呢？

或许，是柳夫子高尚品行给了世人过多美好的想象，才造成了后世诸多的误解，不过这个误解尚算理想，也算是评价男子品性的标准之一。

| 赵高根本不是太监 |

赵高，一个在秦始皇魂归西天之后篡改诏书逼死长子扶苏、拥立幼子胡亥称帝的秦朝官吏，由中车府令一路升迁至当朝丞相。他操纵傀儡皇帝，玩弄皇权，巧取豪夺，陷百姓于严刑酷法、赋税徭役的水深火热之中。为官十数载，赵高处

心积虑陷害忠良，苦心筹谋篡夺王位，其结果是——他在距离王位一步之遥处，死于非命。

可是，就是这样一个坏事做尽的奸佞小人，居然也有被人冤枉的时候。世人的误读给赵高扣上了"宦官"的帽子，使他成为中国历史上宦官亡国的第一人。然而，在司马迁的《史记》中，并没有赵高列传，而是在《秦始皇本纪》《蒙恬列传》《李斯列传》中零散地记述了一些赵高的生平行事，即便如此，也没有提及"赵高是宦官"之类的说法。遍寻东汉以前的史籍文献，也没有明确指明"赵高是宦官"。那么，赵高究竟是如何成为"宦官"的呢？

说赵高是宦官，一是出于对"隐宫"一词的曲解，二是出于对"宦"字的误解。

《史记·蒙恬列传》中有记载："赵高兄弟皆生隐宫。""隐宫"一词，语义并不明确。东汉以后，一位为《史记》作注的刘姓人士不知从何得知此词的含义，竟将"隐宫"之"宫"解释为宫刑，进而说赵高的父亲受了宫刑，母亲与他人野合生下赵高兄弟。后因赵高兄弟冒姓赵，也受宫刑而成了宦官。如此以讹传讹，"赵高一家都是宦官"逐渐成为"事实"，唐代以后几乎成了一种固定的说法。

秦史专家马非百先生曾根据《睡虎地秦墓竹简》指出，"赵高兄弟皆生隐宫"的"隐宫"，实际上是"隐官"的误写。《张家山汉墓竹简》出土后，"隐官"的意义清楚明了，即"刑满人员工作的地方"，同时也用来指称"刑期已满的人"。此词无论如何都与宫刑毫不相干。除此之外，从句意上看，倘若将"隐官"注释为"宫刑"，那"皆生隐官"的解释将牵强拗口。相比之下，若注释为"刑满人员工作的地方"，则句意清晰，一目了然。由此可见，此说有其合理性，并非标新立异的突兀之说。

除"隐宫"一词使赵高蒙冤外，最致命的要数后人对"宦"字的误解了。《史记·李斯列传》有记载，说赵高是"宦人"，有"宦籍"。根据新出土的《张家山汉墓竹简》，"宦"，意为"在宫中内廷任职"；"宦人"，就是"任职于宫内之人"，相当于皇帝的亲近侍卫。"宦籍"，即"用来登记出入于宫门者的登记册"。秦汉时代，被施以宫刑去势的男人称为"奄（阉）人"，在宫中任职的阉人被称为"宦奄（阉）"。由此可见，赵高是任职于宫中的宦人，即皇帝的近臣，而不是后人所理解的"太监"。

字词上的误解，只是赵高蒙冤的源头，而源远流长的骂名，则依附于历朝历代接连不断的由宦官专权、扰乱朝纲引起的改朝换代、亡国灭族的祸患。无论是朝臣抑或百姓，都对宦官的恶劣行径痛恨不已。在文献记载的误读之下，联系史籍中赵高的所作所为，"赵高是宦官"的流言经久不衰，也可谓之"情理之中，意料之内"了。

武松没有上过梁山

大家都知道，武松是个英雄，功夫也十分了得，他的故事至今让人津津乐道。"赤手空拳打虎""醉打蒋门神""大闹飞云浦"等，每一个故事都脍炙人口，让人拍手称快。他的行侠仗义给人们留下了深刻的印象。

《水浒传》是一部小说，所以大家可能会把武松当作小说中的人物，认为武松在现实生活中是不存在的，他的英雄事迹是作者杜撰出来的。

其实不然，历史上确实有武松这样一个人。经历史学家考证，武松是今河北省邢台市清河县人，生活在北宋年间，身怀武艺、有勇有谋。他是一个下层侠义之士，崇尚忠义、快意恩仇。

虽然他在小说中的事迹是杜撰出来的，但他的确是一个为民除害的英雄。

《临安县志》《杭州府志》《浙江通志》等史籍中都有关于武松的记载：武松，原系浪迹江湖的卖艺人，"貌奇伟，尝使技于涌金门外"，"非盗也"。杭州知府高权见武松武艺高强，才貌出众，就邀请他来府衙当督头。不久，因功被提升为提辖，成为知府高权的得力助手。后来，因高权得罪权贵，被奸人诬陷而罢官。武松也因此受到牵连，被赶出衙门。

继任的新知府是太师蔡京的儿子蔡鋆，是个大奸臣。他倚仗其父的权势，在杭州为非作歹，横行霸道。百姓怨声载道，便给他起了个外号叫"蔡虎"。武松对这个"蔡虎"恨之入骨，决心拼上性命也要为民除害。

一日，他身藏利刃，躲在蔡府附近，等到"蔡虎"前呼后拥回府的时候，便箭一般地冲上前去，向蔡鋆猛刺数刀，当即结果了这个坏蛋的性命。官兵蜂拥前来围住武松，武松终因寡不敌众被官兵捕获。后惨遭重刑死于狱中。

从这里可以得知，武松除害后在狱中"遭重刑"而死，并没有上梁山。

杭州的老百姓"深感其德"，为了纪念这位好汉，将他葬于杭州北山街西泠桥畔，面对着秀丽的西湖。后人立碑，题曰"宋义士武松之墓"。

如此侠义之人自然成了小说家笔下完美英雄的化身，其中尤以施耐庵通过艺术加工，将他塑造成了《水浒传》中武松的形象，至于武松最后的结局，《水浒传》也写到他成了清忠祖师，得享天年，实在是一种符合老百姓心愿的、美好的艺术处理。

| 岳母从未刺字 |

孟母三迁，岳母刺字，这些都是民间流传下来的小故事，有很深的教育意义。听这些故事不禁让人觉得，凡是一心为国的大英雄，都必然有一位深明大义、知书达理的母亲。那么，岳飞的后背上是否刺有"尽忠报国"四个大字呢？如果有，真的是岳母亲手刺上去的吗？

很多史书都对岳飞背后的刺字做了记载。首先来看《鄂国金佗粹编》中第九卷《遗事》中的一段文字："先臣天性至孝，自北境纷扰，母命以从戎报国，辄不忍。屡趣之，不得已，乃留妻养母，独从高宗皇帝渡河。河北陷，沦失盗区，音问绝隔。先臣日夕求访，数年不获。俄有自母所来者，谓之曰：'而母寄余言：为我语五郎，勉事圣天子，无以老媪为念也。'乃窃遣人迎之，阻于寇攘，往返者十有八，然后归。先臣欣拜且泣，谢不孝。"而在《宋史》第三百八十卷《何铸传》中描写岳飞被审问的时候提到的："飞裂裳以背示铸，背有旧涅'尽忠报国'四大字，深入肤理。""深入肤理"这四个字说明"尽忠报国"四个字已在岳飞背后多年，结合上面一段古人留下的文章，岳飞的母亲要求他为国家效力，其间托人转告，勿念家中老小，并未提及刺字一事。转而到了岳飞被审问，背上的"尽忠报国"就已经"深入肤理"，刺字的时间上首先出现了疑问。

其次，就刺字这件事而言，岳飞之母虽深明大义，但毕竟只是一名村妇，中国自古讲的是"女子无才便是德"，不要说刻字，可能连字都不识。对于刺字这门手艺，也不是谁都可以的，这一点从《水浒传》中就可以得到证实。《水浒传》第八回中说到林冲要被在脸上刺字发配充军的时候，有这样的文字："唤个文笔匠，刺了面颊"；第十二回说到杨志被判刑的时候也提及"唤个文墨匠人，刺了两行金印，迭配北京大名府留守司充军"。可见，刺字这件事的确不是谁都会的。

那么岳飞背上"尽忠报国"四个大字到底是谁刻上去的呢？

明朝末年，冯梦龙所撰写的《精忠旗》一书给了我们确切的答案。书中第二折"岳侯涅背"就告诉了我们岳飞背上的字到底是谁刻上去的。后人摘录出这样的文字：生说："张宪，你把刀来，在我背上深深刻'尽忠报国'四字。"生解袍露背介，末说："怕老爷疼痛。"生大怒介，说："唉，我岳飞死且不惧，怕什么疼痛！"末说："既如此，小人大胆动手了！"作刻介，末说："刻完了。"生说："与我以墨涅之。"末应涅介，外与生穿衣介，末说："老爷固然立志报国，何苦忍此疼痛？"生说："张宪，如今为臣子者，都则面前媚主，背后忘君，我今刻此四字于背上呵，唤醒那忘主背君的，要他回顾。"这里的"生"指的就是岳飞，而"末"指的就是张宪。也就是说，岳飞背上的"尽忠报国"并不是他的母亲刻上去的，而是张宪刻的。刻这四个字的目的也不是像后人流传的那样，是岳母为了时刻提醒岳飞要尽忠报国，而是岳飞要给背主忘君的人敲一个警钟。

而岳母刺字的传说则是直到康熙五十三年，《如是观传奇》的问世才出现的。这本书中第一次出现了岳母为岳飞刺字的情节，说岳母刺字是为了提醒岳飞要时刻记得助君主击退胡酋，并且这时已将先前的"尽忠报国"讹传为"精忠报国"。

此后清朝与岳飞相关的各个版本的书籍都会以此为依据，添加岳母刺字这一段，场面描写也是越来越具体，越来越激昂悲壮。自此，岳母刺字的故事就这么被大家误传开来。

| 倭寇主要是中国人 |

戚继光带领戚家军抗击倭寇是人们耳熟能详的故事。现代人几乎都以为，倭寇就是指来自日本的海上盗贼。其实不然，只因为日本古称倭奴国，而最早的一

批海盗来自倭奴国，所以人们才有这样的误解。

公元13世纪开始，倭寇频繁出现在中国、朝鲜沿海，直到16世纪才渐渐消泯，前后历时达三百年之久。这些倭寇并非纯正的海盗，虽然他们曾经被归类为海盗，但其实际劫掠的对象不仅仅是海上船只，有时还直接深入陆地，劫掠海边城镇，杀害大量平民百姓。这也就决定了倭寇不仅是海盗那么简单，还包括内陆上与之勾结的盗贼和奸商。他们最主要的成员是日本武人、浪人（不同国家流亡海上的败将残兵）、海盗商人和破产农民。

在这里，"浪人"这个概念需要解释一番。元朝末年，不少民间的武装力量被朱元璋打败，因为无法在中土立足，所以有很多逃亡日本，以日本周边的海岛为根据地，联合部分不受政府控制的浪人和武士，返回中国海岸抢劫。也就是说，日本的浪人其实有很大一部分本是中土人。所以说，倭寇仅指日本人，显然是不正确的。

再者，倭寇的侵扰行为并未受到日本政府的指使。13世纪至16世纪，日本正值软弱无能的室町幕府统治时期，后又逢战国时代，天皇形同虚设，根本无力管理地方藩镇和武士，四分五裂的日本国无暇顾及是否有倭寇出海横行。不仅如此，由于倭寇会从中国、朝鲜等地抢掠大量珍贵物品回到日本兜售，间接刺激了日本的经济发展，所以日本政府对倭寇横行事件便睁一只眼闭一只眼。既不纵容，也不控制的态度，令明朝政府无法直接指责日本，只能自行解决。

据史料记载，当时中国沿海的一些不法分子进行走私活动，他们不仅拥有强大的武装力量，还会时而勾结无业的日本武士在中国沿海贩私抢劫。其中，李光头、许栋、汪直、陈思盼等大走私贩闻名一时，令中国沿海居民闻风丧胆。真实的历史就是，十寇倭者三四，其余皆是本地豪强霸王。

明成祖朱棣永乐十七年（1419）六月，明辽东总兵刘江率师于"望海埚"全歼数千来犯之倭后，倭寇稍稍敛迹。但随着明政府海防逐渐薄弱，倭寇再次泛滥。直到1563年，戚继光、俞大猷等带领家将大破倭寇，同时整顿内陆奸贩，才强硬地遏制倭寇活动。1567年，明政府终于解除了长达两世纪的海禁，允许中国商人到南海通商，随着商贸活动的频繁，四邻皆能获得优惠，倭寇活动才大大减少。

董鄂妃不是董小宛

明末秦淮名妓的爱情故事不知被后世演绎了多少次，故事被民间加工得跌宕起伏却又极具传奇色彩。比如引得吴三桂冲冠一怒为红颜的陈圆圆；跳水殉情的柳如是；还有一位更戏剧化的人物董小宛。董小宛如此有名，除了她本身作为秦淮名妓艳名远播之外，最重要的是后人还把她与清世祖顺治皇帝联系在了一起，认为董小宛就是清史上记载的与顺治帝情投意合的董鄂妃，即那个让少年天子顺治出家的女主角。

与顺治帝倾心相爱的董鄂妃，真的是董小宛本人吗？其实把顺治帝与董小宛联系起来实属无稽之谈。

董小宛是明末秦淮名妓，名白，生于公元1624年，卒于公元1652年，是冒襄（辟疆）的妾。冒襄是当年江南的四大公子之一，他曾经与秦淮河畔的另外一位风云美女陈圆圆有过一段风花雪月的交往，但是最终也随着陈圆圆入宫无疾而终。后冒襄又同与陈圆圆齐名的董小宛交往，董小宛虽然是秦淮河畔的美女，才色双全，但是她的出身也注定了她为妾的命运。冒襄曾作《影梅庵忆语》以及《如皋冒氏严书·家乘旧闻·亡妾董小宛哀辞》来描述董小宛，这是历史上唯一有关董小宛的记载。

至于顺治皇帝，《清史》等正史之中有详细的记载。顺治帝即清世祖爱新觉罗·福临，是清太宗皇太极的第九个儿子。皇太极去世之后，皇太极长子豪格与皇太极之弟多尔衮陷入帝位之争，但是双方实力相当，最后在不得不妥协的情况下选择了年仅六岁的福临继承帝位。称帝后的福临在摄政王多尔衮的帮助之下，从满洲汗国的汗王一跃成为中国皇帝，少年皇帝的名字可谓实至名归，上天给他两个贵人，多尔衮和吴三桂。多尔衮代替他征战南北，吴三桂一怒为红颜，使多尔衮的部队能够不费吹灰之力越过山海关，占领了北京。

顺治这么一个异族皇帝与董小宛这么一个汉族美女又是如何被联系在一起的呢？

误会还起源于大文豪龚鼎孳《贺新郎》中"难倩附书黄犬"这句词。《贺新郎》这首词是龚鼎孳读冒襄《影梅庵忆语》而作的观后感。人们认为"黄犬"就是清廷太监，据此推测出董小宛曾入宫。其实"黄犬"最先出自《晋书·陆机传》，"初，机有骏犬，名曰黄犬，甚爱之"。所以"黄犬"也只是一个典故罢了，根本不是指太监。

其次，生于公元1638年，六岁继位的顺治皇帝，由母亲孝庄文皇后亲自教养，在摄政王多尔衮的主导之下，把孝庄文皇后的侄女、蒙古科尔沁部卓礼克图亲王吴克善之女册立为皇后。但是小两口的感情并不好，时有摩擦发生。后来顺治与常到后宫入侍的董鄂氏相恋，董鄂氏因此被封为皇贵妃。人们把董小宛与顺治联系起来，可能是由于董鄂氏与董小宛同姓董，而且都是才色双全的美人。但是，冒襄《如皋冒氏严书·家乘旧闻·亡妾董小宛哀辞》记载，"痰涌血溢，五内崩春""脾虚肺逆"，也就是说董小宛死于痰疾，即肺结核。冒襄在《如皋冒氏严书·家乘旧闻·亡妾董小宛哀辞》的前文小叙中记载："小宛自壬午归副室，与余形影丽者九年，今辛卯献岁初二日长逝。"因此，我们可以肯定董小宛的确死于冒襄家中。而壬午就是明崇祯十五年，亦即公元1642年，辛卯系清世祖顺治八年，亦即公元1651年。所以董小宛于1642年嫁给了冒襄作妾，1651年因肺结核而死于冒襄家中。

根据两人的生卒年月，生于1624年的董小宛比生于1638年的顺治皇帝整整大了15岁。而董小宛1651年去世之时，顺治皇帝才13岁。那一个13岁的少年天子如何与一个28岁的成熟女人相恋，还谱出了一曲生死恋曲？

之所以把顺治与董小宛连接起来，只不过是好事者们进行的文学想象罢了。

|建宁公主其实是康熙的姑姑|

在古代平民百姓看来，贵为皇室公主，金枝玉叶，荣华富贵享之不尽，风光无限。然而，这不过是她们光鲜生活的表面而已，其实，这些光环的背后藏匿着鲜为人知的惨淡与痛苦。清太宗皇太极的小女儿建宁公主就是一位颇具代表性的可怜人，因其公公吴三桂，一生痛苦不已。

众所周知，驻防云贵的吴三桂作为三藩之首，位高权重，连万人之上的皇帝也畏惧他三分，坐立难安。为了清除吴三桂这块心病，一统海内，顺治十年（1653），顺治帝将妹妹建宁公主许配给了平西王吴三桂的儿子吴应熊，封吴应熊为十四额驸，并生得一子吴世霖。本以为利益联姻可以稍稍牵制吴三桂，然而，事实却并非如此简单，吴三桂的嚣张气焰不降反涨。

为了阻止吴三桂叛乱，免得形势进一步恶化，吴应熊和建宁公主都试图劝阻吴三桂安分守己，心向朝廷，以免弄得家、国都不安宁。但于事无补，吴三桂最终还是主演了"三藩叛乱"。

康熙十二年（1673）春，康熙皇帝做出撤藩的决定。吴三桂首先于当年十一月杀云南巡抚朱国治，自称天下都招讨兵马大元帅，提出"兴明讨虏"的口号，将矛头指向朝廷。吴三桂的军队由云、贵开进湖南，几乎占据湖南全省。进而进犯四川，四川官员纷纷投降。福建、广东、广西、陕西、湖北、河南等地都有藩王或将领响应。

为了打击吴三桂的气焰，康熙于1674年四月十三日下令处死吴应熊及其子吴世霖。吴三桂在起兵反叛前，曾派人到京城去秘密接吴应熊及其子吴世霖去昆明。虽然不可能劝说自己的父亲放弃起兵反叛的罪恶之念，但吴应熊也绝不会为了苟全性命而犯下叛逆之罪。按照大清的律例谋反大罪是要株连亲属的，作为吴三桂的儿子将被处以极刑，这一点吴应熊心知肚明。即便这样，也宁愿留在京城接受惩处，到死也要做大清的子民。

"为叛寇所累"的额驸及其子吴世霖为三藩之乱付出了生命的代价，顷刻间建宁公主失去了丈夫和儿子，失去了属于自己的家庭。这一年她才33岁，其悲伤和心碎之痛可想而知。在此后其独自支撑的30年中，虽然康熙多次下诏安慰在三藩之乱中受到巨大伤害的姑母，然而，这又怎么能够治愈建宁公主心灵的创伤呢？

| 康熙不可能爱苏麻喇姑 |

在《康熙大帝》里，贯穿整本书的就是康熙和大他几岁的美貌少女苏麻喇姑之间缠绵忧伤的爱情故事。在很多电视剧里，都把苏麻喇姑塑造成康熙帝的初恋，是康熙帝的忧伤情人。特别是《少年康熙》里面，那个皎皎如白玉兰一般的苏麻喇姑，那个立在一树白花下微笑和铰发时断然坚定的苏麻喇姑，让人久久不能忘怀。但是，苏麻喇姑和康熙真的有过一段如此唯美的爱情吗？

其实，对比一下他们的年龄差距，就知道他们之间不可能发生姐弟恋。

苏麻喇姑，蒙古族人，出生在科尔沁大草原一个贫苦牧民之家，出生年大约在明万历四十年（1612）前后。原名索玛勒，意思是毛制的长口袋，自幼在蒙古科尔沁贝勒宰桑家当使女。公元1625年二月，年仅13岁的孝庄文皇后嫁给皇太极的时候，她作为贴身侍女，一同被带到宫中，此后在皇宫中一住就是80年。顺治晚期或康熙年间改称苏麻喇，意思是"半大口袋"。康熙四十四年（1705），苏麻喇姑以九旬高龄在清宫作古。

康熙，清圣祖玄烨，清入关后第二位皇帝，姓爱新觉罗，顺治帝福临第三子。母佟佳氏，汉军都统佟图赖之女。顺治十一年（1654）三月十八日生于景仁宫。顺治十八年，福临去世，以八岁孩稚继承皇位。改次年为康熙元年（1662）。康熙二年二月，生母去世，由祖母博尔济特氏（孝庄文皇后）抚育。康熙自幼苦读，好学不倦，身体强健，骑射娴熟。14岁亲政，在位61年，一生勤奋治国，开创了一代盛世，是中国古代杰出的英明帝王。

根据历史事实可以看出，苏麻喇姑1612年左右出生，康熙祖母孝庄皇后1613年出生，苏麻喇姑和孝庄是同辈人，即是康熙的祖母级人物。康熙1654年出生，比苏麻喇姑小整整42岁。康熙即位时虚龄只有8岁，此时苏麻喇姑已经50岁了，怎么可能还是如花少女？试想，一个八岁的孩童怎么可能与一个跟她祖母一样年龄的人发生暧昧关系？

再者，苏麻喇姑在生活上有一个与人不同的特点：终年不浴。只有到年终最后一天即除夕之日，才用少量的水洗一洗身体，然后再把这些用过的脏水喝掉。试想，一个普通人都难以接受这样的习惯，更何况是九五之尊的皇帝？

其实康熙幼年曾经患上天花，根据当时的规矩，他避痘离宫，离开亲人到福佑寺里养病。在这段艰难的日子里，正是苏麻喇姑一直守在康熙身边无微不至地照顾着他，直到他彻底康复。

因此可以说，苏麻喇姑是康熙的生命守护神，是康熙一辈子都感激的人，他们之间有的是类似亲情的东西，但绝对不是爱情。

华佗到底是不是中国人

华佗，字元化，沛国谯县（今安徽亳县）人。史载他生于公元108年，卒于公元208年，享年近100岁。他是古代著名的医学家，精通内科、针灸和外科手术，并发明了一种麻醉药剂"麻沸散"。还模仿虎、鹿、熊、猿、鸟的动作，创造了健身操——五禽戏。

因为他医术高超，所以千百年来，他一直深受人们的崇敬和爱戴。

然而，国学大师陈寅恪宣称：华佗并不是中国人！陈寅恪一生以"治学严谨"著称，他的证据主要为以下两点。

第一，他认为，天竺语（即印度梵语）"agada"是药的意思，旧译为"阿伽陀"或"阿羯陀"，为内典中常见之语。"华佗"二字古音与"gada"相对应。"阿伽陀"省去"阿"字者，就好比"阿罗汉"可以省略仅称"罗汉"一样。华佗的本名为"敷"而非"佗"，当时民间把华佗比附印度神话故事，因称他为"华佗"，实以"药神"视之。他的意思很明显，"华佗"这个字和音均来源于印度神话，是当时中国的好事者将印度神话在民间传播，以致最后被陈寿等拿到了中国的历史之中。

第二，他认为，华佗的原型可能曾在中国存在，也可能真是沛国谯县一带人，甚至也有可能"通晓"一些养生之术。但此人后来变成了"华佗"则完全是将印度之"佗"（药王神）强加给了这位中国人。这位中国人搭上了顺风车，成了人们敬仰的神秘人物。

陈寿的《三国志》记载，华佗治病时，会对不同的病症施以不同的治疗，比如病人必须动手术的，便让他服下麻沸散，然后再破腹取出患结。病患如果是在肠子里，就切开肠子进行治疗，再把腹部缝合，在伤口敷上药膏，四五天后伤口便痊愈了，不再疼痛，病人自己也没有感觉，一个月左右，伤口就会完全长好。这个故事其实来自于耆域治拘睒弥长者儿子的病。

又如，华佗治广陵太守陈登的病时，他让陈登服了两升汤药，吐出了大约三升虫。虫被吐出体外时，它们红色的头还在蠕动，半截身子像是生鱼片。这个故事其实和神医耆域的故事也有类似之处。

而日本学者松木明知则认为，"华佗"二字是波斯文"XWadag"的谐音，其含义为主或神。所以华佗不是人名，而是主君、阁下、先生的意思，引申到华佗个人的职业应是"精于医术的先生"之义。同时，他指出，波斯（古称安息，今之伊朗）国人经"丝绸之路"而东渐，华佗可能是经此路而游学徐土（今徐州）的波斯人。波斯人经丝绸之路入中原有据可依。根据这些，松木明知先生断言：华佗是由丝绸之路过来，游学徐土（今徐州）的波斯人。

关于华佗的身世众说纷纭，但他是中国历史上被神化、被理想化的神医，这一点是没错的。

| 谁是第一个到西天取经的僧人 |

《西游记》中的唐僧是以玄奘为原型塑造出来的。历史上的玄奘是一位有着多重贡献的高僧。他把梵文佛经翻译成汉语，又把汉语著作介绍到外国，丰富了我国佛经，也促进了中西文化的交流，所以，他的名气是很大的。不过，你可能不知道，还有比唐僧更早的去西天取经之人，而且不止一人。

历史上第一位去西天取经的人是高僧法显，他是现在的山西襄丘人，俗姓为龚，在家中排行第四。当时父母怕养不活他，就把他送进仙堂寺去做小沙弥，希望他能得到佛祖的庇佑。

几十年的修炼，使他对佛学的研究和探索达到了炉火纯青的地步，成为当地学问最深的僧侣。当他发现现存经书有很多错误和残缺时，为了维护佛教"真理"，矫正时弊，年近古稀的他萌生了西行取经求法的念头。

一天，他在洗脸时，突然看到自己映在水中的衰老面容，便长叹一声道："若再犹豫，我的夙愿就要化为泡影了。"于是，在东晋隆安三年（399）的三月，年已62岁的法显同慧景、道整、慧应、慧嵬四人一起，从长安动身，向西进发，开始了漫长的西行。次年，他们到了张掖（今甘肃张掖），在这里又有一批僧侣加入。

他们沿着古代"丝绸之路"西出阳关，进入白龙滩大沙漠。法显一行不畏艰苦，冒险前行，经过17个昼夜，行程1500里，终于走出了这片死亡之海。

之后，他们沿塔里木河向西北行进，到乌夷国（今新疆北部），又折转南下，进入塔克拉玛干大沙漠。法显在回忆这段行程时写道："行路中无居民，沙行艰难，所行之苦，人理莫比。"

公元404年，法显和道整终于来到了印度佛教发祥地。相传这里是佛祖释迦牟尼生前居住说法最久的地方。公元410年，法显踏上了归国的征途，他的最后一个同伴道整留居印度不走了，他却大志不改，孤身一人前行。回国后，他被当时江西庐山东林寺的著名高僧慧远接到南京讲经和译经。他历时五年译了经典六部，共63卷，计100多万字。后来，已近暮年的法显迁往荆州，于公元422年圆寂，享年86岁。

第二位取经人是高僧昙无竭，他本姓李，幽州黄龙人（现辽宁省朝阳市）。据《高僧传》记载，昙无竭很小就在龙翔佛寺出家，他潜心修炼，遵守戒律，在众多僧徒中表现得出类拔萃，很快就成了龙翔佛寺僧众中的佼佼者。

在修行的过程中，他常慨叹佛经残缺不全，又听说山西有僧人法显等躬践佛国，从古印度取回真经，于是他立下誓言，决心亲赴西天取经。

公元420年，昙无竭和僧猛、昙朗等25人，携带法器、食钵等物，从燕都龙城出发，向西行进。他们先到今天的青海，再出甘肃的河西走廊，穿过新疆吐鲁番东等地，翻越雪山大漠、绝壁深渊。同行取经的25名东北和尚中，有12人坠崖而亡，有8人途中饿死，最终只剩下昙无竭等5人。

历经数年，最终到达现在的阿富汗、巴基斯坦和印度等地。昙无竭在印度各地礼拜佛陀圣迹，寻访名师，学习梵文经典数年后，从南天竺搭乘商船，过印度洋、南海，一行人安全抵达广州。回国后，昙无竭住在江南弘扬佛法，直至去世。他将在西天寻求的梵文《观世音受记经》译成汉文后，广泛流传于南北各地，后收录于《大藏经》中，为古今世人所传诵。昙无竭将在西天取经的游历与见闻写成《历国传记》，欲传后世，可惜此书早已失传。

他们西天取经回来，法显带回并翻译的佛经有6部24卷，昙无竭带回一部佛经，玄奘带回并翻译的经、论有75部1335卷，他们为我国佛教文化发展和古代中印文化交流而作出的贡献永远值得称颂。

| 明朝"隆庆开海"的真正目的 |

自明太祖朱元璋于洪武四年（1371）诏令"濒海民不得私自出海"开始，标志着明朝持续200多年的海禁政策确立了下来。该诏令一经下发，全国所有海船悉数改为平头船，出入须有官方正式手续，而民船则不能从事海运。然而，当这个禁令还在大发神威的时候，隆庆年间竟然出现了开放海禁的现象，不禁叫人称奇。为什么一向施行海禁政策的明政府突然解除了海禁呢？这一切的根源可以从倭寇那里追溯起来。

倭寇不仅仅是日本武士和流民，其中也包含元末时逃亡日本的中土武装组织。而倭寇之所以能在明朝时于中国东南海岸大肆横行，也与陆地上一部分奸商里应外合的行径有关。由于国家强制禁止海上商贸，一些民间商人遂通过走私来与外界通商，其中大的走私商贸团伙与倭寇相互勾结，劫掠船只，甚至引倭寇直接深入内陆抢劫，或与倭寇进行商贸往来。另外，这些走私商团也拥有大量的武器装备，成了朝廷的心腹大患。

为了阻止倭寇继续侵犯沿海边境，解除沿海商人的武装力量，明政府几代朝臣都曾向帝王提出实行开放沿海、与外通商的建议，但均被否决。直到明穆宗隆庆皇帝时期，皇帝欲重振朝纲，对内实行了一些安抚政策，同时也下达诏令，开放漳州月港一带地区的海禁，准许中国商民出海贸易。

这一举措一经实施，明朝的海上贸易事业就如火如荼地开展起来，为国家带来丰厚的财政收入，同时也有效地遏制了走私集团的发展，倭寇也因此大大减少。然而，我们应当意识到，对于偌大的中国海岸线，仅仅是漳州月港开放，就能够满足海上贸易的需要了吗？当然不是。而且明政府也不是真正打算开放沿海地区，只不过通过开放一个点状地区而遏制整个负面势力。明政府的目的从"隆庆开海"的"出海船引"制度就可以看出。

所谓"出海船引"，就是凡可以在月港出海的商人，根据规定首先要在自己所在地邻勘报保结，然后向所在道府提出申请，经由海防机构核准后，发给商人船引。一般来说，担保人多是牙商（俗称商贸中介）和洋行（专门经营海外贸易的中介商人机构）。这道手续看似简单，实则要将商人的祖宗、亲戚全部录清楚，然后把自己所贩货物明细丝毫不差地交代。除了这些手续之外，商人还要交

"引税"，相当于关税性质的钱财。

关于申请海外商贸的商人户籍，政府也有严格规定。除了漳州、泉州二府商人外，其余地区商人申请出海的手续更加严格，广、浙、福州、福宁等地商人，如若没有买通关系，几乎做不了海外生意。对于海外贸易地区，明政府也有明确规定，诸如禁止与日本进行贸易往来等。

明政府的所谓"解除海禁"，表面上开放，实则是为了更好地控制海上贸易。隆庆时期福建巡抚许孚远曾言："于通之之中，寓禁之之法。"一语点破了明廷真正的开海目的，不过是在有限开放基础上更好地实现"海禁"政策。

可是，明朝政府忽略了一点，越是被严格控制的事情，越容易向白热化方向发展。从事海贸的商人们想尽办法、绞尽脑汁出海做生意，谋取暴利之心从未消泯，倭寇虽然渐渐淡出历史的视线，但中国却逐渐招来了觊觎东方财富的西方野心狼。

| "公主坟"葬的是哪位公主 |

北京西郊复兴门外，复兴路和西三环路交界处的街心花园，有个著名的旅游景点叫公主坟。对于这个公主坟，民间自古传说颇多。自从电视连续剧《还珠格格》播映后，人们对京西公主坟内埋葬的公主是谁，引发了高度的关注。

公主坟里埋葬的到底是谁呢？民间主要有以下三种传说：

1.降清明将孔有德之女孔四贞。这是最广为流传的一种说法。传说因明将孔有德降清后屡立战功，顺治六年被封为"定南王"。顺治九年，孔有德在桂林被明将李定国围困，受伤后自杀身亡。顺治母亲孝庄皇后收养其女孔四贞为义女，并封为和硕公主，成为清朝唯一的汉族公主。她死后就埋葬在北京西郊。

2.元帅金泰的妻子。传说汉人金泰从小被满族人收养，因立下战功被封为元帅。在游园时与公主相遇，一见钟情。但是朝中老臣却从中作梗，令皇帝流放了金泰，贫病交加的金泰上书公主，说见信时我已不在人世了。公主见信后从容服下毒酒，追随爱人而去。皇帝无奈，于是将金泰草草葬于香山，而将公主远远地埋在了今天的公主坟。

3.乾隆的义女。相传，有一年乾隆与刘墉、和珅到民间微服私访。行走中不知不觉天色已晚，乾隆感到又累又饿，于是便在一个小村庄向一农户借宿。农户家就一老汉和小姑娘，老汉心地善良，让乾隆他们免费食宿。乾隆很喜欢这个小姑娘，第二天出门时对老人说："老人家，你要乐意，就让您的女儿给我做干闺女吧！"老人一听很高兴，就让女儿过来拜见了干爹。乾隆掏出一块黄手帕，递给姑娘，"孩儿如遇急难，可拿它到京城找我，只要一打听皇……"，这时刘墉哼了一声，接着说："打听皇家大院！"乾隆忙改口："对！对！皇家大院。"

几年后，赶上连年闹灾荒。父女俩实在过不下去了，只好到京城来找姑娘的干爹。父女俩找遍北京，也没找到干爹的黄家大院。不久，老汉就去世了，姑娘情急之下来到护城河边，想寻短见。就在这时，正好遇到刘墉，于是刘墉就将姑娘带进了宫。乾隆自然是忘了这回事，但是有刘墉作证，怎么赖得掉？于是便将姑娘留在宫中。可是姑娘在宫中没住多久就患病去世了。乾隆就准备草草埋葬了，可是刘墉却说："这位公主虽说不是万岁亲生，却是您自己认的干女儿啊！并且留有信物，就这么草草葬了，万岁脸上可不光彩呀！"于是乾隆只好传旨，按公主的葬礼，把姑娘葬在了公主坟。

虽然对公主坟里埋葬的公主的传说有很多，而且说法各不一样，但公主坟内的公主是谁，早在1965年北京市政府修建地铁一号线时，文物部门就对公主坟进行了考古挖掘，并参考历史资料考证，谜底早已揭开。

原来公主坟内葬的是嘉庆皇帝的两位公主（满族称为格格）。两位公主分别葬东西两边，东边葬的是庄敬和硕公主，她是嘉庆的第三女，是和裕皇贵妃所生，生于乾隆四十六年（1781）十二月。她于嘉庆六年（1801）十一月，下嫁蒙古亲王索特纳木多布济。嘉庆十六年三月卒，年31岁。西边葬的是庄静固伦公主，是嘉庆第四女，为孝淑睿皇后所生，生于乾隆四十九年。她于嘉庆七年下嫁蒙古族土默特部的玛尼巴达喇郡王。嘉庆十六年五月卒，年28岁。

由于清朝的祖制，公主下嫁以后，死后不得入皇陵，也不能进公婆墓地，必须另建坟茔，所以北京郊区有很多公主坟，有的地方现仍叫公主坟。因和硕公主和固伦公主是同年而亡，仅隔两个月，所以埋葬在一处。两个墓葬都是夫妻合葬墓，陪葬有许多珍贵物品。墓地原有围墙、仪门、享殿等地面建筑，四周及里面广植古松、古柏和国槐、银杏等树木。地宫均为砖石结构，非常坚固。之后，由于年久没有人打理，才逐渐没落，遂不为外人所知晓。

揭秘北洋海军的工资

1861年，咸丰皇帝去世后，小皇帝同治继位，因为年幼无力，慈禧与慈安两位太后垂帘听政，辅佐政事，清朝进入了女人当家的时期。在这以后的20多年里，中国社会还算是稳定和平，但在1885年八月二十三日的时候，这短暂的安逸被打破。

当日在福建海面的马江，法国海军与中国的南洋舰队作战，仅仅40分钟，中国舰队就被击沉。这件事情对于清政府来说，无疑是一个巨大的刺激。举朝上下一片愤慨，众大臣提议重建海军，重振声威。

一遇到重大状况，女人总是显得慌乱无章。慈禧当时既想出口恶气，又害怕得罪外国人，一时间矛盾重重。此时，一个男人坚决地站了出来，力挺此事，替慈禧解了燃眉之急。他便是鼎鼎大名的北洋通商大臣李鸿章。

李大人的办事能力一流，不过三年时间，便将海军风风火火地建立了起来，而且还排到了世界的第七位，亚洲第一位。这支北洋海军成立不久，便出现了满员，甚至超员的问题，许多绿营兵，甚至是八旗子弟，都纷纷要求去当北洋海军。有些人为了能进入海军系统，不惜砸锅卖铁，请客送礼，很是下血本。

不过区区一个北洋海军，居然能吸引这么多兵源，其中还不乏高干子弟，个中缘由恐怕只有李鸿章自己能够解释——北洋海军的薪水高。

军人是用来打仗护国的，以生命保障国家和人民的安全。所以，要有足够的动力，才能让他们奋勇向前，不退缩败阵。而海军的要求也更为严苛一些，不但需要懂得打仗，还需要懂得航海技巧。

所以，想要进入北洋海军，都必须是正经的水师学堂毕业，也就是古人所说的科班出身。想要加入北洋海军，不但要会读书识字，还需要掌握舰艇知识，更需要懂得作战技巧，可谓是文武兼备，这样的人难以寻觅。所以，高薪的制定，也是为了能吸引到综合性人才为海军所用。

李鸿章在这一点上还是很有远见的，他力主高薪养兵，希望能以此加强海军的战斗力。所以，在一开始制定海军的章程时，他就明确下达了指令，北洋海军的薪水要高于其他军种。

为此，北洋海军的薪水进行了提升，军官的年薪分为两部分：一是"年俸"，二是"船俸"，也就是基本工资和年底分红。不但如此，还取消了其他军队里那些乱七八糟的薪、蔬、烛、炭、心红、纸张等薪水分类的名目。

这样下来，北洋海军的薪水就很可观了，根据记载，大概标准如下：

海军提督一年收入大概为8400两白银；

海军总兵一年收入大概为3960两白银；

海军副将一年收入大概为3240两白银；

海军参将一年收入大概为2640两白银。

这都比其他军种里同级别的官兵多个三两倍。还不止如此，北洋海军还有其他的额外收入，例如，军舰的维修费用也可以有部分划入海军的薪水中，叫作"行船公费"，大到煤炭装卸，采购物资，小到购买油漆，更换国旗，都能让海军捞到油水。

这笔费用根据舰艇的吨位大小各不相同，吨位越大，油水就越多。例如北洋舰队的几支主力舰船"定远""镇远"的行船公费每月各有850两，而其他一些小吨位的舰船就会少个二三百两。

这些费用都是政府买单，李鸿章为了重振海军，不惜大下血本，令北洋海军成为名噪一时的"不差钱"部门，人人挤破头皮都想进去捞一把。因为，不仅军官的工资高，就连士兵们也是薪资丰厚，当时的北洋海军士兵的薪水按等级来分是这样的：

一等水手月薪10两白银；

一等炮手月薪20两白银；

岸上勤杂人员月薪3两白银；

鱼雷匠月薪24两白银；

电灯兵月薪30两白银。

不论是打杂兵还是技术兵，就连在岸边当差的人，一个月工资也有三两白银，要知道当时的人均收入可都不高。一般一家农民的年收入大概为40两白银，一个工人的年收入大概为50两白银，两相对比，就充分说明了北洋海军官兵的高薪已经远远高过了平常百姓的年收入。

李鸿章想通过高薪制度，吸引人才，打造一支与国际接轨的高科技海军，但天不遂人愿，这支海军轰轰烈烈进行到1895年的时候，便消失在了世界上。有着最好的武器装备，最精良的战舰设备，最高昂的官兵薪资，却在中日海战时，几乎没有击沉一艘日本战舰就全军覆灭了。

强大的军队需要用钱来完善，但仅仅有钱，也是买不来一支战斗力强的军队的，李鸿章不明白的正是这个道理。

第九章

不离奇的市井轶闻，不足以留后世

管仲为何被妓女奉为"祖师爷"

私妓出现于春秋战国时期。《史记·货殖列传》中记载："赵女郑姬，设形容，揳鸣琴，揄长袂，蹑利屣，目挑心招，出不远千里，不择老少者，奔富厚也。"又说："中山地薄人众，犹有沙丘纣淫地余民，民俗懁急，仰机利而食。丈夫相聚游戏，悲歌慷慨，起则相随椎剽，休则掘冢作巧奸冶，多美物，为倡优。女子则鼓鸣瑟、跕屣，游媚贵富，入后宫，遍诸侯。"另外《诗经·周南·汉广》曰："汉有游女，不可求思。"上面资料表明，这些赵女郑姬精于打扮，善于歌舞，兼善媚术，色艺俱佳。为了金钱她们不惜出卖肉体和色相，有时甚至长途跋涉。她们的经营方式主要是上门服务。《诗经》中用"游女"一词，将当时私妓的经营特点非常贴切地说明了。

营妓（也称"军妓"）的最初形式在这一时期已经开始出现。据《越绝书》《吴越春秋》等书记载，公元前470年前后，"越王勾践输有过寡妇于山上，使士之忧思者游之，以娱其意"。越王勾践为了解决士气低落的问题，让"有过寡妇"为军中"忧思者"提供性服务，这就是典型的"营妓"。虽然当时越王勾践让"有过寡妇"为军士提供性服务，但那可能只是一种应急措施，并没有形成一种制度，但它却一直被看作是中国营妓制度的雏形。

但是，真正由国家经营的娼妓业，却是由管仲开创的。

管仲，名夷吾，初与友人鲍叔牙经商为生。后来"鲍叔牙事齐公子小白，管仲事公子纠。及小白立为桓公，公子纠死"，管仲被囚，鲍叔牙"遂进管仲"，"力陈管仲之贤，桓公于是任管仲为相"。（《史记·管晏世家》）管仲在任期内，竭力协助齐桓公治理国家，实行了一系列改革。重新划分行政区域，整顿吏治，严肃军队纪律，利用官府力量发展盐铁业，促进生产，统一管理货币，调整物价，通过"尊王攘夷"控制各诸侯国内政，抵御周边少数民族。通过这些改革措施，齐桓公成为春秋时期的第一个霸主。

管仲在位时不但推行一系列改革措施，还设置"女闾"。所谓"女闾"，就是妓院。也就是说，管仲是第一个设置官方妓院的人。管仲于公元前685年被封为"卿"，死于公元前645年，因此设"女闾"制应该是在公元前685年至公元前645年之间。这比梭伦创立雅典国家妓院（公元前594年）还要早50年以上。

当时妓女数量还是比较多的，如管仲设女闾三百，据《周礼》中说"五家为比"，"五比为闾"，一闾是25家，总数当为7500家，若设七百，就有1.75万家之多。

"女闾"制开了国家经营娼妓业的先河。作为政治家的管仲，其实行"女闾"制，目的有四：一是为了增加国家收入。清代褚人在《坚瓠续集》卷一记载："管子治齐，置女闾七百，征其夜合之资，以充国用，此即教坊花粉钱之始也。"二是为了缓解及调和社会矛盾。三是招揽游士，网罗人才。当时诸侯争雄，齐桓公为了能够称霸天下，借助美女来招引人才。四是供齐桓公淫乐。齐桓公是一个好色之徒，这在文献中有所记载："好内，多内宠，如夫人者六人。"但管仲设立妓院，最重要的目的是为了从中收税以作军费。

在管仲的影响下，春秋各国纷纷效仿，后世的封建统治者也从此让娼妓制度获得合法地位，这恐怕是作为春秋时期的大政治家、思想家的管子始料未及的吧！

| 晋朝人斗富的历史真相 |

有诗曰："醉卧美人膝，醒握杀人权。"在古代男子看来，似乎应对生活的最好武器是"权力和财富"，而享受生活的最好方式则是"美酒与美人"。深谙享乐之道的晋朝开国君主司马炎对酒色这两样事物很下功夫。当他用权力和财富夺了天下后，便日日想方设法地享受。晋国大军征服吴国后，司马炎做的第一件事情便是广撒网，多捞鱼，将天下美女网罗进皇宫后院，供自己享乐。为了讨好新主，地方官们便把美女尽数运到洛阳皇宫里。

除了贪图美色，在吃喝玩乐上，司马炎也是毫不含糊，花样百出。为了满足自己的这些乐趣，他甚至把官位拿去卖钱。君主都这样恣情纵欲，贪图享乐，底下群臣就更不用说了。俗话说"上梁不正下梁歪"，他手下的人也纷纷效仿。

晋朝初期的宰相何曾就是一个典型的例子，他每天的饭钱要花一万钱，即便如此，还愁没什么可吃的。他的儿子何劭更是青出于蓝而胜于蓝，每天的伙食费是父亲的两三倍，他们一家每天的伙食费是三五千平民一个月的生活费。

而这还不算是最奢侈的，谈到晋国的奢华浪费就必须要提石崇，他和国舅爷王恺的斗富故事可谓是家喻户晓。

石崇通过打家劫舍发家后，便用钱买了个官位，从而开始了为官敛财的日子，积攒下了更大的家业，成为当时京城里数一数二的巨富。他不但住在高档豪宅里，还有着一百多个貌美如花的姬妾，而石崇每天的工作就是和达官贵人吃喝嫖赌，声色犬马。

王恺也不逊色，仗着自己是皇亲国戚，地位比石崇尊贵，便一心要和石崇比个高下。二人的斗富从厨房开始：王恺用麦芽糖刷锅，石崇就用蜡当柴火烧；王恺将几十里长的路上铺满绸缎，石崇则用更长的绸缎将道路做成了一个锦绣长廊；王恺用花椒面漆房子，石崇则用赤石脂当涂料……

逢斗必败，王恺很不服气，便去找他的皇帝亲戚帮忙，而当司马炎听到王恺斗富这种荒唐的行径时，居然还给予了支持。他让人从国库中取出一株价值连城的珊瑚树，高约二尺左右，让王恺拿去斗败石崇。

得到外邦进贡的宝物，王恺信心倍增，岂料石崇看到那株珊瑚后，一言不发地将其打碎，然后将王恺领到自己的库房中，让他任意挑选，用来赔偿他的损失。石崇库房中的珊瑚树，每一株都高大丰满，似乎王恺所展示的是最次等的货色。这次的失败让王恺彻底认输，灰溜溜地离开了。

这次斗富之后，石崇的名声更是远播。夜夜都有客人到他府上喝酒飨宴，石崇也是热情招待。在客人吃饱喝足后，要去上"洗手间"，结果发现男厕所里有十多个美女手捧托盘，上面放着锦衣华服，还有香料、洗漱用品等等。

客人要想上厕所，就需要换上新衣服，解手完毕后，还需用高档的护肤品擦手擦身，以防身上沾有臭气。

石崇只不过是晋国一个中级官僚，就如此铺张浪费，可想而知那些高级官员和帝王国戚是怎样的行径了。有一次司马炎到官员王济家去吃饭，有一道烤乳猪令司马炎赞不绝口，王济便对皇上透露了自己这道菜肴的秘诀。

他家里用于做菜的小猪全是用人奶喂养，所以才肉味鲜嫩异常。这个王济还喜好跑马，当时他看中一块地价昂贵的地皮，于是他就把跑马场一样大小的地方铺满了钱币,买下了那块地。

疯狂的奢靡最终只能换来更为疯狂的报复。在这些达官贵人沉迷享乐的时候,百姓们却经受着天灾人祸、食不果腹的日子。在毫无活路的情况下,奴隶出身的石勒终于带领着大批饥民进行反抗,他们对富人发动了野蛮的复仇战争,将男人杀死,女人霸占,肆意烧杀抢掠,整个晋国逐渐陷入混乱之中。到公元304年的时候,全国发生了可怕的饥荒,不但平民吃不上饭,就连那些一顿饭花费一万钱的贵人也是吃了上顿没下顿。

和人比富的石崇也没能逃过这场劫难,在八王之乱中被抄了家,还丢了性命。晋国就这样随着巨富们的烟消云散,在历史的长河中被毁灭了。

|古代女子劝阻丈夫出轨的高招|

爱情从来都是自私的,无论古今都是如此,现代的一夫一妻制度,尚管不住一些男人的心猿意马,古代的一夫多妻制度,更让女子需要忍受丈夫被其他人抢去的痛苦。在性与情感上,古今的女人都不希望被人侵占,都希望能够独占枕边人的身与心。

但古代并没有明确的婚姻法保护女子的权益,处于低下地位的女人只能眼睁睁地看着自己的丈夫纳妾,另结新欢,不能夜夜与自己共度春宵。于是有的女子为了捍卫自己的婚姻和爱情便想出各种招数来阻止此类事情的发生。

古代女子为什么要阻止丈夫纳妾?又是怎样来捍卫自己的权利,阻止丈夫纳妾的呢?这里必须先提一下古代男子纳妾后,在性生活方面的时间安排。

古代男子纳妾后,和妻子还有小妾的性生活便有了相应的规定,这规定一直要男性履行到他60岁为止。《礼记·内则》记载:"故妾虽老,年未满五十,必与五日之御。将御者,斋,漱浣,慎衣服,栉继笄,总角,拂髦,衿缨綦屦。"

意思就是小妾不到50岁的时候,每五天就要将自己洗干净,与男人交好。大多女子自然不希望把自己的丈夫送到别的女人的床上,但也没办法。古代不纳妾的男人实在是太少了,虽然圣贤也曾告劝过:"二八佳人体似酥,腰中仗剑斩愚夫;虽然不见人头落,暗里教君骨髓枯。"

但于事无补，男人就算不纳妾，也会去烟花之地鬼混。为了让丈夫不出轨，也为了不让丈夫与其他女人发生关系，古代不少女子做过努力。唐朝宰相房玄龄的夫人卢氏就是一个很好的例子。

房玄龄在晚年的时候，唐太宗多次赐美人于他，但都遭到了房玄龄的婉言拒绝，探问之下，才知道原来房玄龄的夫人很厉害，不许他纳妾。为了做通房玄龄夫人的思想工作，唐太宗专门让长孙皇后前往，但房玄龄的夫人只是说："妾宁妒而死！"

听闻此言，唐太宗便派人给她送去一坛酒，告诉她如果还继续反对，就要把这坛毒酒喝掉。但没想到她情愿喝掉毒酒，也不愿意和别的女人分享房玄龄，此事只得作罢。后来唐太宗感慨："我尚畏见，何况于玄龄。"

态度坚决可以阻止男人出轨，而有的女人则是心狠手辣，对勾引自己丈夫的女人下毒手，以暴力保卫自己的妻权。隋文帝的独孤皇后就是这样一个例子，她不仅与隋文帝约定："此生永矢相爱，海枯石烂，贞情不移，誓不愿有异生之子。"还从隋文帝那里要来了整治后宫的权力，让那些妃子都不敢靠近隋文帝。有一次，隋文帝刚刚临幸了尉迟氏，这个女人第二天就被独孤皇后派人乱棍打死了。不但如此，她还形影不离地跟着隋文帝，隋文帝上朝的时候，她与隋文帝共乘坐一辆辇车，退朝后，她再和隋文帝一起回到后宫。

同吃同乐同寝，相顾欢欣，俨然一副管犯人的样子。当然古代女人并不是每个都能这么铁腕，一般的女人还是多以柔情打动丈夫，阻止丈夫寻花问柳。元朝至元二十四年（1287），书法家赵孟頫娶了浙江吴兴美女管道升。管道升不仅貌美如花，还是个难得的才女，能作诗，善绘画。

不过，这也没能让赵孟頫收心。结婚不久，赵孟頫便另觅新欢了。为了挽回丈夫的心，管道升开始想办法。一开始，她写了一首诗来感化丈夫："夫君去日竹初栽，竹子成林君未来。玉貌一衰难再好，不如花落又花开。"管道升想让丈夫想想之前的情意，想想少年夫妻老来伴的好处。

除此之外，她还写了一首十分有名的《我侬词》，针对丈夫纳妾表明自己的态度："你侬我侬，忒煞情多。情多处，热似火。把一块泥，捻你一个，塑我一个。将咱两个，一齐打破，用水调和。再捏一个你，再塑一个我。我泥中有你，你泥中有我。与你生同一个衾，死同一个椁。"

不过虽然用情很深，但赵孟頫并没有因此停下纳妾的脚步，古代女子不像现代女子有很强的自主能力，很多时候，她们也只能自怨自艾，忍受这种被冷落，甚至被男人抛弃的命运。丈夫是否出轨，主要还在于他自己，女人如何出招，并不能解决根本问题。

| 古代出家要求哪些资质 |

很多人听说现在一些寺院中的出家人还要具备高学历，就觉得很不可思议，以为古代出家很容易，但凡看破红尘就可以遁入空门了。其实，在古代出家也不容易。

且不说在北魏太武帝、北周武帝、唐代武宗、后周世宗等灭佛时期，一般人想要出家难上加难，就是在古代大多数崇佛时期，想出家也不容易。在崇佛时期，一个人只要穿上出家人的衣服，帝王看到都会合掌问讯，尊敬他的道德、学问，他就是"人天师范"，即言行举止是天上、人间的榜样。所以，那时出家要经过皇帝考试，考试及格才颁发文凭，称作"度牒"。考取度牒之后，还要看这个人跟哪个道场、哪位法师有缘，方可到那里出家。若没有度牒而私自剃度是犯法的，要受国家法律的处分。

当时的进士是国家考试最高的等级，相当于现在学校里的博士学位。出家人在学术上拿到博士的学位，然后考佛法，再考德行，全部及格才发度牒。度牒就相当于国家认可的出家资格证书，是政府机构发给公度僧尼以证明其合法身份的凭证。唐代的度牒都用绫素、锦素、钿轴制成。宋代一度改用纸，至南宋仍旧用绫。度牒上一般写明所度僧尼的法名、俗名、身份（指明童子或行者及其职衔）、籍贯、年龄、所住或请住持寺院（入何寺院名籍）、所诵经典、师名等，并有礼部的批文、签署日期和官署名等。僧尼有了度牒，便取得了合法的身份，有度牒的就算是正规僧人，留居本寺或行游他方都不会被人为难，可免赋税和劳役、兵役等义务，受到政府的保护。

为增加财政收入，官府经常出售空名度牒。据宋代《燕翼诒谋录》等书，宋徽宗初年每道度牒价钱220千，卖度牒成为官府重要的收入来源。因为得之不易，大家都非常重视。《水浒》上说鲁智深溜下桃花山，"胸前度牒袋内藏了真长老的书信"，可见度牒是小心收藏的。"棒槌似粗莽手脚"的孙二娘也有温柔的一面：她取出度牒，缝个锦袋盛了，教武松挂在贴肉胸前——可见这本护身符在她心目中的分量。

另外，出家还有更多详细的要求。

1.年龄不可太大或太小，生活要能够自理。

太老者，过七十，若减七十，不堪造事，卧起须人。若过七十，能有所作，是亦不听。年满七十，康健能修习诸业，听与出家。若太老，不应与出家。若已出家者，不应驱出。若度出家受具，越毗尼。（《僧祇》）

2.具丈夫身，有坚强意志，能吃苦耐劳。

欲新出家者，先说苦事：谓一食、一住、一眠、少饮食、多学问，言能不？答：可者。方得受之。（《僧祇》）

3.父母允许。

若有来求出家者，应先问父母许已，方与出家。若不先问与出家者，得越法罪。（《出家》）

4.没有犯边罪。

曾受佛戒已（含白衣五戒八戒在内），于淫杀盗妄四重戒中，随犯一戒，即漂弃佛海边外，故名边罪。

5.出家的动机纯正（非是贼心入道）。

为衣食利养混入僧团，盗听大僧说戒、羯磨、同僧法事，受人恭敬利养礼拜，名为贼住。

6.志性坚定，信仰明确。

曾为外道来受具戒，后复入外道，今又重来出家受戒，此人志性不定，名为破内外道。非佛法器，佛不许度。

7.没有债务在身（非负债人）。

有负债人为逃避债主而出家，乞食为财主捉；财主嗔恚言，沙门释子尽是负债人。不得度负债人出家。（《四分》）

8.不是承担社会重任的官职人员（非官人）。

不应度大臣出家，见来求请应须诘问，汝非王臣不，若不诘问与出家者，越

法。若外国人来，无人委识，应与出家。（《杂事》）

9.身体健康。

病者，癣疥、黄烂、癫病、痈痤、痔病、不禁、黄病、疟疾，謦咳消尽、癫狂、热病、风肿、水肿、腹肿，乃至服药未得平复，不应与出家。若已出家，不应驱出。若度出家受具足者，越比尼。（《僧祇》）

10.四肢齐全，五官端正。

手足不健全、聋、哑、盲、跛、曲腰、侏儒、极丑等不能出家。

可见，古代出家并非想象的那么容易，并不是想出家就能出家的，只有达到标准才能出家，只有手持度牒才能成为真正意义上的僧人，否则就是"非法"出家。

古代官员为何虚报年龄

中国古代的官场上，以打探官员们的真实年龄为禁忌。当然，不许问年龄的禁忌，并非一开始就有的。从史料记载来看，秦汉时期，官场上并不存在这个年龄问题。著名例子便是甘罗，因为12岁出使赵国有功，便官拜上卿。可见，当时的官员年龄制度并不是十分严格。

一直到汉武帝时期，因为官官相护，相互包庇之风盛行，使得官员队伍日趋年轻化，全都是官员子弟。这种情形的产生，令当时的统治者不得不采取行动，到汉顺帝时期，尚书令左雄上书说："郡国每年举孝廉，都是马上就要授职施政、教化民众的，应该选取那些老成可用之人。孔子称：'四十不惑。'《礼记》称：'四十曰强，而仕。'请从现在起规定：年龄不满四十，不得察举。"

所说的"察举"制度，其实就相当于举贤任能，一种推举制度。这个制度可以破格提拔人才，但也有其弊端，便是上面提到的，会让一些官员相互勾结，互相推荐亲信，结党营私，于皇权很不利。于是，这个建议很快便得到了汉顺帝的采纳。

不过上有政策，下有对策，既然对当官的年龄进行了限制，只要更改年纪，不是照样可以为官吗？官员制造假年龄，便以此为源头。

后来到唐朝时期，唐玄宗开元二十一年（733）六月发布了一个新规定："凡人三十始可出身，四十乃得从事。"官员的年龄再次被列入规章制度之中。所谓"出身"，是指做官的资格。想做官，要经过一层一层的考核，这期间的过程很漫长，持续个三五年、七八年都很正常，例如韩愈25岁及第，到正式被授予官职时已经35岁。

为了及早当官，许多人便开始想对策。在唐代科举中，有为早期教育设置的童子科，而且考试题目也相对简单，只是考一些基本入门的知识点，毕竟孩童的条件还是十分宽松的。这成为入仕的捷径。许多大龄男子便冒充孩童，虚报年龄，只求能够通过此捷径，走入仕途，不用再去白费那好几年的时光。

唐朝时期举童子的年龄多限制在10岁以下，一旦通过考试，那上岗工作的时间就大大提前了。为了能够走上仕途，许多人便贿赂官员，修改自己的年龄，这样便能提前进入仕途。当然，这只是官员隐瞒年龄的一方面。另一方面，一旦考中科举，免不了会有富贵人家、达官贵人前来说亲选婿，选婿当然是年纪越轻越好，为了能够顺理成章地攀龙附凤，这些人也会将自己说得更年轻。

还有人选择隐瞒年龄，则是和朝廷规定有关。在宋太祖时期有规定，凡参加科举考试够一定次数，年满60却依然没能够考中的人，可以从宽赐予官职，当时称之为"特奏名"或"恩科"。很多才学平庸，没有什么大志向的人希望早日做官，便谎报年龄，将自己的年纪说大，这样就可以及早为官。总之官员的年纪变大变小，都是与朝廷政策挂钩的。

《儒林外史》中的范进便是一例，他一出场便坦言道："童生20岁应考，如今考过20余次……"怎么算，也应该是个年过半百的人了，可是他却对外说自己只有三十几岁，这样虚报年龄的情况，正是对当时社会的一种映射。

唐代楼市崩盘的真正原因在哪里

在我国历史上鼎盛的唐朝时期，楼市就曾出现了崩盘。按现在的收入算，唐朝的房子就曾经从几百、上千元一平方米，跌至几十元一平方米。而此时，唐朝政府却没采取任何措施拯救"楼市"的崩溃。

唐宣宗大中十年（856），敦煌居民沈都和因为急等钱用，卖掉了自家的房子。按照惯例，他跟买方签了一份房屋转让合同，合同上写道："慈惠乡百姓沈都和，断作舍物，每尺两硕五升，准地皮尺数。算着舍椽物二十九硕五斗陆升九合五圭干湿谷米。其舍及地当日交相分付讫。"意思是说沈都和这套房子按面积计价，每尺价值小麦两硕五升。另外房子里所有家具陈设也随房子一块儿出让，价值小麦二十九硕五斗六升有余。合同上写的"一尺"是指一平方尺，为现在的0.09平方米；"硕"是容量单位，跟"石"通用。"两硕五升"小麦重约180斤，按今天麦价去买，至少需要140元。"每尺两硕五升"，说明每0.09平方米能卖140元，也就是每平方米能卖1555元。放在一千多年以前的敦煌，这房价是很高的。

唐僖宗乾符二年（875），同样住在慈惠乡的另一位敦煌居民陈都知卖掉了自家"东西宽三丈九尺，南北长五丈七尺"，其面积约是现在的203平方米的宅基，换来小麦"八百五硕五斗"。拿宅基总价除以宅基面积，可以得出这块宅基的单价：每平方米556元。考古报告显示，唐代敦煌民宅全是单层，容积率很低，所以当地价高达五六百元一平方米的时候，房价在千元以上是完全合乎逻辑的。

那么，唐朝人的工资水平如何呢？据《敦煌资料》等文献记载，在公元九世纪后期，不管是帮人牧马放羊，还是给人运送货物，甚至包括替人当兵在内，敦煌平民每月的收入一般都不会超过两石小麦。换言之，工薪阶层的月薪大多在300元以下。像这样的收入水平，就是一年不吃不喝，也只能挣两三个平方米，倘若想买一套像模像样的房子，恐怕得忙活几十年。

值得庆幸的是，这样的状态并没维持多久，敦煌房价在每平方米1555元这个房价制高点上盘旋了一段时间，很快就急转直下——敦煌楼市崩盘了。

唐昭宗乾宁四年（897），敦煌居民张义全卖房，"东西一丈三尺五寸，南北二丈二尺五寸"，只卖了小麦"五十硕"，每平方米才卖250元。唐昭宗天复二年（902），敦煌居民曹大行跟人换房，"东西三丈五尺，南北一丈二尺"的房子，仅估价"斛斗九石"，房价已经降到了33元一平方米。

关于敦煌房价的描述，目前能找到的文献非常之少，暂时还弄不清刚开始房价为什么高，后来又为什么暴跌。另外，鉴于中原和江南地区出土的唐代经济文献更加稀少，研究者也不敢确定在敦煌之外的其他区域是不是同时出现了房价暴跌的现象。

不过可以肯定的一点是，在敦煌房价暴跌之后，大唐朝廷和敦煌政府都没有出手救市。因为《新唐书》《旧唐书》《册府元龟》《唐六典》等史书和现代的敦煌石室藏书释文汇编《敦煌资料》中均未曾出现相关内容。那么，唐朝政府为什么不救市呢？

第一，当时没有专门的"房地产开发商"，所谓房地产交易只是在业主之间进行的二手房买卖，而业主们作为一盘散沙，是没有能力游说政府做出救市决策的；第二，当时房地产行业在整个国民经济领域所占的比重非常小，无论这个行业是否兴旺，对GDP的影响都不大；第三，当时的财政收入主要来自于田赋和人头税，政府从来没有想过卖地生财，房价暴涨也好，暴跌也罢，只能影响地价。

可见，唐朝政府之所以不救市，倒未必是出于替广大购房者着想，才容许房价不断下滑的，而是因为没有真正损害到政府自身的利益而已。

| 唐代人离婚的程序揭秘 |

随着法律制度的健全，离婚协议书逐渐成为一种常见的法律公文。很多人以为离婚协议书是近代才出现的新生产物，谁会想到在倡导一女不侍二夫的封建制度下居然也会有离婚协议书。实际上，在我国唐朝时就已经出现了"离婚协议书"。

在敦煌出土的唐朝"离婚协议"的内容是："凡为夫妇之因，前世三生结缘，始配今生之夫妇。若结缘不合，比是冤家，故来相对……既以二心不同，难归一意，快会及诸亲，各还本道。愿妻娘子相离之后，重梳婵鬓，美妇娥眉，巧逞窈窕之姿，选聘高官之主。解怨释结，更莫相憎。一别两宽，各生欢喜。"大意是：如果我们结合在一起是错误，不如痛快地分手，使彼此得以解脱。希望你旧貌换新颜，再攀高枝，这样总胜过两人看不顺眼互相挤对。离婚之后，希望你打扮得漂漂亮亮的，再找个好人家……

从这份协议书中我们不难看出，其内容类似于我们今天的离婚协议，夫妻因感情不和离婚，于是请来双亲父母和亲戚朋友，做此见证，好聚好散，最后，男方还不忘给妻子一些美好的祝愿。

唐朝的婚姻法《唐律户婚》对离婚有三条规定：

1.协议离婚。指男女双方自愿离婚的所谓"和离"，"若夫妻不相安谐而和离者，不坐"。

2.仲裁离婚。指由夫方提出的强制离婚，即所谓"出妻"。

3.强制离婚。夫妻凡发现有"义绝"和"违律结婚"者，必须强制离婚。从史实来看，提出离婚者也不只是夫方，妻方提出离婚的也不在少数。虽然在中国历史的多数时期，女子一直是处于被压迫地位，很多朝代妇女没有离婚的自由，男子可以任意"休妻"、"出妻"，女子却只能忍受。但是这份唐朝的"放妻协议"却告诉我们：并不是古代历朝历代女子的地位都是那么低下的，这也凸显了唐代婚姻制度的公平性。

唐史研究专家孟宪实说："古代曾有女子觉得丈夫没有出息，闹到公堂要求离婚，当官者训斥该女子不应如此，但该女子仍然坚持离婚，最后当官者只得判离。可见在古代，女子离婚并不如我们想象中困难。古代放妻书的存在，说明古代人比较重视感情在婚姻中的作用，在放妻书中多以感情不合为理由，有时还会出现。今后将孤燕单飞，等表达悲伤的句子。当然，如果真的悲伤就不会离婚了，这或许只是表面文章，所以说有时放妻书只是范文作用，在休妻的时候使用。"

事实上，离婚的事情在各个朝代都有，只不过唐朝的婚姻制度给人感觉更自由一些。高层离婚就更容易实现了，比如太平公主就轻而易举地离婚了。虽然不能确定协议书的具体年代，但它的存在却证明唐末五代宋初时，男女在婚姻问题上是相对自由的。虽然家中掌事的人仍然是男性，但妇女地位也没有我们想象的那样低。

| "老公""老婆"之称源自何处 |

老公老婆是现代对丈夫妻子的常用叫法。很多人以为，老公老婆最初是我国港台的叫法，是改革开放后随着港台片的热播流行起来的。实际上，老公老婆这

个称呼在唐朝时就已经有了。

据说，唐朝时有一个叫麦爱新的读书人，考中功名后就开始嫌弃妻子年老色衰，想再纳新欢。于是，写了一副上联放在案头："荷败莲残，落叶归根成老藕。"妻子看到后，从联意中觉察到丈夫有了弃旧纳新的念头，便提笔续写了下联："禾黄稻熟，吹糠见米现新粮。"以"禾稻"对"荷莲"，以"新粮"对"老藕"，不仅对得十分工整贴切，新颖通俗，而且，"新粮"与"新娘"谐音，饶有风趣。麦爱新读了妻子的下联，被妻子的才思敏捷所打动，便放弃了弃旧纳新的念头。妻子见丈夫回心转意，不忘旧情，乃挥笔写道："老公十分公道。"麦爱新也挥笔续写了下联："老婆一片婆心。"

于是，这个故事很快流传开来，并传为佳话，从此，汉语中就有了"老公"和"老婆"这两个词，民间也有了夫妻间互称"老公""老婆"的说法。

那么，除"老公"与"老婆"外，夫妻之间还常有哪些称呼呢?

1.妻子与丈夫

母系氏族时期，女尊男卑。男女结为夫妻后，男人怕女人被其他男人抢走，就天天跟在女人后面一丈远，故男人被称为"丈夫"。

另外，中国古代有些部落有抢婚习俗。女子选择夫婿，主要看这个男子是否够高，一般以身高一丈为标准。当时的一丈约等于七尺（那时的一尺约合现在的六寸多），有了这个身高一丈的夫婿，才可以抵御强人的抢婚。根据这种情况，女子都称她所嫁的男人为"丈夫"。

而"妻子"一词的来历最早见于《易经·系辞》："入于其宫，不见其妻。"但在古代，妻子一词并不是男子配偶的通称。后来，随着社会的发展，"妻子"才渐渐成为所有男人配偶的通称。

2.爱人

现代人常用爱人来称谓自己的配偶，这一称呼来源于英国。位于苏格兰达姆弗利的斯威特哈特寺院使用英语单词"sweet heart"表达"爱人"之意。

斯威特哈特寺院是由1296年去世的巴纳德城堡领主约翰·巴里奥尔之妻德鲍吉拉夫人修建的。德鲍吉拉夫人与丈夫二人一生恩爱，丈夫死后，她将丈夫的尸体安葬，但将丈夫的心脏熏香后装在了象牙盒里随身携带，常常谓之曰："我最可爱的心，不会说话的伙伴。"

《清明上河图》的曲折经历

北宋画家张择端创作的长卷《清明上河图》，被公认为稀世珍品。千年来，它曾五次进入宫廷，四次从宫中被人盗走，历尽劫难。

首先收藏此画的是北宋宫廷。宋徽宗赵佶视之为神品。据考证，该图前面应当还有一段，描写的是远郊的山，并且还有赵佶瘦金体的"清明上河图"五字签题和他收藏用的双龙小印。靖康之祸时，该画流落民间，为金朝监御府书画官张著所得。元灭金后，此画第二次进入皇宫。元顺帝至正年间，宫中有个姓裴的装裱匠挖空心思，用临摹赝品将真本换出，暗中高价卖给某真定太守，随后其又辗转易手。

之后，此画又到了明朝奸相严嵩手中。据严嵩败后官府查抄他家财产登记账中，确有此画的记录，画在明朝隆庆时被收入宫廷。明穆宗不喜欢字画，成国公朱希忠趁机奏请将《清明上河图》赏赐给他，皇帝便让人估成高价，抵其俸禄折卖给他。但是此时名画却不翼而飞了。不久，宫中传说一个小太监得知《清明上河图》值钱，便将画盗走，不想出宫时遇见管画人，小太监仓皇之中将画藏到阴沟里，正值阴雨连绵，三天后来取，画已腐烂。最终此事不了了之。

后来，人们才知此画落入秉笔太监、东厂首领冯保之手。名画"毁尸灭迹"的传说不过是他一手策划的。

清兵入关后，此画相继为陆费墀、毕沅所得。清廷早就对这幅名画垂涎三尺，据说毕家因此画而家破人亡，《清明上河图》也得以第四次进入皇宫。1911年，清王朝灭亡，但溥仪仍留住宫中。溥仪以赏赐其弟溥杰为名，将重要文物偷运出宫，《清明上河图》亦在其中。

1945年，溥仪携大量珍宝至通化，准备逃亡日本。飞机还未起飞，就被苏联军队俘获，并将国宝交回中国政府。《清明上河图》先存放在东北博物馆，后被故宫博物院收藏。

宋朝流行大龄青年的原因是什么

宋朝是个很有意思的朝代，重文轻武，宋真宗有首诗就写道："富家不用卖良田，书中自有千钟粟；安房不用架高梁，书中自有黄金屋；娶妻莫恨无良媒，书中自有颜如玉；出门莫恨无随人，书中车马多如簇；男儿欲遂平生志，六经勤向窗前读。"

归结大意便是在他们大宋朝，最有前途的职业不是行贾的商人，而是读书的文化人。宋真宗这样说也是有缘由的。之前的五代十国，动荡不安，皇位更迭频繁，一直到赵匡胤陈桥兵变，才算结束了这种日子。

正因为如此，宋朝后来的皇帝都十分反感武臣。在他们看来，习武之人有着强大的杀伤力，稍加不慎，便会被他们推翻帝位。而文人就不一样，他们手无缚鸡之力，除了能在口舌上占点便宜之外，还是相对容易控制的。

所以，宋朝虽然是武将建朝，却是重文轻武，大量启用文官，而为了安抚这些文官，更是不惜血本的启用了高薪养官的政策，将官员的工资提到了任何一个朝代都无法企及的境界。

宋代文官不但月工资丰厚，逢年过节还会发福利，遇到特殊的日子还有额外的奖金。不仅如此，但凡官员犯点错误，那也是能免就免，从轻发落。宋朝对官员的纵容程度和它的工资制度一样让人叹为观止。

没有严厉的监督惩罚体系，宋朝官员就算是贪污受贿，犯罪以后，也可以钻钻法律的空子，逃脱惩罚。例如地方官员的调任就十分方便，只要向上级上一道疏表，基本都会被批准。所以，在一个地方有了政绩污点，官员便调离到另一个地方，而且那时的官员数量十分庞大，常常是一个官位有着两三个人同时担任，彼此间相互包庇、互相勾结的事常有发生。

官员的生活如此安逸幸福，天下的男人自然是心向往之，于是读书便成了宋朝的一大热潮。不论是耕田的农夫还是茶馆的伙计，个个都悬梁刺股，发奋读书，一心要考取功名，入朝做官。

古语有云："先成家，后立业。"而这些怀揣着伟大理想的男人们却想功成名就之后再娶妻生子。所以，他们宁愿独身，忍受寒窗苦读的寂寞，也不放弃目标。但可惜的是，宋朝的官位再多，也是有限的，能冲过科考这架独木桥的人毕竟是少数，许多人头年不中，便来年再考。这样周而复始，考中的还算运气好，考不中的更是沉沦其中。如此便造成了许多男人中年未娶，个个都成了剩男。男人不到黄河心不死，不考中功名便不娶亲这尚可理解，但当时的女人却也是非官员不嫁。

男怕入错行，女怕嫁错郎。为了后半生能安稳无忧，锦衣玉食，女人们也是要对自己的夫婿千挑万选，既然当官那么吃香，她们自然是要当官太太了。于是，宋朝便出现了一个独特的景象。

每到放榜的日子，有钱有势的人家便纷纷出动"择婿车"，去发榜的地点选择乘龙快婿，但凡榜上有名者，十之八九会被这些人家拉回家中，而那些没有抢到的也不放弃，等待来年再接再厉。于是，等来等去，一批剩女也就这样等出来了。

当时在朝为官的司马光谈到男女婚龄时说："男不过三十，女不过二十耳，过此则为失时矣。"

按照这个标准，宋朝超龄的未婚男女大有人在，除了官位的货源奇缺，供不应求之外，还有一个原因便是当时出嫁费用高涨。宋朝的商品经济日益发达，整个社会逐渐形成了一股攀比奢华的不良风气，很多人家为了撑场面，就算借钱也要将婚宴办得风光无比。

在淳熙年间，太学生黄左之中榜之后，做了汝阳王的女婿，为了办婚宴，充足场面，一次就花费了500万两银子。还有宋神宗的弟弟扬王赵颢有几个女儿，因为每次花费的费用都很大，到最后实在是囊中羞涩，不得不找自己的皇帝哥哥借钱将婚礼办下去。

科举制度和崇富心理为宋朝造就了一批剩男剩女，在没有朝廷的大力号召下，男人们自觉自愿地晚婚晚育，一心为了自己的事业埋头苦读，既不做伤风败俗的事情，也不搞破坏社会安定的活动，堪称一大历史奇观。

| 古代考生高超作弊技能大揭露 |

科举制度是我国历史上的官员选拔制度，它始于隋，止于清末，前后历经一千多年，为朝廷选拔、输送了许多优秀人才。

令人意想不到的是，作弊并非现代独有，在古代，就有许多学子禁不住"十年寒窗无人问，一举成名天下知"的诱惑，研究出了各种各样的考场作弊手段。这些作弊手段与现今的高科技相比，一点都不逊色。

古人的创造力很多时候超过了现代人，其中作弊现象最严重的是在唐朝。那时不论是高干子弟，还是平民百姓，都精于作弊技术。其中以著名的大诗人温庭筠为一绝，即使在主考官的重点盯防下，他依然可以替好几个人写完试卷，然后全身而退。温庭筠在当时的作弊界内，无人能与他抗衡。

他的作弊技巧高超。到底有多高超呢？

首先是他的成文速度十分快，而且作弊的手段十分隐蔽，让人无法看出。温庭筠因为诗才了得，早就名满天下。公元858年的科举，他报名参加，为了防止他帮助其他人作弊，几个主考官都看着他，而且还专门把他的座位单独调出。

在众目睽睽之下，温庭筠答完考题，起身离去。但让人没有想到的是，他居然同时为八位考生写完了卷子。在短时间内，他可以快速答完八份考卷，这让主考官们十分费解，而这也成了当时人们津津乐道的话题。

随着科举的延续，作弊的手法和方式也在不断出新，从现在出土的不少文物中就可以看出，古代人的作弊技巧不亚于现代人。

如天津一青年收藏了一套完整的清朝道光年间考试作弊工具。这套作弊工具共9卷本，均长4.5厘米，宽3.8厘米，厚0.5厘米。每卷本内约有10余篇文章，共10多万字，并配有一双可将卷本藏匿于鞋内底层的加厚底男布鞋。让人称奇的是卷本内文字约有1毫米见方，由牛角刻版印刷而成，可见当时作弊手段高超，已经形成规模。

另外，在一场拍卖会上，出现了一件清朝末年间的"作弊坎肩"，在坎肩上面，有用毛笔抄写的四书五经。

坎肩看上去是用麻布做的，尺寸不大，可以推测这件坎肩的主人并不胖，个头也就一米七左右。但是有一点是可以肯定的，他的视力一定特别好，坎肩上的字最大也不过三四毫米宽，有观众试图辨认一下，结果读两个字就串行了。

现场还出现另外两件"挟带品"，都是一尺见方的绢，上面同样抄满文字，其中一块正反面都是字，而且字体更加小。据有关专家说，这样的"挟带"以前听说过，但是将"挟带"做成坎肩儿样式的极为少见，目前存世的则更为稀少。

从这三件"挟带"上可以看出，清朝末年的政治腐败，让企图入仕的各位举人煞费苦心。

这些作弊器具让今人大跌眼镜，手艺之精，用心之巧，令人叹为观止。但是在科举制度已灭亡的今天，作弊行为依旧活跃在考场之中，这期间的传承关系实难理清。

| 古代"丐帮帮主"的真实生活 |

看过武侠小说的人，肯定对"丐帮"都不陌生。丐帮中地位最高的就是丐首，也就是丐帮的帮主。丐帮并不完全是江湖上自发组成的帮派，在明清时期，丐帮甚至是受朝廷直接控制的。在官办丐帮中，丐首可以世袭。丐首虽然属于"下九流"的末流，而且也脱不了乞丐的身份，但是他们在乞丐世界中却拥有无上的权力，实际生活水准远非普通人能比，很多丐首甚至富比王侯。

历史中很多丐首生活非常阔绰，例如"关帝厅"的丐首陈起凤，他不仅住的房子非常豪华，还有好几房妻妾，分别住在他住所附近的民房里。陈起凤经常手持长烟筒，戴着金表，穿着绸缎做的衣服招摇过市，衣服上还挂着很多古玉、配饰等。这种生活早已超出当时的普通人的生活水平，甚至可以与富户商贾比肩。

丐首这种奢华的生活其实得益于他在丐帮中的地位，他本人一般不会亲自沿街行乞，他的财富来自于对丐帮成员的压榨和盘剥。每隔一段时间，帮内的乞丐都必须向丐首交一定数额的钱。而且，在丐帮势力范围内的店家，尤其是那些生意红火的，每逢年节，也都会向丐首交一定的"保护费"，不交"保护费"的店家会经常被丐帮的众乞丐上门滋扰。对于一般的百姓人家，只有在逢婚庆丧葬的时候，丐首才出面去讨喜钱。如果这家不肯给，到时肯定会有很多乞丐前来搅扰。他们挤在门口，恶言相戏，非常有碍观瞻。而一旦丐首收到了喜钱，就会在这家门上贴一张写着"贵府喜事众兄弟不得骚扰"之类的纸，或者挂一件信物。有了这个，乞丐们就不会来闹事了。

陈起凤做关帝厅丐首的时候，广州百姓如果家里要办嫁娶丧葬之事，一般都会事先准备一些喜钱，送到关帝厅。然后，关帝厅会给他们一张写着"附城花子陈起凤"的条子，门上贴了这张条子，就不会有乞丐来滋扰了。如果那家办喜事不主动给关帝厅送喜钱，门上没有条子，那就惨了，陈起凤会亲自带领一帮乞丐上门来"道喜"，这时候要摆平他们，给的钱就更多了。

大户人家办喜事的时候，丐首一般也要去参加，而且是坐在上席的。如果这家办喜事没有请丐首来，那么丐首会把手下的乞丐召集起来，命他们分拨到办喜事的人家去搅扰，给钱也不走，就在他们家门口唱一些不吉利的歌。每到这时候，东家就急了，一般会找跟丐首关系非常密切的"劳头"去说情。这时候丐首一般会把价格要得很高，而且给完钱之后，东家还要把丐首请到上座。有时候，"劳头忙的"出于自身利益的考虑，故意和丐首商量好，不去请丐首。等到有乞丐来捣乱的时候，他再出面说和，等丐首拿到钱之后，"劳头忙的"一般就能分到其中的三成。这就是"吃大头"或"吃肥羊"。

除此之外，丐首还经常会以调停为名来牟利。当乞丐骚扰别人的时候，他会以调停为名对人进行敲诈勒索，从中获利。

据传，有些丐首在事主与乞丐之间居中调停，每逢婚丧嫁娶等庆典，丐首就会拿一根杆子或鞭子挂在事主的大门两旁，这样可以避免乞丐们挤到事主门前讨要。门庭塞满乞丐，哪家的事主也无法忍受，所以大多事主都会老老实实地找丐首关照一下，事后，事主也免不了要给丐首一些好处费。如果遇到那一天有很多家办喜事，丐首的收入就非常可观了，而且这种收入一般都是全部进入丐首的腰包，普通乞丐是没份的。

可见丐首其实跟地痞和敲诈犯在本质上没有什么区别。但是，比一般地痞和敲诈犯更令人无奈的是，他们是合法的，他们要闹起事来，甚至连官府也没办法管。

| 中国古代的"身份证"是什么样的 |

现在人们所使用的身份证，是用于证明持有人身份的一种证件，多由各国或地区政府发行给公民。

我国在1984年4月6日开始颁发第一代居民身份证，到2004年3月29日，中国大陆开始正式为居民换发内藏非接触式IC卡智能芯片的第二代居民身份证。第二代身份证采用了数字防伪措施，存有个人图像和信息，可以用于机器读取。

身份证只有现代社会才有吗？事实并非如此，在我国，身份证古已有之，但它的起源却只是官员的识别符号。

隋唐时期，我国出现了最早的"身份证"，当时的朝廷发给官员一种类似身份证的"鱼符"。它是用木头或金属精制而成的，其形状像鱼，分左右两片，上凿小孔，以方便系佩，鱼符上面刻有官员姓名、任职衙门及官居品级等。那时，凡亲王和三品以上官员所用鱼符都是用黄金铸制的，以显示其品位身份之高；五品以上官员的鱼符为银质；六品以下官员的鱼符则为铜质。五品以上的官员，还备有存放鱼符的专用袋子，称之为"鱼袋"。

当时，鱼符的主要用途是证明官员的身份，便于应召出入宫门验证时所用。因为品级不一样，鱼符的材质也不一样，所以它也是当时官员身份高低的象征。因此有"附身鱼符者，以明贵贱，应召命"之说。

到武则天时，鱼符被改成形状像龟的龟符，但用途与鱼符一样。到宋代，鱼符被废除，但仍佩带鱼袋。至明代，改用"牙牌"，这是用象牙、兽骨、木材、金属等制成的版片，上面刻有持牌人的姓名、职务、履历以及所在的衙门，它与现代意义上的卡片式身份证已经非常接近了。明人陆容《菽园杂记》中有记载，牙牌不但官员要悬带，"凡在内府出入者，无论贵贱皆悬牌，以避嫌疑"。由此可知，明代身份证的用处已不仅局限于在朝官员，并开始向中下阶层发展了。

到清代，这种身份制度有了大的改变，各阶层的身份以帽子上的顶子（帽珠）来证明，其帽珠用宝石、珊瑚、水晶、玉石、金属等制成。如果是秀才，可佩铜顶；若为一品大员，则佩大红顶子。一般百姓帽上无顶，只能用绸缎打成一个帽结。一些富商、地主为求得高身份，常用数目可观的白银捐得一个顶子，由此而出现了"红顶商人""红顶乡绅"一类怪事。

中国最早的身份证制度，应该是1936年，民国宁夏省政府所制定的"居民证制度"。1933年，马鸿逵被中央政府任命为宁夏省政府主席。为了加强统治，他建立保甲制，开始在全省清查户口。1936年，为了抵御红军，宁夏制定出各种反共防共之策，收发"居民证"便是其中一种。凡15岁以上的男女居民一律要佩带居民证。这个"居民证"上面写有姓名、年龄、籍贯、职业、身长、面貌、特征以及手纹箕斗形状等项，虽与后来的国民身份证尚有不同，但已具备了身份证的各项要素，应当是中国近代身份证最早的雏形。

麻将是郑和发明的吗

麻将是我国广大人民群众喜闻乐见的一种益智类游戏形式。那么，麻将到底是什么时候发明出来的？又是谁发明的？

麻将的由来众说纷纭，有人认为是隋代的时候被人发明的，但是民间最广为流传的是由明三宝太监郑和在航海之时发明的。但是郑和为何要发明麻将？这与他七下西洋大有关系永乐至宣德。

明永乐至宣德年间，三宝太监郑和率领数万将士，组建了当时世界上最大规模的船队，七下西洋。有人说郑和下西洋为了宣扬国威，也有说是为了经商贸易，更有人说是为了寻找失踪的建文帝。

在茫茫大海上，船上的随从们常常因为无聊而滋生事故，让郑和不便管理，也有一些随从因为海上生活单调而思乡，精神萎靡不振，甚至积郁成疾。

郑和看到这种情况，非常着急，担心长此下去，后果将不堪设想。于是，为了不让随从们滋生事故、振兴将士们的士气，郑和开始寻找解决方案。他决定设计一个娱乐项目，但这个项目必须符合以下原则：一、必须可以多人玩，以便联络感情、监视军情；二、规则简单，方便学习，还可以不断更改；三、持续时间长而不厌，适应海上的连续枯燥的生活。

根据当时航海的情况和自己的一番冥思苦想，郑和终于想到了切合实际的娱乐项目。郑和利用船上现有的毛竹做成竹牌，刻上文字图案，再制定游戏规则，放在吃饭的方桌上就能供大家娱乐。

在文字图案的确定上，红"中"代表中原大地，符合中国红的原则，也迎合随从们的思乡之情；竹牌刻上"发"字，暗合航海的经商名义，发财的数量则从"一万"到"九万"，按照中国的习俗，过满则溢，所以没有更多的万。万字牌定下来之后，其他的就照推了，船上吃饭主食以大饼为主，于是就有了一饼到九饼；遇到风平浪静，将士们也会捕鱼，于是有了"一条""二条"……"九条"；行船靠风向，有了"东""南""西""北"风；海上航行水手往往不记日期，只辨寒来暑往的节气变化，这样，竹牌中又加上春、夏、秋、冬四个"花"牌；根据装淡水的水桶数刻上一桶到九桶，根据船上号令牌的内容刻上白板和发财；共计136张牌。

游戏一经推出，海上浩荡的船队一片哗啦之声。玩起这个游戏来，将士们的萎靡不振一扫而光，郑和看到这竹牌能麻痹将士的思乡之情，于是就将其命名为"麻将"。

从此，一个风靡中国大地600余年仍流传不息的游戏"麻将"就这样诞生了。其实，麻将是何人发明的已经不重要了，真正重要的是，麻将作为中华民族游戏史的一个缩影，与任何游戏品类一样，多少年来，让玩者在其中体味到休闲、趣味。

| 北京城缺失一角的真实原因 |

北京城最早称为元大都，距今已有3000余年历史。它经过多个朝代建设，建筑工期长，工程量大。北京在做元朝都城时，建造的是南北端正、左右平直的长方形的城垣。在明代改建时，打破了元城墙规矩整齐的格局，缺了西北角。在20世纪70年代美国发射的地球资源卫星在北京上方所拍摄的照片上，我们能清楚地看到明代修建的内城城墙的痕迹，照片显示城垣在西北角处呈现"东北—西南"的走向。

为什么一个规矩方正的城垣要专门削去一个角呢？一直以来，众说纷纭。

据说，北京城的建设严格遵循风水理论，连紫禁城的名字都是取自"紫微星垣"。皇帝自称"天子"，是上天的儿子，因此皇帝居住的地方也要按照天帝的居所来布置。紫微星垣是以北极星为中心的星群，是传说中天帝的居所。紫禁城内专门设置了七颗赤金顶象征北斗七星，其中中和殿、交泰殿、钦安殿各一颗，五凤楼四颗。

传说明代修建北京城时，明成祖命令刘伯温和姚广孝重新对北京城进行设计。他俩在画图的时候，不知为什么，都看到了天神哪吒显圣。哪吒告诉他们说，他是上天派来指导他们如何建造都城的。哪吒拿出一张建筑图，让两人照着画。姚广孝画的时候，面对大神，战战兢兢，一阵风吹起了哪吒的衣角，盖住了图上北京城西北角一块，他竟然也照着描上了。到施工的时候，皇上下令，东城按照刘伯温的图纸营建，西城按照姚广孝的图纸营建。于是，北京城建成之后，城西从德胜门到西直门一块，缺了一角。

传说固然让人听来着迷，然而这不可能是我们要找寻的真相。有人认为，城角会缺失，是地震造成的。

根据卫星照片分析，北京城西北方有两种墙基影像，一种呈直角，一种呈35度左右的夹角。这说明北京最早的城墙确实是长方形的。但是，后来为什么舍弃了直角呢？据史料载，明朝年间，北京附近经常发生地震，城墙西北角经常被震塌，屡次修葺，屡次崩坏。负责营造的单位专门找来风水先生来看，发现这一区域有活断层，不适宜建筑城墙。人不能逆天而行，明朝政府最后只好舍弃了直角城墙，绕过了这个区域。卫星照片证实了这种说法的真实性，从车公庄到德外大街有一条地层断裂带，这里确实是地震多发区，避开此地区修建城墙是有可能的。

第十章
解不开的古物迷踪是历史的宣言

中山王墓为何存在大量鲜虞族珍宝

中山国是春秋战国时代的一个小国，一直在历史的烟尘中若隐若现，真实的历史面貌在史书中难得一见。1974年，考古队在河北省平山县对战国时期的遗址进行发掘工作，不仅发现了中山国的国都灵寿，还在不远处发现了中山国王璺的陵墓。

中山国王璺是一位有为的君王。他在位期间，中山国国力空前强大，他甚至有过以中山国弹丸小国之力伐燕攻赵的壮举。璺王过世后，按照当时的风俗大兴陵墓。璺王生前生活就非常奢侈，死后陵墓的奢华程度也可想而知。

璺王陵墓平面看起来近似"中"字，南北有长达105米的墓道。陵墓有两座车马坑，一座葬船坑，一座杂殉，还有六座陪葬墓。在这些墓葬中出土了大量随葬品，以供后世一窥中山国的文化面貌。

出土的物品中大部分为青铜器、金器、银器，做工造型无不精美，并带有北方民族文化风格。

战国时期的青铜铸造技术已经达到了一个新的高度，青铜的镶嵌工艺在当时也颇为进步，当时还涌现了大量错金错银的艺术品。工匠们将这种手法运用到艺术品的制作中，体现了高超的技艺水平。

墓葬中出现了古徽志——青铜山字形器，造型独特，见者无不惊叹。中山国的工匠在熟练掌握青铜器制作工艺的同时，融入了本国特有的文化元素，创作出了极具地方特色的艺术品。

除了融入地方特色，中山国的工匠还擅长人物和动物的形象塑造。十五连盏铜灯就是一件最具代表性的艺术瑰宝。这座灯远观似一株枝繁叶茂的大树，灯座饰有镂孔透雕三虎头六身夔龙纹，主干部分向四周伸出了七条树枝，托起十五盏灯。灯的每个枝节都是活动可拆卸的，具有很高的实用价值。每节树枝，亦可拆卸，树枝上塑造有夔龙、小鸟、小猴等艺术形象，黄白辉映、艳丽多彩，生动俏皮，活灵活现。更有趣味的是，树下还有两个奴仆形象的人物正在抛洒食物戏耍猴群，具有浓郁的生活气息。

青铜龙凤方案是用错金银工艺制作出来的艺术精品。此案层次复杂，最下层以四头鹿为支撑，再上一层由飞龙盘曲，龙头构成四角，架起四方形案面框，龙间又有凤鸟飞舞，生动华丽。专家认为，青铜龙凤方案最初很有可能配有一个漆木桌面，随着时间的流逝已经腐朽。

中山王墓中出土的随葬品数量惊人，仅一号和六号墓出土文物就达19000多件。这些随葬品大都与中原文化密不可分，其中的陶制、青铜制礼器就与同期的魏国、赵国墓葬品风格相近、工艺相同。但是仔细观察这些文物就会发现，这些物品也体现出了其他地区的民族风格。譬如帐幕构件，只有游牧民族的马背生活才用得上，而这种物品却出现在了中山王墓中。中山国的古徽志与华美的动物造型器物，都流露出了浓郁的民族风情。

一些专家考证，中山国最早是由北方游牧民族鲜虞族建立的。战国是一个民族大融合的时代，鲜虞族被时代的洪流所影响，逐渐结束了游牧生活转而依靠农耕生活。生活方式改变了，文化并没有消失，这也就是为什么会在中山王墓里发现大量鲜虞族风格珍宝的原因。

| 曾国国君墓建在随国的真相揭秘 |

湖北随县在战国时代属于随国地域。1978年2月，随县的一支驻军在县城西北处扩建营房，在一片与地面颜色不同的"褐土"中挖出了2米多长、1米宽的长方形大石板，遂向襄阳地区文化馆报告。考古队经过勘探发现：这片"褐土"是个面积达220平方米的超大古墓，比马王堆汉墓还要大6倍。

考古队首先便是清理现场，然后决定起吊墓葬椁盖板。可是，墓葬中的47块椁盖板均由60厘米见方的梓木做成，最长的达10.6米，重约4吨。这给起吊工作造成了很大困难。最后，动用了10吨大吊车才得以成功。

椁盖板揭开后，人们发现：地宫中所有的文物都浸泡在了3米深的浑水里，水面上浮着一些乱七八糟的棺木。工作人员只得往外抽水，随着水面下降，三段横梁和一根木柱慢慢出现。顺着横梁往下摸，让人们惊喜的事情出现了——水下有一排编钟！

1978年5月份，墓室积水终于抽干，编钟完全从水中露了出来。文化部文艺研究院音乐研究所音乐家黄翔鹏等人立即对出土的全套编钟逐个测音。检测结果显示：这套编钟音域跨越了5个八度，比现代钢琴少一个八度，中心音域12个半音齐全。

1978年建军节，历史上唯一一场曾侯乙编钟原件演奏音乐会在驻随炮师某部礼堂举行。沉寂了2400多年的曾侯乙编钟重新奏响了它那雄浑而又浪漫的千古绝响。

欣赏着编钟演奏的优美乐曲，人们不禁生出疑问，这究竟是什么人的墓葬，为何会有如此华贵的编钟作为陪葬品？

在65件全套编钟里有一件最显眼的大钟，它高92.5厘米，重134.8斤，悬挂在巨大的曲尺形钟架最下层的中间。重要的是，钟的镇部刻有31字铭文，铭文的内容没有一字是涉及乐律方面的。这说明此钟与曾侯乙编钟原本不是一套，应该是下葬时临时加进去的。学者们还发现，它代替下层最大的一件编钟挂在了最显眼的位置，显示了它的重要性。铭文中的内容记载了这个大钟的来历。

原来，这是楚国送给曾侯乙的礼物。据历史记载，楚昭王十年，吴王阖闾和他的同胞兄弟夫概率兵攻打楚国，五战全胜，最后攻破了楚国的都城。破城之时，楚昭王慌忙从郢都逃走，到云梦泽时，被吴军射伤。经过几番辗转，楚昭王逃到了随国，即历史上有名的"楚昭王奔随"。吴王阖闾听说了，立即率兵追到随国。这时曾侯乙保护了楚昭王，楚昭王因此感激不尽。后来，楚国援军赶到了，大败吴军，吴王只好带兵离开了楚国，楚昭王终于得以保全性命，回国复位。到楚惠王（即楚昭王的儿子）时，为报答曾侯乙的救父之恩，就将此钟送给了他，以表达两国的友好关系。

就此可以确定，这是曾侯乙的墓穴，这套编钟也被命名为曾侯乙编钟。

一个问题解决，另一个问题接踵而来。既然是曾国的国君，为何他的墓穴会在随国被发现？

一些学者认为，随国其实就是曾国。一国两名的情况在历史上曾经出现过，譬如晋又称为唐，韩又称为郑。随国、曾国国君都姓姬，且一些考古遗迹显示，两国也有很深的渊源。但是另一些专家对此种说法抱有怀疑，在关于西周的文献中，对曾国和随国都有明确的记载，两国是各自独立存在的，若说曾国就是随国，还有待商榷。

孰是孰非，一时难有定论。曾侯乙的墓葬地点之谜，只有等待更多的考古发现作为依据，才能解开。

｜究竟是谁拿了秦始皇的传国玉玺｜

蔺相如"完璧归赵"的故事想必大家都不陌生，主要讲的是蔺相如怎样利用自己的聪明才智替赵国保住了价值连城的和氏璧。然而，和氏璧的故事并没有到此就完全终结。

后来，秦王嬴政依仗强大的军事力量，兼并六国，一统天下，并从赵国夺回了那块和氏璧。秦王自封"始皇帝"登基后，为了显示自己"德高三皇，功盖五帝"，特地用和氏璧制作了"传国玉玺"，并刻上"受命于天，既寿永昌"八个大字。传国玉玺外部螭龙盘踞，张牙舞爪，是皇帝独尊和无上权威的体现。当时著名玉工孙寿刻制玺纹，著名书法家李斯题写玺文。自秦始皇后，传国玉玺开始辗转流传，历代帝王都视之为承天受命的神圣之物，为得到它而费尽心机。

除历史价值和艺术价值巨大外，传国玉玺格外引人注目的另一个原因还在于它在流传过程中时隐时现，且到目前为止仍下落不明。

传说公元前219年，秦始皇南巡洞庭湖时，突然风浪大作，秦始皇的船面临被掀翻的危险。秦始皇将传国玉玺抛入湖中，以此祭祀水神，压住波浪后平安过湖。8年后，当他出行至华阴平舒道时，有人持玉玺站在道中，对始皇侍从说："请将此玺还给祖龙（秦始皇代称）。"说完就消失了。传国玉玺重新回到秦始皇手中。

秦末，刘邦率兵攻入咸阳时，秦亡国之君子婴将"天子玺"献给刘邦。刘邦登基后称其为"汉传国玺"，珍藏在长乐宫，成为皇权象征。西汉末王莽篡权，逼迫掌管玉玺的孝元太后交出玉玺，太后一怒之下将玉玺扔掷地上，玉玺被摔掉一角，后来用金将其补全，因此留下瑕痕。

王莽政权被推翻后，玉玺落到了汉光武帝刘秀手里，并传于东汉诸帝。东汉末年动乱时，少帝仓皇出逃，来不及带走玉玺，返宫后发现玉玺失踪。后来孙坚部下在洛阳城南甄宫井中打捞出一宫女尸体，从她颈下锦囊中发现"传国玉玺"，从此孙坚做起了皇帝梦。不料孙坚军中有人将此事告诉袁绍，袁绍得知后，逼孙坚交出玉玺。后来袁绍兄弟败死，"传国玉玺"又重新回到汉献帝手中。

三国鼎立时，玉玺属于魏国，晋一统三国后取得了玉玺。西晋末年，北方陷入朝代更迭频繁、动荡不安的时代，"传国玉玺"被不停地争来夺去。晋怀帝永嘉五年（311），玉玺又归前赵刘聪所有。东晋咸和四年（329），后赵石勒灭前赵，夺得玉玺；后赵大将冉闵杀了石鉴自立，将玉玺重新夺回。此阶段还出现了几方"私刻"的玉玺，包括东晋朝廷自刻印、西燕慕容永刻玺、姚秦玉玺等。到南朝梁武帝时，降将侯景反叛，劫得传国玉玺。不久侯景败死，玉玺被投入栖霞寺井中，由寺僧将玺捞出收存，后献给陈武帝。

隋唐时，"传国玉玺"仍为统治者至宝。五代朱温篡唐后，玉玺又遭厄运，后唐废帝李从珂被契丹击败，持玉玺登楼自焚，玉玺至今下落不明。

由于历代统治者极力宣扬获得传国玉玺是"天命所归""祥瑞之兆"，自宋代起，真假传国玺就屡有发生。如宋绍圣三年（1096），咸阳人段义称修房舍时从地下掘得的"色绿如蓝，温润而泽"，"背螭钮五盘"的玉印，经翰林学士蔡京等13名官员"考证"，认定是"真秦制传国玺"的玉印。然而，据后世人考证，这是蔡京等人为欺骗皇帝玩的把戏。

明弘治十三年（1500），户县毛志学在泥河里得玉玺，由陕西巡抚熊羽中呈献孝宗皇帝。相传元末由元顺帝带入沙漠的传国玺，曾被后金太宗皇太极访得，皇太极因而改国号"金"为"清"。清初故宫藏玉玺39方，其中被称为传国玉玺者，却被乾隆皇帝看作赝品，可见传国玉玺的真真假假实难确定。

又据说真正的传国玉玺在明灭元时被元将带到了漠北。明朝初，明太祖派徐达到漠北，追击蒙古朝廷，以期得到传国玺，这是历史上最后有关传国玉玺的记载，但明太祖最终还是空手而归。

塞外彩色陶罐来自何方

在乌鲁木齐南郊乌拉泊水库旁的一座古墓里，曾出土了一件彩色单耳小陶罐。

这个陶罐高14.8厘米，口径9.5厘米，底径5.5厘米，敞口短颈，鼓腹圆底，在颈腹间还有一宽带状的单耳。陶罐为手制，外涂一层土红色的陶衣，陶衣上通体涂绘暗红色的花纹。陶罐颈部是上下两排三角形花纹，腹部为上下两个三角形花纹演变而成的勾连的涡卷纹，耳柄上绘有斜纹方格网状纹，口沿内壁还绘一圈带纹。整个陶罐制作精巧，色泽艳丽，纹饰醒目，是一件美丽的原始艺术品。

令人惊异的是，在哈密哈拉墩地区和乌鲁木齐南山阿拉沟地区的古墓中，也发现了同样的陶罐。于是人们不禁要问，这是古代哪个民族创造的艺术品？陶器上彩绘三角纹、涡卷纹的花纹表现了什么？这些问题至今还不得其解。但在专家学者长期的研究中人们发现，这些彩色的陶罐应该与中原文化有着一定关系。

其实，新疆地区在很早以前就跟中原王朝有联系了。

战国时期的《山海经》和《穆天子传》中有记载，说周穆王曾西巡昆仑，会见西王母。这个故事应该是中原王朝与当时的新疆地区有接触的最早记录。新疆境内考古发掘出土的大量陶器，其中不少彩陶的图案纹饰与中原内地同期出土的陶器图案纹饰相同或相似。距今3000年前，新疆出土的彩陶三角形纹、涡纹、弦纹的绘制和诸如陶豆一类器形，说明甘肃和内地彩陶艺术已影响到新疆彩陶文化的发展。

两汉时，汉武帝统一西域，开通丝绸之路，于是东西方文化在这里汇聚、交融，促使西域文化空前繁荣发展。在尼雅遗址出土的锦被上写有"王侯合昏，千秋万岁宜子孙"的小篆汉字和纹样，出土的锦袋上有"五星出东方利中国"的篆书文字。这些文物都揭示了汉、晋时期尼雅与中原王朝密切的政治和经济关系。

唐代时，岑参、骆宾王等诗人都曾写过脍炙人口、久传不衰的"边塞诗"。

到清代，清王朝统一新疆，大批内地汉族军民进入新疆北路屯戍落户，在乌鲁木齐巴里坤、奇台一带，汉族文化成为当地文化的主体。纪晓岚、林则徐、戴澜、刘锷等都曾被谪来疆，在新疆还留下了不少名篇佳作。

由此看来，塞外彩色陶罐很有可能是在中原文化、内地彩陶艺术的影响下制作出来的。

| 汉代帝王为什么要穿金缕玉衣下葬 |

据《西京杂志》记载，汉代帝王下葬都用"珠襦玉匣"，形如铠甲，用金丝

连接。所谓"珠襦玉匣"，就是金缕玉衣。因身份地位的不同，金缕玉衣连缀玉片所用缕丝的材质也有金缕、银缕、铜缕和丝缕的差别。由于金缕玉衣象征着帝王、贵族的身份，所以对其制作工艺的要求非常严格。

汉代的统治者还设立了专门从事玉衣制作的"东园"。制作玉衣时，所用的玉料要经过开料、锯片、磨光及钻孔等工序，再把玉片按照人体的不同部分设计成不同的大小和形状，有正方形、长方形、半月形、三角形等，大的有9平方厘米，小的还不到1平方厘米。然后用金线穿过这些玉片四角的小孔，将所有玉片连缀在一起。按照2000多年前的生产力水平，制作一件中等型号的玉衣所需的费用相当于当时一百户中等人家的家产总和。就拿满城汉墓出土的金缕玉衣来说，刘胜玉衣全长1.88米，共用玉片2498片，金丝1100克；窦绾玉衣比较短小，也用了2160片玉片，金丝700克。刘胜的一件玉衣，就是由上百个工匠花了两年多的时间完成的，所费的人力和物力是十分惊人的。

那么，汉代的人为什么如此重视以玉衣做殓服呢？原来历代帝王都渴望长生不老、灵魂不灭，这是他们一生中的一件大事。帝王们生前就费尽心机寻找长生不老药，或者命人炼制丹丸用以养生。即使死了，他们也不放弃这种求生的欲望，希望继续维持死前的生活。依古人的观点，人死之后会魂魄分离，魂气升天，形魄归地。而怎样才能使魂气升天，又要形魄不腐呢？只有用玉。他们认为玉石是天地之精，有防腐功能，能使尸体不朽，玉塞九窍，可以使人气长存。

其实，用玉殓葬的做法早在四千年前就出现了。到西周时期，丧葬用玉才形成制度，出现了放入死者口中的玉含、握在手中的玉握和盖在脸上的玉覆面等。所谓玉覆面也叫"面幕"，即用玉石制成人的眉、眼、耳、鼻等部位，并将其缀在一块布上。东周时期，开始在死者穿的衣服上缀一些玉，这就是玉衣的雏形。但是，帝王和权贵们过度迷信玉的防腐作用，他们死后除了身穿玉衣外，还要在胸部和背部放置几块玉璧，并且搭配有用玉做成的眼盖、鼻塞、耳塞、口含，以及罩生殖器的小盒和肛门塞，即所谓的"玉塞九窍"。其中最讲究的是做口含用的玉蝉，古人认为蝉只饮露水而不吃东西，是一种清高狷洁的昆虫。口含玉蝉寓意着灵魂离开尸体，正如蝉从壳中蜕变出来时一样。也有学者认为，汉人用玉蝉做口含，是从蝉蜕转生而领悟再生，希望死者只是暂时死去，还能够复活和再生。但是，美好的不朽之梦并没有因为有玉覆体而实现，无论帝王还是贵族，他们的尸体都没能敌得过岁月的侵蚀，最后都腐烂成了一堆白骨。

由于金缕玉衣价格昂贵，汉代帝陵比其他时代的皇陵招来了更多的盗墓贼，帝王贵族不但达不到尸体不腐的目的，就连骨架都被人焚为灰烬。直到公元222年，魏文帝曹丕做了魏国的皇帝，他认为使用玉衣是"愚俗所为也"，于是下令废除了以玉衣随葬的制度，有关金缕玉衣的历史才算是结束了。

汉代灯具如何体现环保意识

灯具是我国古代的照明器具。其形状为下有座，中有柄，上用金属圆盘或小瓷碗燃以膏油。

汉代的灯具，是对秦以前灯具的继承和创新。从形式上说，有座灯、吊灯、多枝灯等；从质地上说，有陶灯、青铜灯、铁灯、玉灯和石灯，其中以青铜灯具最为多姿多彩；从造型上说，有人物形象、动物形象、器物形象等。

两汉的灯具不仅外观好看，种类繁多，而且在设计之中加入了环保的意识，体现了科学性和艺术性的高度统一，显示了劳动人民的高超技艺。

在当时，灯具的燃料主要是动物油脂，虽然实现了照明功能，但有一些没有完全燃烧的炭粒和燃烧后留下的灰，造成室内烟雾弥漫，污染了室内的空气和环境。因此汉代的座灯大多设计有导烟管，并在灯体内贮入清水。当灯燃烧时，烟尘通过导烟管溶入体腔内的清水中从而实现了环保功能。大部分象形灯具都用身体中的某一部分作为导烟管，如人的手臂，牛的双角，凤、雁、鹅的颈部等。

储水滤烟环保灯具是我国汉代灯具在功能方面最先进的发明创造。而西方油灯直到15世纪才由意大利的达·芬奇发明出铁皮导烟灯罩，可见汉代灯具设计的科学性和先进性在世界灯具史上的地位。这类富有环保意识的灯具在考古工作中连接不断地被发现，而且分布的地域由北到南，由东到西，十分广阔。

西汉中山靖王刘胜的妻子窦绾的墓葬中发掘出一盏长信宫灯。长信宫灯就是一项防治灯具污染环境的巧妙发明。这盏灯具的造型是一个双膝跪地的宫女，左手托着灯座，右手伸入灯罩。灯具通高48厘米，通体鎏金，至今仍然灿烂发光。这盏灯具设计、制作都非常精美灵巧，它的灯盘、灯座和执灯宫女的右臂、头部，都可以拆卸，灯盘中心有一根钎，是用来插蜡烛的。灯罩和灯盘能够随意开合，这样就可以根据人们的需要，随时调节烛光照射的亮度和角度。宫女的右臂实际上是烟道，它与宫女的身体连通，双膝跪地的宫女下部底层设水盘，这样，灯烟通过宫女右臂、身体、进入底层水盘，经过滤以后，去掉灯烟中的尘埃和异味，排出的是比较干净的烟，从而减轻了灯烟对室内环境的污染，避免房屋墙壁、室内器物被熏黑。

与长信宫灯类似的汉代灯具，在考古工作中陆续有所发现。1980年5月，在江苏邗江甘泉山出土了东汉错银饰铜牛灯。该灯通高46.2厘米，灯盏承接在牛背中的圆形座基上，牛头顶部有烟筒直上而后弯曲与灯罩相接，牛腹是空的，可以储水然后过滤烟尘。

1985年，在山西省平朔县出土了西汉雁鱼铜灯。该灯通高53厘米，整体造型为一只回首衔鱼的鸿雁。雁颈与灯体以子母口相接，鱼身、雁颈、腹腔中空并相通，雁腹中空可储水，灯盘为圆形直壁，鱼腹下为圆形覆口与灯盘相对应。灯盘所附短柄可自由转动，以控制两片弧形屏板灯罩的左右开合，这样既能挡风，又可调节灯光亮度。鱼鳞和雁翅部位铸有精细的纹理，铜灯上遍施华美的彩绘，红、绿、蓝、白的装点让静止的灯具鲜活灵动起来。灯火点燃时，烟雾通过鱼和雁颈导入雁腹体内，雁腹中有水，可以过滤烟气，防止油烟污染空气。这种带烟管与销烟功能的灯具有如此优越的功能，使之在当时风靡一时。

由此我们可以看到，利用清水净化灯烟尘埃的科学思想在西汉时期已经受到了人们的普遍重视，而且非常盛行，已经成为当时的一种风尚。环保灯具虽小，但它体现出来的环保意识却是很珍贵的。

千年古莲种子为何仍能发芽

20世纪50年代初，在我国辽宁省新金县西泡子的洼地当中，科学家在泥炭层中采集出了一些古莲子。这些古莲子外壳坚硬，犹如小石子，但是在科学家的努力下，这些"小石子"却焕发了新的生命，长出了嫩芽。1970年代中期，我国科学家在同一地区又发掘到了古莲子，后经培育也成功发芽。

经仪器测定，这些采集到的古莲子的寿命约在830~1250岁之间，是目前所知的世界上寿命最长的种子。这个现象令科学家惊叹不已，因为普通的花籽的存活期一般只有几年时间，而这些古莲子寿命却在千百年间，更不可思议的是，这些古莲子竟还能发芽。这是怎么回事呢？

美国洛杉矶大学的植物学家申女士对此做了多年的研究，她将两颗寿命在500年的古莲种子放在实验室里培育，结果其中一颗成功发芽，但是遗憾的是，3个月后这颗芽却死了。三年后，这位华裔科学家又进行了一次实验，这次实验取得了成功，实验用的两颗古莲种子都发了芽。这两颗种子的寿命分别是408年和466年。

但是很快，申女士又发现了一个问题，虽然古莲种子成功发芽，但是它们的形态与现代莲花非常不同，可能无法适应现代的环境。这位科学家认为，古莲能如此长寿，可能与土壤的辐射有关。她的同事盖曼·哈伯特在研究中发现，古莲种子依附的土壤存在着轻微的辐射，虽然其强度没有人们想象的那么高，但是历经千年，它所产生的效果依旧是惊人的，而正是这种辐射，保证了古莲种子能够存活到今天。

然而也有科学家不认同这种观点，他们更多相信，这与古莲种子所身处的环境有关。古莲种子一般埋于60厘米的泥炭层中，吸水防潮性能良好的泥炭给古莲种子创造了一个完全密闭的环境，使得这些种子保存了自身的生命力。

另有一种观点认为，这是古莲种子本身的特性决定了其如此长的寿命。莲子的外壳坚硬密闭，就像一间不通风的木屋，将种子牢牢裹挟在里面。这种特殊的构造使得外面水汽无法渗入，同时，也阻止了内部水汽的散发，这就使种子内部的生命运动处于极为微弱的状态，如同狗熊冬眠，收拢了力气，等到合宜的外部环境就会重燃生命之光。

古莲种子如此长的寿命到底是源于怎样一个原因，研究者众说纷纭，也许只有当科学家给出一致的回答后，人们才能够知晓其中的奥秘。

丹丹乌里克古壁画揭秘千年前于阗生活

在新疆和田市东北部塔克拉玛干沙漠深处的玉龙喀什河畔，有一座重要的佛教遗址叫作丹丹乌里克。

丹丹乌里克在唐朝的时候又被称为梁榭城，属于当时的于阗国。东传的印度文化、当地的本土文化和中原文化在这里相互交融，形成了极具特色的文化风格，成为一个重要的佛教文化中心。20世纪初，英国考古探险家斯坦因首先发现了它，但是在此之后丹丹乌里克又突然消失了。直到20世纪末，新疆文物考古工作者才再次发现了隐匿近百年的丹丹乌里克遗址。

人们在丹丹乌里克遗址发现了许多古代的文书、钱币、雕刻、绘画等文物，其中有几幅珍贵的唐代木版画和壁画，引起了人们的高度关注，这就是《鼠神图》《传丝公主》和《龙女图》。

这些绘画所描述的内容与唐代高僧玄奘所写的《大唐西域记》中的记载几乎完全一致，这让人们十分惊奇。人们或许认为玄奘的《大唐西域记》是胡编乱造的，但是这些沉寂了千年的古画，让人不得不相信那些神话传说的真实性。

《鼠神图》上画着一个鼠头半身人像，头戴王冠，背有椭圆形光环，坐在两个侍者之间。而在《大唐西域记》中就有一则神话故事《鼠壤坟传说》。

传说于阗国都西郊有一座沙包，被人称作鼠壤坟，当地居民说此处有大如刺猬的老鼠，其中有毛呈金银色彩的巨鼠为群鼠首领。有次匈奴数十万大军侵犯于阗，就在鼠壤坟旁屯军驻扎，当时于阗国王只有数万兵力，难以抵挡匈奴大军。于阗国王虽然知道沙漠中有神鼠，但从来都没有祭拜过，如今大敌当前，君臣惊恐不知所措，于是于阗国王就摆设祭品，焚香求救于神鼠。是夜，国王果然梦见一大鼠，愿意助他一臂之力。于是第二天交战的时候发现——匈奴兵的弓弦、马鞍、军服等都不知在什么时候被老鼠给咬破了，这样一来，于阗军大胜。为了感谢神鼠，国王就下令建造了神祠来供奉它。或许木版画上的那只威风凛凛的老鼠就是鼠王吧。

《传丝公主》木版画上画的是一个古代贵妇。她戴着高高的帽子，帽子里似乎还藏着什么东西，在她的两边都跪着侍女，左边的侍女正在用左手指着贵妇的帽子。这幅画的一端有一个篮子，装着满满的葡萄之类的东西；另一端是一个多面形的物体。那么究竟画中描绘的是怎样的场景，又有什么样的含义呢？

研究者根据《大唐西域记》中的故事，发现画中的贵妇是将蚕桑业介绍到于阗的第一个人，本来这个贵妇是唐代的公主，后来被皇帝许配给于阗王。当时于阗国并没有蚕丝，于是国王恳求公主能将蚕种带过来，可是当时的唐朝是严禁蚕种出口的，于是聪明的公主将蚕种藏于帽内，顺利出关了。因此，画中篮子里装的根本就不是葡萄，应该是蚕茧，而另一端的多面形的物体应该就是纺车了。

《龙女图》上描绘的是一个头梳高髻的裸女，佩戴项圈、臂钏、手镯，站在莲花池中，左手抚乳，右手置腹，扭腰出胯呈三道弯姿势，欣喜而又羞涩的回首俯视脚下的男童。男童也赤身裸体，双手抱住裸女的腿，仰望着她。那么，这幅画又是什么意思呢？细读《大唐西域记》，你会发现这与其中的故事《龙女索夫》惊人地吻合。

传说于阗城东南方有一条大河，用以灌溉于阗国无数的农田，可是不知什么原因，河水突然断流了。当地的百姓听说这件事情与河中住着的龙有关，于是就请求于阗国王在河边建一座祠庙进行祭祀。果然，在进行祭祀的时候，河里出现了一个龙女，她说自己的丈夫去世了，如今自己无依无靠，希望国王能给她找个丈夫，如果满足了她的条件，水流就会恢复正常。于是国王挑选了一个臣子，穿着白衣骑着白马跃入河中。从此，河水就再也没有断流过。根据佛教绘画中神大人小的处理方式，画中的裸女应该就是龙女，而那个男童就应该是她的新婚丈夫。

但是对于这样的解释，有些专家学者还是提出了异议。认为这些木版画和壁画是佛教绘画，应该从佛教故事中寻找来源，而不是当时的世俗生活。然而仁者见仁，智者见智。无论如何，丹丹乌里克发现的绘画作品，为人们打开了古代于阗社会生活的一幅幅画卷，其意义已经远远超出艺术本身的价值。

乾陵为何坚固到四十万人都挖不动

皇帝的陵墓总是有许多贵重的陪葬品，许多盗墓者就觊觎里面的财宝，多次对皇陵进行挖掘破坏。历史上许多宏伟的皇陵都是在盗墓者的挖掘下遭到洗劫，无法完整地保存下来。在众多的皇陵中，唯独有一座皇陵，历经千年，仍旧完好无损，这就是武则天的"万年寿域"——乾陵。她的陵墓被刀剑劈砍过，被大炮机枪扫射过，但都没有被打开。

千百年过去，汉武帝的茂陵被搬空了，唐太宗的昭陵被打开了，康熙皇帝的骨头都凑不齐了，唯独武则天的乾陵独善其身。乾陵修建于公元684年，位于陕西省乾县城北6公里的梁山上，这项工程历时23年完成。

梁山如同一位女性的躯体仰卧大地，风水先生认为此地有利于女主，所以女皇武则天将梁山选作了自己和其夫唐高宗百年后的"万年寿域"。在梁山上修建乾陵的时候，正逢盛唐，国力雄厚，所以，武则天对乾陵的修建更是不惜血本。乾陵的建筑规模宏大，造型富丽，堪称"历代诸皇陵之冠"。

这座陵寝仿造当时的长安城格局，将其分为南北主轴线，分别长为4公里、9公里，并且布局划分了皇城、宫城和外郭城三部分，这在唐太宗李世民的陵寝"龙盘凤翥"的基础上，更加发展与完善了。根据后来的文物工作者的探测与研究，认为在唐高宗与武则天的乾陵中，所陪葬的宝物至少有五百吨。

在乾陵前后通道的两侧，各有四间石洞，石洞内装满了当时最值钱的奇珍异宝，不但摆满了各种金银祭器，还珍藏着一件顶级国宝《兰亭序》，武则天让这件宝物随着自己长埋于地下数千年。因为乾陵中有着如此丰厚的宝藏，自然是吸引了无数的盗墓者、匪军，甚至是起义军，这些人想尽办法，想要撬开乾陵。可以说从武则天躺入陵墓的那一刻，梁山上便再也没有安宁之日了。

第一个来打乾陵主意的便是唐末造反大军领袖黄巢。黄巢领着60万部众攻入长安后，先是烧杀抢掠了一番，便前往梁山西侧，因为有人告诉过他，在梁山西侧黄土地下埋藏着大量碎石。这个消息无疑透露出了进入乾陵的入口很可能就在那里。

黄巢带领了40万大军浩浩荡荡地跑到梁山西侧开始挖掘，他们利用铁锹锄头等工具，几乎将半座梁山都铲平了，但就是找不到乾陵的入口，最后唐军反扑，黄巢迫于压力，不得已撤离了梁山，却留下一个40米深的"黄巢沟"。其实黄巢不知道自己挖错了方向，唐朝皇帝故意将修建陵墓产生的碎石放在了远离墓口的位置，为的就是保护自己的皇陵不被后世偷盗。

五代时，耀州节度使温韬也打过乾陵的主意，他带领数万人马前去挖掘，但几次挖掘的过程中都遭遇了风雨，在当时的迷信思想作祟下，他只得作罢。

一直到民国时期，国民党将军孙连仲也看上了这座陵墓，他率领一个现代化整编师，带着机枪大炮前往梁山，想要学着孙殿英炸慈禧和乾隆墓的样子，将乾陵炸开。但令他想不到的是，当墓道刚被炸开一点的时候，顿时天气大变，刮起了大风，飞沙走石，几个士兵被石头撞击，当下便吐血身亡。

就这样，乾陵在千百年的历史中，一直完整无损，前后数十万大军都来挖陵墓，却都是无功而返。乾陵的入口早已成为一个谜，一直到1960年的时候，几个农民无意中发现了乾陵墓的真正入口。后来，陕西省成立了乾陵发掘委员会，在当年的4月3日正式开始挖掘乾陵。

整个挖掘记录显示，乾陵的通道其实是在梁山主峰东南半山腰部，是由堑壕和石洞两部分组成。整个堑壕深17米，而且墓地里的墓道呈现出斜坡状，道路曲折叠加，粗略统计了一下，墓道共用了石条约8000块，石条之间使用铁栓板拉固，再用锡铁汁灌注，令其与石条融为一体。

当日的考古工作者根据墓道内的情况与《旧唐书·严善思传》所记载的文献相对照，"乾陵玄阙，其门以石闭塞，其石缝隙，铸铁以固其中"，发现其颇为吻合，便断定乾陵不曾被盗。

乾陵成了唯一未被盗掘的唐代帝王陵墓，是武则天所选的陵寝风水好，还是另有隐情？个中原因使乾陵的完好成为一个历史死结，还未被后人探得真伪虚实。

| 敦煌莫高窟为什么选址荒漠中的鸣沙山 |

位于河西走廊西端的敦煌，拥有世界艺术史上璀璨的明珠"莫高窟"。莫高窟有精美的佛教壁画4.5万平方米和典雅的佛教雕塑2415尊，俗称"千佛洞"，有"东方卢浮宫"的美誉。

敦煌莫高窟并不是在一个时代集中修建的，它始建于十六国的前秦，后来历经十六国、北朝、隋、唐、五代、西夏、元等多个朝代的建设，形成了今天的规模。莫高窟南北长约1600多米，洞穴上下排列多达五层，如蜂房般鳞次栉比，非常壮观。莫高窟还有藏经洞，整理出了五万多件古代文物。近代才出现的学科——敦煌学，就是专门研究藏经洞典籍和敦煌艺术的学科。

莫高窟开凿在敦煌市东南25公里处鸣沙山东麓断崖上，一个艺术的明珠、文化的宝库，为什么不建在人流密集的地区或者交通要道，而要建在偏僻荒凉的戈壁荒漠？最流行的说法是圣地异象说。

前秦苻坚建元二年（366）的一个黄昏，沙门乐尊游历经过鸣沙山，发现眼前出现了壮丽恢宏的景观：整个鸣沙山被金光笼罩，仿若有千万尊金佛在光线中现出身形。乐尊赞叹不已，虔诚地下跪祈祷。乐尊认为，这是一块神圣的土地，于是他在此地主持开凿了第一个洞穴。在随后的岁月中，尤其是古"丝绸之路"开通之后，敦煌逐渐成为重要的贸易中转站，各国商贾云集至此。商人出门在外，求财、求平安，佛教得以盛行。有钱的商贾巨富纷纷出资开凿石窟，莫高窟佛教文化石窟群日益壮大。在唐代鼎盛时，形成了"千窟争荣"的繁盛之势。

莫高窟是否真的是因为出现了圣地异象才选址于此，我们不得而知。据专家分析，莫高窟选在如此偏僻之地是很有科学道理的。

敦煌四周为荒漠戈壁，风沙很大，雕刻的洞窟很容易被风沙侵蚀。鸣沙山是沙砾岩，质地坚硬，耐腐性强。洞窟坐西朝东，与三危山隔河相望。夏季风从东方吹来，三危山成为天然屏障为莫高窟遮挡风沙。冬天，风沙从洞窟背面的西方袭来，吹过窟顶呈45度角吹下，风沙不会灌入洞窟。在整个敦煌戈壁能找到这样一个"安全区域"是很难得的。在这样的地理环境下，莫高窟经过千年风霜洗礼，依然保存了大量壁画与雕塑。这是文化留存之幸，是劳动人民智慧的辉煌闪光。

莫高窟选址鸣沙山，也是与其佛教文化背景分不开的。佛教讲求脱离尘世生活，追求与自然和谐相处的生活状态。鸣沙山因为有宕泉河的滋润，是一块沙漠绿洲。绿树掩映着莫高窟，在一定程度上消减了风沙的侵蚀，也阻挡了阳光对洞窟的照射。这里作为佛教圣地，环境清幽，飘逸着灵性的气息。

| 揭秘南宋沉船"南海一号"的重重迷雾 |

1987年，广州救捞局和英国某潜水打捞公司，在广东阳江海域发现了一艘南宋时期的木质古沉船，这就是"南海一号"沉船。

"南海一号"是尖头船，整艘船长30.4米、宽9.8米，船身（不算桅杆）高8米，排水量估计可达600吨，载重可能近800吨。这是迄今为止世界上发现的海上沉船中年代最早、船体最大、保存最完整的远洋贸易商船，也是唯一能见证古代海上丝绸之路的沉船。

沉船中已出土文物十分丰富，主要以瓷器为主，还包括金器、银器、锡器、铁器、铜钱、漆器、动物骨骼、植物果实等。瓷器造型独特、工艺精美，绝大多数完好无损，为研究宋朝瓷器提供了珍贵的实物资料。发现的铜钱近万枚，最早的为东汉的"货泉"，最晚的年号是南宋"绍兴元宝"。金饰品中有镶嵌珍珠的金戒指，非常精美。

如此丰富的货物加之专家对船头位置的推测，觉得这艘沉船应当是从中国驶出，赴印度等东南亚地区或中东地区进行海外贸易的商船。令人惊奇的是，这艘沉没海底近千年的古船，船体保存相当完好，船体的木质仍坚硬如新，敲起来当当作响。不仅如此，沉船还有其他的神秘之处，而这些也引起了人们对它的广泛关注。

1.船主是何身份？"南海一号"中保存下来的文物十分丰富，精美绝伦的瓷器、金器、银器、锡器、铁器、铜钱、漆器、动物骨骼、植物果实等。这些都不是一般的商船能够承载的，而且从沉船本身的宏大规模看，推测船主可能非常富裕，加上发现的金手镯、金腰带、金戒指等黄金首饰比较粗大，推测这个人有可能是一名身材魁梧、体型高大的富商。

2. "南海一号"始发地为何处？有人认为是广东，也有人认为是福建。福建一说较被人们接受，因为从出水文物来看，大多是江西和福建的瓷器。史料中曾有记载，在宋代广东港的船少有向北航行的，多发自泉州及以北港口，而江西景德镇位于福建的西北方，广东船逆流而上去装运货物的可能性较小，所以"南海一号"发自广州的可能性不大，而从福建泉州等地发船的可能性却很大。

3. "南海一号"是否因超载而沉船？欧洲有两艘著名的军舰，一艘是瑞典的"瓦沙号"，另一艘是英国的"玛丽·罗斯号"，他们都是因为加装了大炮而造成船身载重量过大，才沉没海底的。因此有人猜测"南海一号"船上有如此之多的商货，是否也是因为超载而沉没的呢？但是目前还没有找到能够作为依据的佐证。

4.船上人员是否逃生？从"南海一号"文物的打捞结果看，目前还没有发现古人骸骨。但有专家推测，由于"南海一号"上出水的腰带、戒指、手镯等金器多为饰品，且数量少，应该不会是远洋货物，极有可能是船上的富商所佩戴。按照这样的推断，"南海一号"沉没时，船上的富商如果可以及时逃离，应该不会将随身所戴的金手镯、金腰带、金戒指全部抛掉再逃生，所以有可能是船主人与"南海一号"一起葬身于大海之中。

5."南海一号"为何能够长存水下800年而不腐？有学者认为这其中有两个原因：一是"南海一号"所沉没的水下环境氧浓度低，沉船位于海面下20米深处，被2米多厚的淤泥覆盖，从而使船体与外界隔绝，避免了氧化破坏。专家们在对沉船周围淤泥进行研究时发现，淤泥内有很多生物，但没有存活的，这说明船体周围是一个厌氧状况非常好的环境；二是"南海一号"船身材质不易腐烂。沉船所使用的材质是松木，根据民间说法"水泡千年松，风吹万年杉"，这表明松木是抗浸泡比较好的造船材料。

"南海一号"是国内目前唯一能见证古代海上丝绸之路的沉船，它被发现的意义不仅在于找到了一船数以万计的稀世珍宝，还蕴藏着超乎想象的信息和非同寻常的学术价值。专家学者们通过对这些水下文物资源的勘探和发掘，不仅可以复原和填补"海上丝绸之路"的历史空白，甚至还可能会促使"海上丝绸之路学"的兴起。

西夏王陵为何被称为"东方金字塔"

被称为"东方金字塔"的西夏王陵，位于银川市以西约40公里的贺兰山东麓。陵区东西宽4.5公里，南北长10公里，总面积近50平方公里。陵区内共有9座帝陵，约250座陪葬墓。这片陵区地阔野平，居高俯视，可以看到银川平原，极目远眺，可以看到滚滚黄河。

研究者通过科学复原发现，西夏王陵应是由一座中为夯土，外面砖木结构檐梁的八面七层的巨塔，辅之以角台、碑亭、神墙、月城、献殿、陵台等附设建筑所构成的宏大、壮丽的一代帝王陵园。但是，现在陵园内的地面建筑已经荡然无存了，那些矗立在贺兰山下的巨冢，似乎在向人们诉说着西夏王朝昔日的辉煌与不幸。

西夏王朝是以党项民族为主体建立起来的一个地方割据政权。隋代以前，善于游牧的党项人开始崛起。不久，他们便南征北战，占据了今四川、甘肃、青海及内蒙古的部分地区。到了宋代，党项人与宋、辽展开较量。1032年，党项首领李元昊登基称帝。从此，西夏开始了近200年的灿烂历史。

从李元昊建国开始，西夏共出现了十位皇帝。到了13世纪初，强势的蒙古军队打败了西夏，于是西夏王国就这样永远淹没于滔滔的历史长河之中。

在宋人眼里，西夏是"叛臣逆子"，所以《宋史》不载；而在元人眼中，西夏有"弑祖之仇"，于是《元史》亦不载。在两边都不承认的情况下，西夏王朝就成了一个历史之谜。

其实受汉文化的影响，西夏有自己的方块文字和历法，还有一套完整的政治和宗教体系。近年来西夏文字也屡有出土，但是，完全解读破译西夏文还十分困难，所以这一西夏文化的载体，还不能告诉我们有关于这段历史更多的信息。然而当西夏王陵被发掘出来之后，虽然它本身有许多未解之谜，但这让人们对了解西夏的历史又有了信心。

西夏王陵对人们来说是神秘的，主要表现在至今没有人能破解其建筑形式和文化内涵的谜团。由于缺乏文献记载，现在考古学家还难以确定陵区每座陵墓的主人是谁。西夏陵区的每一座帝陵，都是由宫城和其他附属建筑组成的独立完整的建筑群体。它们均坐北朝南，基本结构大体相同。如果从陵园宫城的墙垣形制考察，其平面结构像一个倒置的"凸"字。

西夏陵园内最为高大醒目的建筑，是一座残高23米的夯土堆，状如窝头，仔细观察，其为八角，上有层层残瓦堆砌，多为五层。于是有学者认定，这在未被破坏前是一座八角五层的实心密檐塔，于是便有了"陵塔"之说。但陵园之内为何会有塔式建筑，其功能作用又如何，目前还少有人能说清楚。至于这座"陵塔"又为什么要建在陵园的西北隅，学术界的说法也莫衷一是。

自20世纪70年代初西夏王陵被发现以来，它一直在人们心中保持着神秘感。后来，专家们绘制了一个关于西夏王陵的精确坐标图，人们惊讶地发现，九座帝王墓组成的正是一个北斗星的图案，而它的陪葬墓也都是按各种星象的布局来设计的，这更增添了西夏王陵的神秘色彩。

西夏王陵无处不透露着神秘的色彩，但人们相信，随着时间的推移，"东方金字塔"之谜必将被破译，而当年突然湮灭的西夏文明也必将重见天日。

护珠斜塔不倒的玄机何在

在我国上海松江的天马山有一座护珠塔。这座塔建于宋代，至今已经有千年历史，但令人觉得神奇的是，它是一座斜塔，而且比萨斜塔的斜度还要大。

那么这座塔是从何时开始倾斜的？为什么至今没有倒塌？有人说这座塔里藏有宝贝，由于不断有人来此挖宝，所以致使塔身倾斜；也有人说是一场天火把塔烧斜的。那么真相到底是怎样的呢？

松江博物馆收藏的《干山志》中有明确记载，这座塔建于南宋绍兴二十七年（1157），建塔人叫周文达，因为他征战有功，高宗就赏赐给他两件宝贝，一件是打仗用的银色盔甲，另外一件是五色舍利子。周文达得到宝贝之后，很是高兴，但又怕别人觊觎，于是决定把这两件宝贝供藏起来。选来选去最终于决定把宝贝藏在自己的老家松江天马山。周文达回到家乡之后，便在山上建了一座家庙，把银盔甲供在家庙里，然后又在山上建了一座塔，专门保藏舍利子，此塔遂取名为护珠塔。

若果真如此，护珠塔修建的时候是不可能斜的，因为出于对皇家赏赐的尊重，周文达不可能建一座斜塔。有学者为此还找到了佐证，找到了一幅明代描绘天马山风景的古画，从画中可以看出，护珠塔的形象是垂直耸立在山间的，这说明护珠塔至少在明代时并不倾斜。那到底是什么原因使护珠塔倾斜至此了呢？

传说几百年前一个漆黑的夜晚，几个神秘人来到护珠塔脚下，他们用镐在塔底刨个不停，一阵忙碌后，就将护珠塔的镇塔之宝给挖走了，于是护珠塔就倾斜了。

还有一种说法是，人们听说塔里埋藏了舍利子便慕名前来朝圣，所以很长一段时间，塔里香火非常旺。到了乾隆年间，朝拜时焰火掉在塔心里，造成了火灾，于是护珠塔就摇摇欲坠了。

传说虽如此，但是人们却发现了一件不可思议的事：塔身并没有向破损的西北洞口方向倾斜，而是向相反的东南方向倾斜。这到底是怎么回事？

对此，早年参与护珠塔保护工作的中国著名古建筑专家杨家佑给出了答案：塔建在一个山坡上，从土层来讲，东南土深一点，西北土浅一点，那么它的基础是一边硬一边软，这就是塔倾斜的最主要原因。另外，乾隆时期的那场大火对塔身破坏比较严重，也进一步加剧了塔身的倾斜。

虽然护珠塔倾斜的真正原因被找到了，但这座斜塔会不会突然倒塌呢？

建筑力学专家认为，意大利的比萨斜塔高54米，全都用白色大理石建造而成，距今已有600多年历史。按理说，比萨斜塔很容易倒塌，但从一开始建造时，就采取了各种保护措施，因此直到现在仍保持斜而不倒的姿态。而护珠塔的倾斜角度要比比萨斜塔大很多，以前也从没采取过任何保护措施，还经历了各种天灾人祸的威胁，从这点上看，护珠塔能够到现在还倾而不倒，也应该算得上是一个奇迹。那么到底是什么原因使护珠塔倾而不倒？

对此，建筑专家给出了答案，这应该与塔的建筑材料有很大关系。护珠塔的材料是混凝土结构，古代建筑用很黏稠的米烧成粥，打成浆，和石灰、沙子拌在一起，这样的材料很坚固，接近于现在的钢筋混凝土。

除了建筑材料外，护珠塔的建筑结构也很特殊。护珠塔的塔身是一个八角形结构，塔门的设计是每隔一个面开一个门，而且每层的门都没有开在同一个方向的墙面上，这样就使没开门的墙面像四条腿一样支撑着每一层塔身，每层墙面之间既相连又不承受上一层的压力，使塔身受力十分均匀。又因为牢固的石灰糯米等材料，即使遇上较强的台风、地震，某些墙面断裂，塔身也不会轻易倒塌。虽然因为地层原因，护珠塔发生倾斜，但依旧可以保持塔身斜而不倒的姿态。

武夷山千年悬棺如何"悬"上绝壁

在我国福建省武夷山九曲溪两岸的山崖峭壁上，有十余处古老的悬棺遗迹。

同天葬、水葬一样，悬棺葬是一种古老的丧葬形式。葬址一般选择在临江面水的高崖绝壁上，棺木被放置在距水面数十至数百米的洞穴中，有些则是直接放在悬空的木桩上面。经过碳14测定，棺木年代最古老的距今已有3000多年。

武夷山有"悬棺数千"，那么人们为什么要把先人的棺椁高放在悬崖绝壁之上？有人认为这是为了表达后人对死者的虔敬，如五溪蛮，"弥高者以为至孝"，放置得越高就越吉利、越吉祥。有的认为是部落酋长为了显示身份、显示势力、显示自身的与众不同的一种方式，其中也有子民们臣服的意识。有人以为这是为了保护尊者的遗体不受野兽的侵扰，以保佑亡灵平安无恙，从而更好地庇佑后人。有人以为这是古人山岳崇拜意识的体现，是为了使亡者的灵魂更便捷地升入天国。

最近又有人提出一观点，认为当时的九曲溪一带水位比较高，古人将死者放入木棺船中，让其在水中漂浮，然后直接划进石缝里的。明代文人张于垒曾提出："当是尔时，溪流浩荡与峰等，船搁石隙，及蓬莱清浅，顿尔相失……"即认为当时的武夷精舍处于水泽之中。可是根据地质研究，这种地貌变化的过程至少要千百万年，又怎么能在三四千年内完成？

不管后人怎样猜测，在学术界没有定论前，这还是个令人绞尽脑汁的难解之谜。

那么，重达数百公斤的棺木是如何安放在悬空的绝壁上的？

有人根据明代的记载，加上棺木棺盖首尾两端凿有穿绳用的方孔，提出可能是从岩顶将棺木悬吊垂下至洞穴，将棺柩移入的。如唐以前的五溪蛮，于"临江高山半肋，凿龛以葬之，自山上悬索下柩"。但三四千年前，人类还未发明使用辘轳等机械，船棺长就有近五米，形体巨大，难以控制，有的岩石突出，可能会将船棺撞毁，而且有的山峰根本就无法攀登。

是否可能架栈道将船棺移入？武夷山自古就有许多飞阁栈道的记载，虽然架设栈道的工程量浩大，但武夷悬崖多是单独成峰，突兀峭拔，无缓坡可供架设。有人发现在某些峭壁间似有插孔为栈的痕迹，但考古工作者利用现代化工具在白岩考察二号船棺时，曾仔细观察过，在丰上敛下的白岩峭壁间并无栈道痕迹。

是否可能用搭设台架的方法升置船棺？在广西有这样的例子："土酋威尊无上，殚民之力，筑土为台，运棺其中，事后台卸土撤，而棺乃独立岩际。"姑且不论搭设三五十米的台架要耗费多少人力物力，而四曲大藏峰之金鸡洞，下临40米的巨潭，水流萦回，台架又何处可搭呢？

也有人提出可能使用提升式的方法。曾经有研究者在贵溪尝试过用这种方法吊装船棺，却也不得不使用机械，甚至还使用了润滑油，才终于完成这个试验。

他们是以春秋、战国时期的科技条件为基础设计，如果由此推前一千多年呢？而且，一般来说，山顶到山谷底常有一二百米高，依当时的技术条件，在复杂的峰岩洞壑中，仅用绳子牵拽，是无法完成船棺安置的。

有人又在此基础上提出，是否可能让人先进入洞中，然后再由数人合力设法将船棺拉进洞？这比提升式，大约可减少一半的距离，就操纵来说，也便捷多了。但是武夷山的山洞，小得仅只能容一具船棺而已，有的甚至只能容下半个——剩下的半个常常悬在半空，这样的洞穴能容几个人？一两个人能将这庞然大物提升几十米而移入洞穴中？

对于棺木是如何被放置在悬崖绝壁上这个问题，人们各抒己见，至今还在力图互相说服。而四千年前的武夷先人早已悄悄把仙舟高放在悬崖峭壁之上了，留下这个令一代又一代后人绞尽脑汁的难解之谜。

小雁塔为何乍分乍合

去西安旅游，必去之地是小雁塔。小雁塔位于西安城南，在原唐城内安仁坊所在地的荐福寺内。

这座塔距今已有一千多年的历史了，远远望去非常宏伟，造型秀丽。小雁塔最初建造时有15层，现在有13层，高45米，采用密檐式砖结构建筑。细心的游客会发现，小雁塔底层北门楣有明嘉靖三十年"三鹤刻石"的刻石题字，上面记述了非常神秘的事件："荐福寺塔肇自唐，历宋、元两代，明成化末长安地震，塔自顶至足中裂雁塔晨钟尺许，明澈如窗户，行人往往见之。正德末地再震，塔一夕如故，若有神合比之者……"

根据这段石刻记载，小雁塔曾经在长安城的一次地震中裂开了，很多人都看到了这一景象。然而奇怪的是，另一次地震之后，塔身又自动合拢了。

翻看史料，小雁塔开裂又合拢的神奇现象并非只有这一次。清代学者贾汉复、王士禛等人做过这样的记录："荐福寺塔……十五级，嘉靖乙卯（1555）地震裂为二，癸亥（1563）地震复合无痕，亦一奇也。"公元1555年，西安发生了一次地震，小雁塔在这次地震中再次开裂。公元1563年，地震再次发生，小雁塔又重演了明代的奇幻一幕，塔身上的缝隙再次合拢。

小雁塔的奇迹并没有到此结束。清朝道光年间，钱咏在写作《履国丛话》时记录道："西安府南十里有雁塔，嘉靖乙卯地震，塔裂为二，癸亥复震，塔合无痕。康熙辛末（1691）塔又裂，辛丑（1722）复合，不知其理。"钱咏提到了公元1555年、1563年的地震，小雁塔进行了一次分合，同时还记录了公元1691年，没有地震，小雁塔也自然开裂了。奇怪的是，过了30年，塔身竟然再次自动复合。

一座千年古塔，经历过六次地震，回回屹立不倒，并且上演了塔身开裂、自合的神奇景象，让人们啧啧称奇。

新中国成立后，小雁塔再次开裂，这次开裂人们并不是从史书中窥探而来，而是亲眼所见。小雁塔此次开裂的具体时间不详，从头到脚开裂的缝隙有0.3米。第四次开裂后，没有等奇迹再次发生，出于保护文物的目的，西安市人民政府专门对其进行了整修。

总览小雁塔的历史，其自开自合的现象共发生过三次，为什么会发生如此神奇的现象呢？

一些专家推测，小雁塔的开合与当地地壳运动有关。当地震发生时，小雁塔脚下的地壳突然开裂，小雁塔也随之分离，当地壳合拢后，小雁塔也随之合拢了。但是这种地壳运动说，并不能使人满意，西安有那么多古建筑，处于同样的地壳变动下，为什么只有小雁塔出现开裂后自动合拢的现象，别的建筑却没有此现象发生呢？小雁塔自动开合的真相，还需要世人的进一步探索。

| 北京猿人化石究竟下落如何 |

1972年的一天，一位美国老太太跟一位叫詹姆斯的美国富商说，她的丈夫有一箱詹姆斯想要的东西：北京猿人化石。老太太与詹姆斯交换的条件是50万美金。詹姆斯欣喜若狂，然而经过专家鉴定之后，才得知这并不是北京猿人化石。自从詹姆斯悬赏重金找寻失踪已久的北京猿人化石以来，世界各地的人们都纷至沓来，向这位富商透露线索。然而终究一无所获。那么，承载着人类厚重历史的北京猿人化石又是如何丢失的？

那还是在1941年太平洋战争即将爆发之际，由于日本和美国的局势日益紧张，相关部门为了安全起见，将保存在北京协和医院里的北京猿人化石全部转移到美国去。北京猿人化石包括79盒北京猿人牙齿，其中大盒有5，小盒74；残下颌骨和头盖骨各13件；头骨片一盒及另外的15片；9件残股骨；3件颌骨；2件臂骨；以及腕骨、锁骨、鼻骨、腭骨等各一件。

不幸的是，日本军队截断了从北京到秦皇岛的火车，这就终结了原本打算将所有北京猿人化石运上即将返回美国的"哈里逊总统号"轮船的计划。而且，"哈里逊总统号"最终也因为战争的爆发而没有抵达美国。令人费解的是，北京猿人化石在此之后踪影全无。

关于化石的失踪至今有三种说法：一种是说，北京猿人化石被日本人劫持之后带回国去了，现在有可能就隐藏在日本的某一个地方，或者是流落至日本民间；另一种说法为，北京猿人化石准备运往美国的说法纯属调虎离山之计，事实上化石并没有被移出北平城半步，而且一个美国士兵曾说自己看到有人把整箱的东西掩埋于院子里，这有可能就是北京猿人化石。还有一种说法是，北京猿人化石其实没有被日本拦截，而是已经被运上了"哈里逊总统号"，但是在运往美国的途中，沉没于海底。

在其丢失之前，对北京猿人化石的发掘是一个让人期待又让人惊喜的过程，而发掘的结果又让世人瞩目。1929年12月2日对于中国人来讲是兴奋的，因为就是在这天，由考古专家裴文中带领的团队发掘了深埋于地下50万年的一个完整人头骨，世界为之震惊。其实在这之前，对北京猿人化石的发掘工作就已经开展了很久。自1918年一位叫安特生的瑞典探险家在周口店的龙骨山发现了几颗齿类化石之后，外国的考古专家又分别在1921年、1923年做了两次实地考察和发掘，其中有一颗牙齿被证实为人牙。此后1927年在龙骨山又有一次规模比较大的发掘活动，竟然收获了500余箱的动物化石。后又于1928年收获了一个女性的右下颌骨以及其他化石。

1987年，周口店的北京猿人遗址被列为世界文化遗产。北京猿人从体貌特征上来看，臂长腿短，头部略向前倾，身材显得粗而短，其中男性高约为156厘米，女性为144厘米。根据研究结果来看，在北京猿人所处的时代，他们已经可以制造工具，主要以昆虫和鸟、蛇等动物为食。其寿命很短，一般十几岁就已寿终。此外，北京猿人还会使用火种。

北京猿人的发现证明了远古时期直立人的存在，而且更加坚定了人类的发展是经历了一个"从猿到人"的过程。可见，如此意义非凡的一批化石，其丢失也许并不令人意外。